我是马识途，
我今年已经进
入107岁我是1938
年入的党，我在入
党誓词所许诺的
义务和责任，已经
实现了。

2021 年 7 月 1 日，观看庆祝中国共产党成立 100 周年大会电视转播后，马识途写道："我是马识途，我今年已经进入 107 岁。我是 1938 年入的党，我在入党誓词所许诺的义务和责任，已经实现了。"

马识途，摄于 2021 年 7 月 1 日

何畏風波生墨海
敢驅雷霆上毫端

二〇〇六年九月

慕津锋同志 无二爰 马诚迹

2006 年 9 月，马识途赠予作者慕津锋书法作品《何畏风波生墨海》

马识途（右）与作者慕津锋（左）合影，照片里的马老和作者都还很年轻

建国艰辛探新道，几经周折赖邓公。南行讲话英明决策，思想放开勿守旧。倾心改革休停歇，莫迟延，错过好时机，空悲嗟！选英才，追先烈，正航向，建强国，勿小富即渡年月。不改初心须刚毅，使命承担更坚决。待初圆两梦，看谁是真豪杰。

——《寄调满江红》 2018 年 7 月 1 日　马识途

马识途（左）与好友王火（右）合影

與有肝膽人共事
於無字句處讀書

周恩来名句

马识途

兵诗烽年语

慕津锋 著

读者出版社

图书在版编目（CIP）数据

马识途年谱 / 慕津锋著. -- 兰州 ：读者出版社，
2025. 1. -- ISBN 978-7-5527-0823-3

Ⅰ. K825.6

中国国家版本馆CIP数据核字第2024FK7572号

马识途年谱

慕津锋　著

策划编辑　王先孟
责任编辑　张紫妍
封面题字　王　火
封面图片　尼玛泽仁
装帧设计　雷们起

出版发行　读者出版社
地　　址　兰州市城关区读者大道568号(730030)
邮　　箱　readerpress@163.com
电　　话　0931-2131529(编辑部)　0931-2131507(发行部)

印　　刷　陕西龙山海天艺术印务有限公司
规　　格　开本700毫米×1000毫米　1/16
　　　　　印张21.25　插页4　字数314千
版　　次　2025年1月第1版
　　　　　2025年1月第1次印刷
书　　号　ISBN 978-7-5527-0823-3
定　　价　132.00元

从马识途的佚文《他与成都同在》谈起

文 / 慕津锋

2024 年"五一"假期,为进一步充实《马识途年谱》的内容,我连续两天前往国家图书馆报刊阅览室,查阅 1983 年至 1995 年的《成都晚报》。20 世纪 80 年代后期,马老在《成都晚报》曾发表过一系列杂文和散文,很多文章都收录在《马识途文集》中。这几年我很想做一份翔实的《马识途年谱》,但创作过程中没有录入这些文章,因为《马识途文集》中并没有标注文章发表的时间和刊登的报刊名称,且《成都晚报》是一份地域性报纸,在北京很难查阅到。所以当我得知国家图书馆收藏着《成都晚报》后,就赶紧趁着这个难得的假期前往查阅。按照国家图书馆的规定,访客每次只能看三份该报合订本,看完后再预约另三份。当我第一次按照流程完成预约后,工作人员让我在旁边耐心等待四十分钟,他们去通知同事从库房提取并运送过来。

时间一分一秒地过去,这四十分钟,我只能静静地等待。在某些时刻,等待是最煎熬的,这次我又有了切身体会。但我的内心充满了期待,不知道自己最终会从这些报纸中发现什么。

从工作人员手中接过那厚厚的三份合订本时,我的心情有些激动。一层薄薄的灰尘覆盖在合订本的硬壳封面上,应该很久没人翻动过它们了。我小心翼翼地翻开合订本,报纸的样式是 20 世纪 80 年代的模样,纸张较脆,且已发黄。我认真地一页一页翻阅,生怕落下任何一点蛛丝马迹。两天下来,收获颇丰,我查到一些马老的文章。这样文章的发表时间和准确名字,我都有了第一手材料。而这之中,最让我感到意外的是 5 月 2 日下午，我发现了一篇很珍贵的佚文。

那天下午，阳光和暖，我已经有些昏昏欲睡。有相当一段时间没有看到任何有关马老的文章，我想今天或许找不到什么了，但还是想坚持把所有的报纸看完。毕竟眼见为实，如果全部看完确实没有，自己心里也就踏实了。

做史料研究一定要眼见为实，要想眼见为实，就必须坐得住。我的忘年老友——北大著名学者、教授严家炎先生曾说过这样一段话，让我印象极为深刻。他说："治学与人生是有联系的，不但治学的终极目标应该有益于人生，而且治学态度也是人生态度的一种表现。两者具有共性。无论为学或做人，都需要有一点'傻子'精神，即不计利害，脚踏实地，坚守良知，只讲真话，吃得了苦，经得起挫折，耐得住寂寞，必要时还得勇于承担，甘愿付出更大的代价。太'聪明'、太势利了，就做不好学问，也做不好人。"我很认同先生的这句话。我与马老相识 25 年，早已是情谊深厚的忘年之交。马老也曾跟我说过，做任何事，尤其是在做研究方面，一定要耐得住寂寞。他曾写过这样一句诗表达他的意思："甘坐冷板凳，不追热风潮。"

我是一个喜欢"爬格子"的人，很喜欢做史料研究。马老说的这句话，我一直记在心中。很多时候，史料研究确实很"孤独"，我常常是一个人在浩瀚的"故纸堆中"寻找作家们留在发黄纸张上的点滴印迹。一路走来，我总是不断告诫自己：做学问，查史料，一定要静下心来，努力些、勤奋些。只要自己真心付出时间与精力，一定会有所回报。也正是这样不断坚守，我才写出了一些还算有意义的文章，被一些专家认可。对我而言，做史料研究没有什么捷径可走，只能用这种"笨办法"。

5 月 2 日下午，就在疲惫不堪想要快点结束时，我翻到了《成都晚报》1987 年 9 月 13 日第三版，突然一个醒目的大标题和作者名字"马识途"进入我的视线。这一发现让我瞬间清醒。我揉了揉眼睛，确实是一篇马老的文章，文章标题为《他与成都同在——悼米建书同志》。这个标题，我很陌生，印象中没有在《马识途文集》中看到过这篇文章。我迅速找出手机中保存的《马识途文集》目录，细细查下来，确实没有发现这篇——这应是一篇没有收录在《马识途文集》中的佚文。

《他与成都同在——悼米建书同志》一文共十九个自然段，算得上是一篇长文。马老在文中深情回忆了他与老战友米建书的交往情谊。他们是在成都解放时认识的，从1949年底算起到1987年，已经走过了三十八个春秋。在马老眼中，米建书是一个兢兢业业、勤勤恳恳、任劳任怨的"老黄牛"，同时还是一位有思想、有能力、会干事的"好干部"。那一代从战争中走过来的新中国建设者都有着坚定的信仰、高尚的理想，无论面对怎样的困境，他们都无怨无悔。读完这篇文章，我对米建书有了较为清晰的认识。

我在马老的文章中见过这个名字，应该是在谈《清江壮歌》时。1960年，马老刚刚创作完成《清江壮歌》，身为成都市市长的米建书得知老友写了一篇带有自传性质的革命小说，便第一时间找来，要把小说拿到《成都日报》发表。

《清江壮歌》是马识途以战友何功伟、刘蕙馨两位烈士为原型创作而成。刘蕙馨是马老的第一任妻子。何功伟、刘蕙馨两位烈士是20世纪30年代走向革命的知识分子。他们怀着推翻旧中国、建立新社会的理想来到清江河畔的鄂西恩施地区，开展秘密的革命工作，后被叛徒出卖而被捕入狱，最终遭到敌人杀害。刘蕙馨被捕时女儿刚出生不久，她经受着地狱之火，展现了伟大的母爱，在走向刑场时更是临危不乱，将婴儿巧妙地置于路边的草丛中，使孩子逃脱大劫。

小说《清江壮歌》正是根据真实的历史故事改编，所描写的故事发生在抗日战争时期，当时国民党反动派掀起了反共高潮，实行法西斯统治，特务组织大肆屠杀共产党人。清江地下党组织遭受敌人和叛徒的破坏，被捕入狱的贺国威、柳一清、章霞等共产党员，同敌人进行了英勇斗争，并同狱外党组织密切配合，仔细调查，一次又一次地揭露敌人和叛徒的无耻阴谋，又采取调虎离山计，袭击监狱，救出了大部分同志，获得了重大胜利，贺国威、柳一清却牺牲在敌人的枪口之下。这部小说表现了中国共产党人英勇顽强、坚贞不屈的崇高品德。柳一清牺牲后，她放在草丛中的女儿被一对善良的夫妇收养，亲生父亲任远（以马识途本人为原型）二十多年后才终于找回孩子。

正是看到小说的内核价值，米建书要求在成都首发该小说，让成都人民知道新中国的诞生多么来之不易，更以此教育成都的青年不要忘记先烈为新中国诞生所付出的巨大牺牲与所做的巨大贡献，要珍惜众多先烈用青春和鲜血换来的和平、安宁、幸福的生活。听到米建书这样说，马识途爽快地同意了米建书的建议。《清江壮歌》从 1961 年 5 月 21 日至 12 月 14 日，在《成都日报》共连载 160 期，在当时的成都产生了重要影响，很多市民每天必去买一份《成都日报》追看《清江壮歌》。四川大学教授柯召就曾告诉马识途，那时每天一到晚饭前，他一定会去门房取报纸，看连载的《清江壮歌》，他身边的许多教师和同学都如此。

5 月 2 日晚上，我便和成都的小张联系，她是马老的外孙媳妇，我们一起在编《马识途补佚卷》。她看到我发过去的图片后，确认《马识途文集》没有收录这篇文章。我们猜测可能是当时编辑人员没有看到这期报纸，这个"大部头"就这样"遗失"了。还好，这次发现了。我当晚便把这篇文章全文录出，经过两次审校后，收录进《马识途补佚卷》。

虽然很疲惫，但有这个"重大"发现，我很开心。有朋友曾问我："你在这些旧纸堆中打转，你的快乐是什么？"我很认真地告诉他，如果能在旧纸堆中找到一丝线索，进而有了发现，尤其是有了"重大"发现，而这个发现又恰好能填补中国现当代文学史的某个空白，我内心的激动与精神上的满足就是我所追求的快乐——正如这次发现。

其实每一篇追忆文章背后都有着一段精彩的故事，有些故事可能被后世熟知，有些则在历史的长河中慢慢被忽略、遮蔽与湮没。也正因如此，史料发现与研究就变得十分重要，也十分迫切，它可以使这些沉默的文章"活起来"并"开口说话"，为我们讲述历史的传奇。

这个发现更加坚定了我的信念。我希望自己能翻阅尽可能多的资料，为马老做一份内容充实、资料翔实的年谱，为马老的文学研究做出一份小小的贡献。马老是我最敬佩的中国当代作家，在我心中有着别人难以比拟的地位。对于马老的研究，我会一直坚持下去，我想找到更多珍贵文章，让它们"开口说话"，为历史讲述更多精彩的故事。这也是我肩负的一份沉甸甸的责任。这份责任的意义，往小了说，是为读者讲述马老110年精彩、传奇的人生；往大了说，是传承中国百年文学史的文明，让喜爱文学的人通过作品承载的信息，记得起历史沧桑，看得见岁月痕迹，留得住文化根脉，记住马老那一代人为这个民族、为这个国家、为这片土地上的人民做出的付出与牺牲。他们是我们这个民族的英雄，是民族的脊梁与良知。

只有记住历史、铭记英雄的民族，才是有希望的民族。

浩然正氣

馬識達

目 录

1962 年, 48 岁 / 071			1989 年, 75 岁 / 124		
1963 年, 49 岁 / 073			1990 年, 76 岁 / 127		
1964 年, 50 岁 / 073			1991 年, 77 岁 / 128		
1965 年, 51 岁 / 075			1992 年, 78 岁 / 131		
1966 年, 52 岁 / 075			1993 年, 79 岁 / 135		
1967 年, 53 岁 / 076			1994 年, 80 岁 / 137		
1968 年, 54 岁 / 077			1995 年, 81 岁 / 141		
1970 年, 56 岁 / 077			1996 年, 82 岁 / 144		
1971 年, 57 岁 / 077			1997 年, 83 岁 / 146		
1972 年, 58 岁 / 077			1998 年, 84 岁 / 148		
1973 年, 59 岁 / 078			1999 年, 85 岁 / 150		
1974 年, 60 岁 / 078			2000 年, 86 岁 / 153		
1975 年, 61 岁 / 079			2001 年, 87 岁 / 157		
1976 年, 62 岁 / 079			2002 年, 88 岁 / 158		
1977 年, 63 岁 / 080			2003 年, 89 岁 / 161		
1978 年, 64 岁 / 081			2004 年, 90 岁 / 162		
1979 年, 65 岁 / 083			2005 年, 91 岁 / 168		
1980 年, 66 岁 / 085			2006 年, 92 岁 / 174		
1981 年, 67 岁 / 091			2007 年, 93 岁 / 176		
1982 年, 68 岁 / 095			2008 年, 94 岁 / 177		
1983 年, 69 岁 / 097			2009 年, 95 岁 / 178		
1984 年, 70 岁 / 103			2010 年, 96 岁 / 180		
1985 年, 71 岁 / 107			2011 年, 97 岁 / 183		
1986 年, 72 岁 / 110			2012 年, 98 岁 / 190		
1987 年, 73 岁 / 113			2013 年, 99 岁 / 193		
1988 年, 74 岁 / 120			2014 年, 100 岁 / 196		

人生在勤不索何獲書以祈之

一九九二年秋月書於體

1915 年，1 岁

1 月 17 日，腊月初三，出生于重庆忠县石宝寨，原名马千木，父亲马玉之，母亲吴正泽。按属相，本应属兔，但他认为自己应属虎。对此的解释是：

> ……属相是按农历算的。我生于甲寅年的腊月初三，寅属虎，所以我属虎。我不喜欢恭仁谦让老是受宰割的兔子，我倒喜欢威武雄壮敢打敢拼的老虎。不是迷信，我自以为有幸生于虎年，我喜欢虎虎有生气的老虎性格。所以你到我家里看看，除开墙上挂的大画家尹瘦石送我的《双马图》，地上摆的朋友送我的唐三彩立马外，满架子摆的都是昂然雄立的伏蹲前扑的陶虎石虎。我从这些雄马和猛虎身上吸收了无穷的精神力量。这种精神力量曾给我从事地下斗争增添了勇气和智慧。（马识途：《百岁拾忆》，北京：生活书店出版有限公司，2014 年，第 2 页。）

1920 年，6 岁

入本家祠堂，开始念《三字经》、"四书"等古书。

1921 年，7 岁

进重庆忠县坪山坝马氏家族创办的茂陵学堂。进校后，开始学习以"山、水、田、狗、牛、羊"开头的国文读本，后改学上海出版的以"大狗叫、小狗跳"开头的教本。

1922 年，8 岁

到重庆忠县神滩小学念书。

1925 年，11 岁

转至重庆忠县县里高等小学堂（原名白鹿书院）读书。

1926 年，12 岁

7 月，小学毕业。

父亲马玉之对马识途学习的课本颇不以为然，他认为中国文化典籍十分重要，他告诉年幼的马识途，学新学也不能丢了四书五经、古文诗词。后来，马玉之在马氏宗祠创办私塾，请了一位国学根底很深的中年塾师来教马识途等马氏子弟。

8 月，开始在重庆忠县坪山坝马氏家祠读私塾，专攻古文。

1928 年，14 岁

2 月，入重庆忠县东区初中读书。东区初中，由马玉之在担任忠县县议会议长后创办。

1931 年，17 岁

7月，到川东首府万县（今重庆市万州区）参加毕业会考，顺利通过。后，遵照父亲"本家子弟十六岁必须出峡"教诲，坐英轮到汉口，从汉口坐火车前往北平报考高中。出夔门时，作《出峡》诗一首。

出 峡

辞亲负笈出夔关，三峡雄风卷巨澜。

燕京此去磨长剑，不报国仇誓不还。

7月底8月初，到北平，在舅舅的安排下，报考北平大学附属高中。

8月31日，到北平大学附属高中报到。

9月下旬，"九一八事变"爆发后，积极参加北平学生抗日活动。

"九一八事变"的消息传到学校，马识途与十几位东北籍的同学在学校操场上抱头痛哭。有的同学说："看来中国是要亡了，我们都会成为亡国奴了。"但也有同学大声疾呼"抗日救国"，马识途被他们感染，也跟着他们高呼。有的东北同学马上去找学校办退学手续，决心回到东北，去参加抗日游击队。

9月24日，"九一八事变"的消息传遍整个北平后，北平六十余所学校的大中学生代表在北京大学二院举行抗日集会，宣告北平学生抗日救国联合会成立，通过十五项抗日议案，并准备上街游行示威。当时北平大学附属高中有许多同学去参加，马识途也跟着去了。

马识途先参加在北京大学二院举行的抗日集会，又报名参加前往南京国民政府的请愿活动，后因舅舅劝阻，未成行。前往北平东站参加大

仇誓不還

巨瀾燕京

辭親負笈出

夔關三峽雄風捲

此去磨長劍不報國

一九三八年夏余肩友冠負笈出峽為求救國之道解別出夔門峽口見滔滔奔湧雄風激蕩慨然季情滿懷口占七絕一首以自勵少年意氣之題句

二〇〇七年夏九三建馬識途

《出峡》 2007 年夏 马识途

学生卧轨抗议行动，上街参加为东北义勇军募捐活动。

1932 年，18 岁

11 月 27 日，与同学张恩柄一起前往国立北平师范大学操场听鲁迅演讲《再论"第三种人"》，第一次见到鲁迅。

鲁迅在国立北平师范大学操场演讲，1932 年 11 月 27 日

1933 年，19 岁

1 月，得知东北军在山海关打响长城保卫战后，随北平学生慰问团前往山海关前线慰问。

5 月，因日军在平津一带军事活动频繁，北平大学附属高中提前学年考试，并给愿意离校的学生颁发学历证明书。

夏，马识途与同学二江决定从北平乘坐火车前往上海，继续求学。

9 月，入上海浦东六里桥浦东中学，在高二年级做插班生，继续求学。浦东中学由杨斯盛创办，黄炎培任首任校长。该校注重理科，数理化等科目采用英文原版教材，老师用英文授课。此时的马识途很喜欢语文，他入校第一篇作文便受到语文老师章铁民表扬。后在章老师的建议下，马识途订阅了由叶圣陶主编的《中学生》。

1935 年，21 岁

1月，以"马质夫"笔名，在叶圣陶主编的《中学生》杂志第51期"地方印象记"栏目中，第一次发表文章《万县》，收到六元稿费。在该文中，马识途讲述了万县这个长江边小县城的衰败与繁华，还有让他记忆深刻的"奖券""税关""大兵、流氓和乞丐"。对于自己第一次发表文章，马识途曾有文记述：

……要说是把自己的文章转化为铅字在报纸刊物上发表出来的算第一个作品的话，那就要推回去到一九三四年我在《中学生》杂志上发表的一篇应征入选的散文，或者叫作报告文学，这篇作品的题目我记不准确了，大概是叫《万州一瞥》之类，我用的笔名叫"马质夫"。《中学生》是叶圣陶等先生创办的，由上海开明书店出版发行，是一个在中学生中很有影响的杂志。我当时在上海读浦东中学，是《中学生》的长期订户，从阅读中我获益不浅。有一期《中学生》上刊登了征文启事，要中学生按征文要求作文应征。我当时在班上的语文成绩是比较好的，作文常常受到老师的称赞，但从来没有想给报刊投稿。这一次我不知道从哪儿来的勇气，竟然一挥而就写了一篇报告地方风光的文章，并且写上一个化名，毫不犹豫地用平信投进邮筒。可是一投进去，便失悔了，自己责备自己太冒失——把自己的名字和文章转化为铅字在杂志上印出来，简直是不可思议的事。可是过不多久，我突然收到一封《中学生》杂志社寄来的挂号信。我庆幸没有被别的同学发现，偷偷地拿到校园小亭中去拆阅。我料定是把我投的稿子退回来了，不然怎么会挂号呢？我把信纸从信封里抽出来，并不见我的稿子，却有一封铅印的信，并带出来张汇款条子掉在地上。我没有来得及看信，赶忙把汇款条子捡起来看，我傻了眼，六元钱的汇款单。我从来没有想到这种征文还能得稿费，而且这样多，快够我一个月的伙食钱了。我看了铅印信，知道我的文章入选了。我欣喜欲狂，却不敢在小亭上大笑。我赶忙把信收捡起来，连好朋友也不让知道，找一个机会偷偷溜到附近邮局去取了汇款。我耐心地等待着《中学生》的寄来，准备偷偷地欣赏自己的作品，并且下决心到小馆去自我慰劳一回。（马识途：《我的第一个作品：革命》，《中国当代文学研究资料·马识途专集》，成都：四川文艺出版社，1988年，第113—114页。）

在浦东中学上学期间，开始大量阅读鲁迅、茅盾、巴金等进步作家作品，以及俄国作家作品、苏联革命文学作品。

夏，参加上海高中毕业会考，准备报考国立交通大学（上海本部）和清华大学工科。

12月9日，"一二·九"学生运动爆发。在中共北平临时工作委员会领导下，北平各大中学校的爱国学生六千余人涌上街头，参加抗日救国请愿游行。

12月下旬，受北平"一二·九"学生运动影响，在上海参加了学生游行。第一次示威游行队伍行进至北四川路时，受到国民党反动军警阻拦，学生一拥而上，冲破铁刺网，勇往直前。后，坐火车随同学第一次前往南京参加请愿活动。在行进途中，遭遇人为路障，随同学跳入水塘搬运铁轨。第二次准备从上海前往南京请愿时，在火车站被国民党特务、警察、宪兵软禁。马识途积极参加学生请愿队伍纠察队，并用粉笔在火车头书写"打倒卖国贼蒋介石"标语。标语刚刚写完，一学生请愿队领队与马识途进行交谈，该领队向马识途宣讲："现在的政府和大半的军队都在蒋介石的手里，整个国家和人民都在国民党统治之下，不联合他们共同抗日，仅仅靠进步学生和群众，或者只靠共产党，那是不行的。要把全中国人民发动起来抗日，要把抗日救亡运动坚持到底，就要建立抗日民族统一战线，从逼蒋抗日到联蒋抗日，实现国共再度合作，共同抗日。"马识途第一次听到"抗日民族统一战线"，经过该负责人耐心解释，马识途茅塞顿开，对统一战线有了认识。在负责人建议下，马识途将之前标语口号改为"拥护蒋委员长抗日"。

1936 年，22 岁

初春，入扬州中学"大学先修班"补习功课。因感觉该校"抗日救亡"政治气氛淡薄，便与同学创办宣传抗日的壁报，传阅从上海寄来的进步报刊。因校方挑拨，包括马识途在内的进步学生与扬州本地学生发生"打斗事件"，马识途因头部受伤昏过去，被送进医院。入院后，《大江北日报》记者明为"主持正义"，实则前来"勒索"。出院当天，被消防强制送进县政府看守所"管制"，一天后，被送进扬州监狱。不久，经三哥马士弘营救脱险。在三哥劝说下，很快离开扬州回到上海。

夏，再次参加前往南京请愿活动，并做活动纠察队员。

7月，考入南京国立中央大学工学院化学系。

8月底，到国立中央大学报到。

9月，开学不久，在国立中央大学绘图室结识刘蕙馨。

刘蕙馨烈士，20世纪30年代

10 月 19 日，鲁迅在上海去世。第一时间向学校请假奔赴上海，到鲁迅灵堂祭拜，随后还参加了送葬活动。

1937 年，23 岁

4 月—6 月底，入国立中央大学军事训练集中营，开始为期两个月的军训。主要学习操练、《步兵战术》《简易测绘》。军训结束前，中队政治指导员找马识途谈话，希望他能继续深造，为国民政府服务，但被马识途断然拒绝，这导致马识途未获得军训结业证书。其间，为反抗国民党法西斯军训，创作《军训集中营记》。

8 月，与刘蕙馨一同加入"中央大学农村服务团"，到南京郊区晓庄宣传抗日。最初，针对当地农民、采石场工人的抗日宣传工作并没有引起他们的兴趣。后在刘蕙馨的建议下，服务团改变只讲大道理的方式，开始为工农解决实际问题。经过一段时间的努力，服务团抗日宣传工作取得一些实际效果。因共同志向与信仰，与刘蕙馨相恋。

11月，南京中华全国学生联合会（下文称"学联"）的周金铭来到"中央大学农村服务团"，参与活动，了解情况。很快，周金铭找马识途、刘蕙馨谈话，告知自己是南京傅厚岗66号八路军驻南京办事处派来的，他准备介绍马识途与刘蕙馨加入中国共产党。不久，三人回到南京，准备在傅厚岗66号办理入党手续。但此时，八路军驻南京办事处已搬至汉口，入党手续无法办理。留守人员告知他们日军已逼近南京，要他们赶紧回到晓庄，带领服务团撤退到武汉。

冬，与刘蕙馨随"中央大学农村服务团"从南京下关撤到武汉，服务团就地解散。在汉口时，阅读大量进步书籍。后将服务团在南京晓庄所进行的抗日宣传写成文章《到农村去的初步工作》，向《战时青年》杂志社投稿。

11月，国立中央大学西迁至重庆沙坪坝。

在武汉，得知中央大学要求学生前往汉口中央大学办事处报到，办事处免费办理住宿，免费送学生前往重庆复课，马识途断然拒绝。收到父亲寄来的路费和规劝信后，经与刘蕙馨协商，马识途毅然选择留在武汉继续参加革命。

不久，经周金铭介绍，前往武汉安仁里12号拜访董必武。董必武在了解情况后，提笔为他们写了一封致中共湖北省委民运部长方毅的推荐信。

12月底，经董必武介绍，与刘蕙馨从武汉出发，经湖北黄冈、黄安前往七里坪。在方毅的安排下，参加党训班，接受游击战培训，在党训班结识韦君宜，听叶剑英等人授课。

1938 年，24 岁

1 月 10 日，《到农村去的初步工作》在《战时青年》创刊号发表，署名"马识途"。

1 月—2 月初，在党训班结业前，中共湖北省委组织部长钱瑛特地来到七里坪党训班了解学员情况。方毅与马识途、刘蕙馨谈话，商谈入党情况。不久，从七里坪党训班结业，带队前往湖北孝感应城，参加陶铸创办的汤池训练班（农村合作训练班）。到达汤池后，陶铸告诉马识途，中共湖北省委组织部长钱瑛来信点名叫他赶赴武汉从事工人工作，入党手续到武汉后由钱瑛负责办理。随即告别刘蕙馨，前往武汉中共湖北省委组织部钱瑛处报到。

2 月 20 日，特写《武汉第一次空战》在武汉《新华日报》发表，署名"马识途"。文章发表后第二天，钱瑛对其进行了严肃批评："你是属于党的秘密工作的部分了，因此在报上，特别是在党报上公开发表文章，对你是不适宜的。"这次批评，让马识途对于党的秘密工作原则有了更进一步的了解，这让他在以后的地下工作中十分注意保密要求。

3 月初，在中共湖北省委组织部武汉驻地填写入党申请表，正式改名"马识途"。在钱瑛主持下举行入党仪式，面对党旗和马克思像，认真宣读誓词，正式加入中国共产党。入党后不久，接受钱瑛委派，为周恩来寻找一位可靠的工人司机。

当时，国民党政府为到武汉负责中共中央长江局工作的周恩来配备了一部小车，但组织要求必须换一个中国共产党的可靠党员司机，该司机要求一个月内到位。经钱瑛安排，马识途进入武汉司机工会从事文书工作。经过一个月缜密细致的工作，马识途发现了一位名叫祝华的进步司机，经多方考察及上级党组织批准，月底，马识途发展祝华为中共党员，并为其办理了入党手续，其组织关系转至中共湖北省委。

4月初，在汉口住处被时任国民党少将旅长的罗广文找到。受其父马玉之委托，罗广文规劝马识途回四川，到国立中央大学继续完成学业。可马识途早已下定决心继续自己的革命道路，他趁罗广文下部队之机，留下一封信和给家人买的礼物，不辞而别，继续自己的职业革命。

5月，到汉口职工区委会工作，在英商颐中烟草公司的卷烟厂、彩印厂建立职工夜校，通过办夜校提高工人觉悟，组织工人为增加工资、改善生活条件而进行罢工。

7月，调任武汉职工组织"蚁社"，担任党支部书记。通过办工人夜校，在群众中传播革命火种。与胡绳一起创办《大众报》。

在"蚁社"工作期间，通过党组织邀请在国民政府军事委员会政治部第三厅任职的郭沫若到汉口"蚁社"做报告，发表抗日讲演。

不久，党组织通知马识途停止公开露面，切断与所有亲朋好友的社会关系。钱瑛特地找他谈话，要他准备做一名"职业革命家"。

所谓"职业革命家"，是中国共产党在白区工作中最重要的组成部分，从事这个以革命为职业的同志担负着地下党各级领导机构的重要工作。他们隐姓埋名，除了从事必要的掩护职业外，不会在任何地方出头露面。做"职业革命家"，必须耐得住寂寞，牢固坚守革命信念，甘愿做无名英雄，随时准备把自己的生命和鲜血奉献给革命事业。

马识途毫不犹豫地接受了党对他工作的安排，开始准备成为一名职业革命家。

10月，日军日益逼近武汉。随中共鄂西北区党委领导王翰、胡绳、张执一等前往湖北襄樊，加入李宗仁组织的第五战区文化工作委员会。后，被派往湖北枣阳担任中共枣阳县工作委员会书记，负责清理农村党组织，重建党的地下机构。在枣南平林店寻找当地党组织时，因经验不足，被当地革命村民误解而险些遭遇活埋。

不久，以《鄂北日报》记者名义前往随县战场进行战地采访，目睹了战争的残酷。

当年，参加上海文化人士在武汉举行的社会科学座谈会，参加"武汉职工抗敌后援会"。

当年，作诗《冷板凳会》。

冷板凳会

你来海角我天涯，乞食八方入冷街。

忍看虎狼当大道，何嫌狐鼠结城社。

白天无事翻陈报，夜晚无聊喝淡茶。

同病相怜冷板凳，管他娘的国和家。

1939 年，25 岁

春，任中共枣阳县委书记，受中共鄂中区党委陶铸、钱瑛直接领导。后派为中共南（漳）宜（城）安（康）中心县委书记，并同时担任国民政府南漳县主任秘书及县民教馆馆长，在民教馆主办战时农村青年训练班，培养进步青年。

5月，调任中共光（化）谷（城）中心县委书记，与刘蕙馨重逢。在老河口吉红岗镇工作时，结识"老三姐"（马识途作品《老三姐》原型人物）。

9月，到湖北宜昌，参加钱瑛主持召开的中共湘鄂西区党委扩大会，初识何功伟。

9月，中共施巴特委成立，被任命为特委书记，刘蕙馨任特委委员、妇女部长兼特委秘书。

秋，偶游鄂边小南海小岛古庙，正浏览僧舍题壁诗时，老僧捧砚请题，遂作《小南海僧舍题壁》诗一首。

我来自海兮角兮天兮涯
浪迹江湖兮踽踽兮无家兮韬
光养晦兮人莫我识风云
际会兮待时而发

二〇二一年三月书旧作
一〇七岁叟马识途

《小南海僧舍题壁》 2021年3月 马识途

小南海僧舍题壁

我来自海之角兮天之涯，浪迹江湖兮随处为家。

韬光养晦兮人莫我识，风云际会兮待时而发。

题毕，老僧惊问："先生无乃有天下之志乎？请留名。"马识途未应，掷笔而去。

10 月，与刘蕙馨在湖北恩施结婚，当晚创作诗歌《我们结婚了》。

我们结婚了

我们结婚了，

在一间阴湿的破屋里，

桐油灯代替喜烛在辉映。

我们找到了主婚的人，

却不是我们的父亲和母亲，

而是我们生死相许的"爱情"。

我们也找到了证婚人，

可不是亲戚或社会名人，

而是我们遭遇的"艰辛"。

我们也找到了介绍人，

可不是说得天花乱坠的媒人，

而是我们矢志不渝的"革命"。

我们不必登报，要求社会的公认，

也不用领取"立此存照"的结婚证，

这个社会和法律我们根本不承认。

我们不请自来的头一个客人，

在房檐上跳着的小麻雀，

为我们奏起了欢快的结婚进行曲。

我们不请自来的又一个客人，

在窗口上忙着的小蜘蛛，

为我们编织了一幅漂亮的窗帘。

我们相互发誓，双手按着革命经典：

"我们永远不会离婚，

除非谁做了可耻的逃兵，

我们永远不会分离，

直到我们该永远分离的时间。"

当年，创作《清江谣》。

清江谣

清江水，浪滔滔，壮士登山歌且啸。忍看万民陷水火，痛恨虎狼当大道。看那边：金陵春梦暖，认贼作父，沐猴丑戏，唱得正热闹。看这边：峨眉日月长，化敌为友，人肉筵席，摆得兴致高。待何时，猴儿戏打翻，人肉席推倒，旧山河，收拾好。

清江水，浪滔滔，壮士登山歌且笑。放眼北国风烟处，抗日英雄意气豪。望华北：铁马挥金戈，风尘薄天，晋冀鲁豫，烽火遍地烧。望江南：战旗卷残云，杀声动地，江淮河汉，樯橹起怒涛。眼见得，金瓯重收拾，人民齐欢笑，新日月，红旗飘。

当年，在湖北恩施结识中共鄂西三里坝省立高中党总支书记闻立志（闻一多侄子，又名"黎智"）。

1940 年，26 岁

年初，在湖北恩施家中主持召开中共施巴特委会议，组织部长王栋，青年部长何功楷，秘书郑建安、刘蕙馨参加。

2月，针对鄂西学生自发开展的"反迫害、反饥饿"斗争，中共施巴特委全面发动和组织学生，掀起了大规模的"反饥饿、反迫害、争民主、争自由"运动。

4月，向返回鄂西检查指导工作的钱瑛汇报工作。在听取马识途关于前段工作及学潮情况的汇报后，钱瑛指出，中共施巴特委在"反迫害、反饥饿"斗争中不注意斗争方法，暴露了党的力量，应该立即采取补救措施。根据钱瑛的指示，马识途迅速将一批已经暴露身份的党员和骨干以转学等方式向外地转移，避免了不必要的损失。

上半年，与组织部长王栋检查中共施巴特委所有县委工作。

6月，因日军进攻湖北宜昌，中共湘鄂西区党委机关撤至恩施。

8月16日，钱瑛在湖北恩施召开中共湘鄂西区党委扩大会，传达中央和中共中央南方局的指示：撤销中共湘鄂西区党委，组建中共鄂西特委，何功伟任书记，马识途任副书记。中共鄂西特委辖恩施地区八县及兴山、秭归和宜昌部分地区，时有党员一千九百余人。

下半年，为更好开展工作，经国民政府湖北省民政厅聂国青帮助，马识途担任咸丰军粮督导员。

秋，结识中共鄂西来（凤）咸（丰）宣（恩）中心县委副书记张华俊。

12月，从湖北咸丰回到恩施。不久，女儿吴翠兰出生。

当月，根据组织要求，为应对国民党反共高潮，前往湖北宣恩、来凤、咸丰、利川，疏散党组织。

当年，创作诗歌《七律·清江壮歌》。

七律·清江壮歌

清江之水浪滔滔，壮士横眉歌且啸。

为使人民求解放，拼将热血洒荒郊。

东看雨花英魂远，北望长城云梦遥。

雾散霞开天欲曙，红旗满地迎风飘。

1941 年，27 岁

1月20日，因中共鄂西特委前秘书郑建安叛变，妻子刘蕙馨与时任中共鄂西特委书记何功伟被国民党逮捕，女儿随母亲入狱。

随后，马识途在湖北利川得知刘蕙馨、何功伟被捕消息。他立刻把时任中共利川县委书记闻立志找来，向他布置工作。除利川县本身的应变措施外，马识途还要求闻立志向中共鄂西来（凤）咸（丰）宣（恩）中心县委紧急传达布置应变措施。

中共鄂西特委书记何功伟烈士

后，作诗《祭》。

祭

正盼携婴回故里，俄闻热血染风尘。

文山大节惊天地，烈士壮歌动鬼神。

泪洒香溪飞作雨，愁凝巫峡幻成云。

青山何处收骏骨，遍岭杜鹃凝血痕。

为防止何功伟妻子许云落入敌手，紧急前往万县接应，未遇，立即前往重庆向中共中央南方局汇报工作。

2月，经中共鄂西特委重庆联络处何功楷联系，到曾家岩中共中央南方局驻地，向钱瑛汇报中共鄂西特委近况，并向组织要求去延安。

在曾家岩，第一次见到周恩来。

钱瑛在马识途下山前，带他向周恩来副主席辞行。他们进入周恩来位于二楼的办公室，周恩来正躺在藤躺椅上看文件。当钱瑛将马识途介绍给周恩来时，他说：“知道了，知道了。”然后，紧紧握住马识途的手说：“你们在下面工作的同志辛苦了。”马识途说：“工作没有做好。”

周恩来转向钱瑛问：“钱大姐，鄂西事件搞清楚了吗？”钱瑛答：“老马上山来，我们已经弄清情况总结经验了。”周恩来说：“是要好好总结经验，以利再战。”钱瑛说：“今后的事情也安排好了，老马今天就要下山了。”

马识途不想过多耽误周副主席时间，便起身向他告别。周恩来又紧紧地握住马识途的手说：“下去后要好好照中央的‘长期埋伏、积蓄力量、以待时机’的方针办。”他回头问钱瑛：“他下山的办法都安排好了吗？”马识途说：“都安排好了，从后山岩下去。”周恩来问：“那样安全吗？要保证绝对安全。”他想一下说：“现在形势不同了，特务守得紧，那样恐怕还不安全，我看这样吧，坐我的车出去。"

不久，中共中央南方局决定其前往云南昆明报考国立西南联合大学（下文称"西南联大"），开展该校党的地下工作。后，在重庆经国立中央大学同学张植华帮助，取回在国立中央大学教务处的高中毕业文凭。

3月，在父亲和三哥马士弘陪同下，安全回到重庆忠县坪山坝家中，见到何功伟的妻子许云。

其间，作诗《归故园》。

归故园

江湖浪迹已旬年，风雨黎明归故园。

壮志未酬悲白发，河山零落哭黎元。

激昂鸡唱将明夜，慷慨剑啸欲曙天。

七尺堂堂安所用，誓将热血荐轩辕。

随后，经父亲安排，与许云先后前往四川洪雅隐蔽。

4月，三哥马士弘前往湖北恩施方家坝监狱探视五弟马识途妻子刘蕙馨，在交谈中，委婉告知刘蕙馨马识途安全。

7月，在峨眉县报考四川大学，后到乐山报考西南联大。

8月中旬，被四川大学外文系录取。

9月，入学四川大学。

10月，在眉山见到父亲，被告知自己已被西南联大录取。后，在父亲、大哥帮助下，顺利从四川大学退学。

10月下旬，到昆明西南联大外文系报到，改名"马千禾"。不久，在西南联大结识地下党员齐亮。

11月17日，何功伟、妻子刘蕙馨在湖北恩施方家坝后山五道涧刑场英勇就义，女儿下落不明（后查明，女儿被恩施电话线路工吴姓夫妻收养）。

12 月，珍珠港事件爆发，中国知名进步教授从香港欲乘飞机回重庆，但孔祥熙霸占飞机，将自己私产甚至洋狗运至重庆。此消息传至昆明后，群情激奋。马识途在学校怒斥财阀孔祥熙，并与进步同学一起提议游行示威，要在昆明掀起"讨孔运动"。

当年，入校后不久便参加了先期成立的"微波社"，并与齐亮逐步将其变为党领导下的革命群众组织，同时还积极参与创办微波社的刊物《微波》——这是一种不定期的铅印文艺刊物，以新诗、杂文、散文为主，也有小说、文艺评论等，读者对象以青年学生为主。

1942 年，28 岁

1 月 6 日，与齐亮、吴国珩等参加西南联大"讨孔运动"。

2 月，作诗《啊，古老的中国呀，我的母亲》《难道春天已经永离人间》《在这里》。

啊，古老的中国呀，我的母亲

如一片扎不住根的浮萍，
给掀起黑浪的旋风，从一个
臭水塘卷到另一处臭水坑，
我流落到了昆明湖边。

一样是射出凶焰的狗眼，
一样是僵尸通街横行。

老是神经病患者狂乱呓语，
老是刽子手在摆人肉席宴。

笙歌艳舞掩没了漫天的炮火，
酒香肉臭盖住了刺鼻的血腥。

啊，这就是黄帝的子孙吗？
古老的中国呀，我的母亲。

难道春天已经永离人间

我有眼睛，
看不见明亮的蓝天；
我有耳朵，
听不到黄莺的歌声；
我有鼻子，
闻不到鲜花的芳香；
我有嘴巴，
不准许大声地发言。
到处是荒凉和寂寞，
到处是野蛮和愚蠢。
啊，
难道春天已经永离人间？

在这里

在这里，
春天就是冬天。

在这里，

生活就是眼泪。

在这里，

手枪就是真理。

在这里，

人们日夜劳作，

就是为了一副薄板棺材，

和最后安息的七尺土地。

3月，作诗《路灯》《我希望》。

路灯

戴着一个破铁斗笠，

日夜呆立在街头巷尾，

忍受了多少风风雨雨，

你终默默无言。

但当黑暗从四面袭来，

唯你张开满布血丝的眼，

给夜行人，无吝惜地，

倾注以温暖和光明。

4月，作诗《邮筒前写照》《投递不到的信》《偶题》。

邮筒前写照

在邮筒前，心神不定，

把将投的信一再收回，

哦，是怕信封里装得还不够甜，

在封口上又密密地加一排吻。

投递不到的信

在拥挤的"待领"信插里，

任人翻看，忍受白眼，

你终日沉默无言，期待着

正焦急地等待你的人。

偶题

我百无聊赖地

撕下一张日历，

把这黑色的日子，

从窗口抛了出去。

6月7日，延安各界在八路军大礼堂举行何功伟、刘蕙馨二同志追悼会。

6月—8月，与云南大学侯澄到路南县（今云南省石林彝族自治县）路南中学教书，期间创作长诗《路》、诗歌《要是》《暴雷》。

要是

要是冬天挡不住春天，

要是黑夜关不住黎明，

要是破纸包不住烈火，

那么——

我们是太阳的儿子，

为什么怕那邪恶的剑？

暴雷

从天外轰轰滚来的暴雷呀，

滚得更快些，吼得更凶些吧！

用巨掌劈开这窒人的浓云，

还我一个晴朗的明天。

9月，在西南联大校门口遇到疏散到昆明的何功楷，得知妻子刘蕙馨牺牲的消息。后经何功楷联系，其组织关系转至中共云南省工作委员会。

10月，作诗《人字》。

人字

想忘却这苦苦的远念，

走出被黄昏封住的门，

去野外散发我的愁闷。

在云端，看到了雁阵，

更引发我无穷的气恼呀，

在天上写着许多的"人"。

11月，作诗《遥祭拜》悼念何功伟、刘蕙馨。

当年，开始创作《夜谭十记》第一篇《视察委员来了》（短篇小说，后改名为《破城记》）。

当年，因革命工作需要，马识途从西南联大外文系转入中文系。

1943 年，29 岁

1 月，作诗《除夕》。

除夕

守着像蜡烛一样将残的年，
默默地期待着，在炉边，
这将从黑暗中诞生的新年，
像产妇期待着呱呱第一声。

在窗外"沙沙"，什么声音？
我贴耳在窗纸上凝神谛听。
是草芽迸裂冰冻的土地，
还是桃树爆开第一颗蓓蕾？

我仿佛听到遥远的天边，
有什么轰轰隆隆的声音。
是新年和黑暗正在搏击，
还是正在滚动着的明天？

我知道新年一定要到来，
当第一声鸡唱欢迎黎明，
当百灵鸟叫着直上云间，
当金霞的剑戟直插蓝天。

是的，新年就要到来。

从那远远的平林东边，

披着雾纱到来；

从那一片新绿的草原，

踏着露珠到来；

从那金光灿烂的彩云，

乘着火轮到来。

2月，作诗《我有所爱，在远方》。

我有所爱，在远方

我有所爱在远方——

在那密密的树林里，

在那高高的山冈上，

手握露湿的红缨枪，

在朝阳中闪着金光。

在那静静的深夜里，

在那窑洞的书桌旁，

有一个人吸着卷烟，

提着笔在沉思默想。

我有所爱在远方——

在那阴森的铁刺后面，

是黑暗的革命屠场，

在潮湿恶臭的墙角里，

铁锁链在叮当作响。

她正抱着未满月的孩子，
沉默地坐着向往远方，
死亡不能阻止她的心，
飞出牢墙飞到我的身旁。

我有所爱在远方——
伏尔加河畔雪大风狂，
斯大林格勒挺立坚强，
每一个窗口每一段楼梯，
用血写的史诗，慷慨悲壮。
是他们背负着沉重的历史，
越过血与火的灾难门口，
放到和平和安宁的地方。

我有所爱在远方——
我的心呀生出翅膀，
飞呀飞呀，向着太阳，
飞向正流着血的北国，
飞到伙伴们战斗的地方。
为了挽救祖国免于灭亡，
为了人类就要开花的理想，
去为它战斗，为它牺牲，
我何所惜于我这个臭皮囊？

3月，作诗《给走路的人》《春天的报信者》《我歌颂，那颗智慧的星》。

给走路的人

既然要向前，就要走路，

何必埋怨：

"我来了，

你却走了。"

只记住，在古代，

条条路通向罗马，

而今天，条条路，

通向真理发光的地方。

怕天太黑会要迷路吗？

抬起头来，面向北方，

那里有颗晶亮的北极星，

会指引你要去的地方。

春天的报信者

一枝茂密的野藤，

偷偷爬上牢房的铁窗。

给革命者的心上，

涂上一层新鲜的绿色，

告诉他们：

"这已经是春天。"

但是那管牢的人，

无情地扯断野藤，

好像它来报告春天的消息，

便犯了不可饶恕的死罪。

一年过去，还是那枝野藤，
又顽固地偷偷爬上铁窗，
用绿色的窸窣告诉"犯人"：
"这又是春天！"
和革命者一样的固执，
相信春天总是要来的。

我歌颂，那颗智慧的星

我歌颂，那颗智慧的星，
高高地，站在北极的天空。
微笑着，守望这漆黑的世界，
叫地球，滚向东方的黎明。

多少人，在黑暗中跌倒，
看着它，又爬了起来，
抹尽血，挺起了胸脯，
大无畏，奋勇前进。

多少船，在大洋中遭遇风险，
望着它，寻找正确的航向，
顶着风，冒着雨，踏着恶浪，
把好舵，奋勇航行。
我歌颂，
那颗智慧的星。

齐亮、马秀英夫妇（马秀英是马识途堂妹），20 世纪 40 年代

　　春，经中共云南省工作委员会决定，与何功楷、齐亮组建西南联大党支部，担任支部书记。

　　不久，组织西南联大党支部对照《新华日报》进行整风学习。随后，积极参加"冬青文艺社"，参与组建"和尚食堂"，结识创办"学生公社"的李储文、章润瑗。

　　6 月，作诗《找到了自己》《悼小莺》。

找到了自己

有人狂喜带露的蓓蕾，

有人沉醉于怒放的鲜花，

有人却在溅了泥的残瓣前，

浅唱低徊……

在那里，

各人都找到自己。

我却只喜欢在漆黑夜里，
那折树摧屋的狂风暴雨，
听天边滚滚而来的春雷，
震地动天……

在那里，
我也找到了自己。

悼小莺

榴花正开得火样鲜明，
抛开了你温暖的家园，
默默地忍受一切白眼，
你跟我们来到烽火前线。

你有榴花一样红的脸蛋，
你有墨玉般晶亮的眼睛，
你更有夜莺一样醉人的歌喉，
当然你还有革命的圣洁灵魂。

你的心正燃烧着战斗的火焰，
熊熊地闪射出青春的光辉。
你的脚步连接着受难的城市，
坚定地走向祖国的黎明。

多少人和你一块儿去战斗，
多少伤者在你的腕中复生，

多少流浪儿在你的怀中成长，
你却拒绝了"苏菲亚"的尊称。

你生长在南方绿涯水边，
不习惯中原漫天的沙尘。
你病了却强说"我没有病"，
拄着手杖又毅然走向前线。
命运给你做了最坏的安排，
罪恶的子弹夺去了你的生命。
在最后的呼吸中还不忘记，
叫我们去抢救另外一个伤员。

如今，夜莺正唱罢它的哀歌，
榴花又已经开遍你的家园。
有夜莺歌喉和榴花脸蛋的人，
却沉默地躺进中原的沙尘。

8月，作诗《乌鸦》。

乌鸦

黎明在东方泛着微红，
夜色还没有褪尽，
你，
披着黑色外衣的家伙，
丑恶的化身，
世界的掠夺者，

又哇哇地吵闹着，

成群结队地飞出去了。

不是去迎接太阳，

也不是去歌唱春天，

却是去招呼你的同伴，

飞向果实丰累的田园，

去掠夺善良的劳动人民。

当你们掠食够了，

养肥了你们的身体，

舒服地坐在高枝上，

用黑色的尖嘴，

梳理你们的羽毛，

还得意地拍拍翅膀，

骄傲地在天空盘旋，

大声地发表你们的宣言：

"看呀，我们就是社会的主人。"

    9月，作为西南联大中文系学生，选修了语言文字学专业课程。第一节课，由唐兰教授授课。因当时马识途已经28岁，唐兰误认为他是别系教员，便问："先生是哪个系的？"马识途回答唐兰，自己是选这门课的学生。唐兰吃惊地说："你要修这冷门的课，那是要陪坐几年冷板凳的。"

    10月，作诗《原形》《狱中寄伙伴们》。

原形

你说你是雅利安优秀的民族，

我说我继承古罗马的文明；

你说你的人口过剩，

要寻找生存的空间；

而他，宣扬武士道的精神，

硬要给东亚人戴上"共荣圈"。

另外一些戴白手套的绅士，

大声叫卖着民主、自由、平等。

结果都撕下假面具，拔出强盗的利剑，

欣欣然满足于自己的愚蠢。

一九四三年十月，昆明

11月，作诗《偶然看到》。

偶然看到

我偶然看到一个小小的乞儿，

手拿空碗，迷茫地在街头站立。

他竟然不能忘怀一个儿童的权利，

向洒满欢声笑语的小学操场走去。

他为了猎取精神上一时的满足，

宁肯让饥饿啃噬着自己的身体，

贪婪地站在操场边，呆呆地，

听老师沉醉地描绘世界的美丽。

操场上的学生和他同样的年纪，
叫着笑着，正在玩跳绳游戏。
红润的脸庞衬映着翻飞的衣裙，
尽情地享受着童年的欢欣。

他禁不住笑了起来，那样开心，
忘记了他的肚皮已经贴着背脊，
他合着拍子舞动起来，想跳过
贫穷把他和童年隔开的藩篱。

他怯生生地放下破碗和棍子，
轻轻走进花团锦簇的跳绳人群。
孩子们没有拒绝这个陌生客人，
欢迎他加入他们的跳绳游戏。

他从来没有享受过这般温暖和友谊，
收集起最后一点力气，他尽情地跳，
享受这未曾有过的欢乐，一点一滴，
早忘记他渺茫的将来和不幸的过去。

忽然，老师来了，他皱了一下眉头，
他脚边的狗，领会了主人的意思，
咆哮着冲向跳绳中舞动的破布片，
孩子们吃惊了，不知道发生了什么事情。

他冲出跳绳，差点摔了一跤，

来不及拿起碗和棍子，逃了出去，
我看他满脸的惊慌和燃烧的眼泪，
我的心呀，像爆开了一颗地雷。

12月，作诗《顽固的期待》。

顽固的期待

风雪在疯狂地吼叫，
我迷失在夜的山林，
望着远处摇曳的灯光，
我去叩开一间茅屋的门。

屋角火塘正烧着熊熊的火，
照亮了几张朴素的农夫的脸，
他们在谈论冬天的不幸，
和富于诱惑的来年春天。

他们在计划新的春耕，
要怎么播下好的种子，
如何除去野草赶走乌鸦，
期待一个丰满的秋天。

啊，朴素而善良的樵夫，
顽固地期待着美好的时辰。
只要不吝惜劳动的光辉，
就会照亮生活的途程。

1944 年，30 岁

年初，罗广斌从四川来到云南昆明投靠马识途。马识途安排他住在自己的住处"三仙洞"，并辅导他学习。

2月，送闻一多回家后，作诗《幽灵的悔恨》。诗中最后引用了恩师闻一多当时痛心的话："这双可以叫大地变色的手，连抗日的枪杆也没有捞上摸一回。"

5月3日，参加西南联大历史系、社会系举办的"五四二十五周年座谈会"，政治系教授张奚若、中文系教授闻一多等参加。

5月4日上午，在西南联大图书馆参加"纪念五四大会"，聆听梅贻琦讲话，梅贻琦要求学生"牢记国家兴亡，匹夫有责"。受邀报告"五四运动"经过的周炳琳教授勉励学生："要有自觉的责任心与独立的见解、自由的人格，立定志气，促成国家进步和复兴。"

当天，在南区十号教室组织中文系举办"纪念五四文艺座谈会"，闻一多、罗常培、杨振声、冯至、朱自清、沈从文等教授参加。朱自清做《五四运动与新文艺运动》讲演。因特务捣乱，会议中止。对于是否继续举行会议，闻一多与系主任罗常培意见不同而发生争执，两人不欢而散。

5月5日，与齐亮先去拜访闻一多，做闻一多工作，劝他继续参加"纪念五四文艺座谈会"，并能主动邀请罗常培前来主持会议。马识途对闻一多说："要罗先生出来，除非闻先生你亲自上门去请他，同时解释一下昨天晚上的误会。"马识途没想到闻一多先生听后一下就答应了，而且还天真地说："马上就去。"马识途则说："最好让我们系会的负责同学先去找罗先生说，并且我们还要商量一下怎么个开法。"

稍后，又与齐亮去拜访中文系主任罗常培，动以师生之情，说中文系开的"纪念五四文艺座谈会"不过是讨论文艺问题，如果此会无法顺利开完，中文系太没面子。马识途告诉罗常培，闻一多准备登门请教并与之商量继续开会的办法。经马识途、齐亮的劝说，罗常培同意参会。

当天晚上，马识途、齐亮陪同闻一多一起拜访罗常培。闻一多建议中文系要开一个更大的晚会，比历史系开得还大，比4日晚上的还要大，并且还要多请几位有影响力的教授。当晚商定，重开的"纪念五四文艺座谈会"由闻一多、罗常培共同主持。

5月8日晚上七点，再次在西南联大新教舍广场前草坪举办"纪念五四文艺座谈会"，云南大学、昆明师范学院参会学生达三千多人。罗常培、闻一多、朱自清、卞之琳、闻家驷、孙毓棠、沈从文、冯至等教授参加并讲演。朱自清做《新文艺中散文的收获》讲演，孙毓棠讲《戏剧的收获》，卞之琳讲《新文学与西洋文学》，闻家驷讲《新文学与法国文学》。闻一多先生的发言十分精彩：

> 我们的会开得很成功。朋友们，你们看，月亮升起来了，黑暗过去了，光明在望。但是乌云还等在旁边，随时会把月亮盖住！我们要特别警惕，记住我们这个晚会是怎样被人破坏的！当然不用害怕，破坏了，我们还再开。事实上，我们开了比"五四"晚上大了许多倍的大会，这大概是那些人做梦也想不到的事吧。朋友们，"五四"的任务还没有完成，我们还要努力！我们还要科学，要民主。要"冲破孔家店"，要打倒封建势力和帝国主义！

当月，作诗《我们要笑》。

当月，组织成立"西南联大壁报协会"。

初夏，在昆明南屏街书店结识美国飞虎队成员。对此，马识途晚年有记述：

有一个星期天，我到昆明南屏街逛书店。那一带正是美国援华志愿空军星期天游逛的地方。当我正在一个书店里翻看一本苏联出版的英文文学杂志时，有两个美国兵进来了。他们大概是想找书看，但看了一圈，露出一副失望的样子。他们向书店店员询问有没有介绍中国华北抗战的书，店员不懂英语，无法回答。这引起我的注意。他们看到我正在看一本英文书，便转身问我。我向四面看一下，没有什么我不喜欢看到的人，细声地用英语对他们说："这样的书，在这里是没有的，就是有，你们也看不懂，因为是中文的。"他们俩很失望地走出了书店。我跟着他们走出书店，对他们说："如果你们愿意，我倒可以为你们提供服务。"他们说："好极了。我们可以请你去喝咖啡吗？"我点头。

他们把我带到附近一个咖啡馆。他们叫来三杯咖啡，我们寒暄起来。他们又提出刚才提出的问题。我看咖啡馆里全是美国兵，我讲话时他们都会听得懂，而且不时有美国的MP（宪兵）进来巡视。我以为这是不妥的，便对他们说："你们到中国来，还没有喝过中国茶吧？我请你们去中国茶馆里喝中国茶，怎么样？"他们大有兴趣，便随我到背街一个小茶馆里坐下来喝茶。这时我才放心地向他们介绍起华北八路军的英勇抗战的情况，当然只是粗线条地说了一个大概，却已经引起他们很大的兴趣了。他们说，这些是他们在美国从来没有听说过的，他们很想知道更多的细节。我对他们说："我的英语水平不怎么样。我们西南联大外文系有许多朋友，他们能够更详细地向你们介绍。"他们很高兴，希望能见到他们。我说："好，在这附近就有我一个外文系的朋友。如果你们愿意，现在就可以去看他。"（马识途：《在地下》，北京：人民文学出版社，2005年，第411—412页。）

20 世纪 40 年代，在西南联大求学时，与同学及美国飞虎队成员合影
前排左起：飞虎队员迪克·帕斯特、霍华德·海曼，章润瑗、李储文、马识途
后排左起：许乃炯、张彦，飞虎队员莫里斯，何功楷等

后，经中共云南省工作委员会书记郑伯克同意，和张彦、李储文与美国飞虎队成员贝尔、海曼、华德、帕斯特加强交往。

6 月 25 日，参与组织欢迎美国副总统华莱士和蒋介石私人政治顾问拉铁摩尔访问西南联大的壁报工作等活动。壁报内容是"介绍中国政治情况及人民的民主要求，并发有学生签名的公开信"。

7 月 7 日，为纪念抗战七周年，参与在云南大学至公堂举办，由西南联大壁报协会、云南大学、中法大学、昆明英语专科学校联合主办的时事报告座谈会，闻一多等参加会议。

10 月 10 日，参加在昆华女中大操场召开的云南各界人士纪念会。会后，到闻一多家中拜访，闻一多非常兴奋地告诉马识途："他们（国民党反动派）叫得那么凶，也不过是放两个爆竹罢了。"马识途则提醒闻一多注意个人安全："他们是什么坏事都干得出来的。"

10月19日，参加昆明文艺界在云南大学至公堂举行的"鲁迅逝世八周年纪念晚会"。会前，亲自前往闻一多住处，邀请其参加并讲话。闻一多在会上充满激情地讲道："有些人死了，尽管闹得十分排场，过了没有几天，就悄悄地随着时间一道消逝了，很快被人遗忘了。有的人死去，尽管生前受到很不公平的待遇，但时间越过得久，形象却越加光辉，他的名声却越来越伟大。我们大家都会同意，鲁迅是经受住时间考验的一个光辉伟大的人物，他是中国历史上最伟大的文学家。"说到这里，闻一多忽然转过身去，望着墙上挂着的鲁迅像，鞠了一躬，然后说："现在我向鲁迅忏悔，鲁迅对，我们错了！当鲁迅受苦受难的时候，我们都还在享福。当时我们如果都有鲁迅那样的骨头，哪怕只有一点，中国也不至于这样了。……骂过鲁迅或看不起鲁迅的人，应该好好想想，我们自命清高，实际是做了帮闲帮凶，如今把国家弄到这步田地，实在感到痛心！"朱自清教授做《鲁迅先生对写作的态度》讲演。文化界和大中学生约四千人参加晚会。

11月5日，参加西南联大中文系迎新送别会。

12月25日，参加在云南大学举行的"护国纪念日"。

当年，经刘国鋕介绍，前往翠湖培文中学任教。后，经齐亮介绍，结识隐蔽在昆明的张光年（著名现代诗人、文学评论家光未然）；参加西南联大新诗社在学生公社举行的诗歌朗诵会；与吴国珩等人准备创办刊物《新地》，未果，刊物改名为《新地文丛》，并创作了小说《赎》和议论时政的杂文，该文丛只出了一期；后，又创办《大陆周刊》（四开）报纸。

1945 年，31 岁

4月6日，西南联大中文系与外文系在昆北食堂联合举办诗歌晚会。该晚会讲题有：

1. 抗战以来中国新诗的前途。

2. 如何接受中国文学的遗产。

3. 以历史观看待旧诗。

4. 如何采取西洋诗的形式。

5. 法国诗最新的趋势。

6. 境界与感觉的移植。

7. 从社会思想、哲学说到新诗的素养。

8. 民歌。

9. 前途的预测和我们的努力。

10. 美国诗最新的趋势。

闻一多、朱自清、浦江清、闻家骃、卞之琳、冯至、王佐良、杨周翰分别主讲。

5月2日，参与昆明"纪念五四"系列活动。当晚，新诗社在西南联大东会堂举办"五四纪念周诗歌朗诵会"。何孝达、张光年、吕剑、郭良夫、常任侠、闻一多、朱自清等登台朗诵。对于这次朗诵活动，朱自清曾有记录："笔者这里想到的是艾青先生的《大堰河》（他乳母的名字）；自己多年前看过这首诗，并没有注意它，可是在三十四年（1945年）昆明西南联大的五四纪念周朗诵晚会上听到闻一多先生朗诵这首诗，从他的抑扬顿挫里体会了那深刻的情调，一种对于母性的不幸的人的爱。会场里上千的听众也都体会到这种情调，从当场热烈的掌声以及笔者后来跟在场的人的讨论可以证实。"

5月3日，在西南联大饭堂举行"五四青年座谈会"。

5月4日下午，参加云南大学操场举行的示威游行。大会将要开始，忽然天下大雨，学生、群众都争着找地方避雨，操场中间的人少了很多。马识途请求闻一多先生上台，号召大家回到操场中间。闻一多站起来，冒着大雨向大家讲述了"天洗兵"的故事：

> 同学们，我给你们讲一个故事。周武王决定起义，要去打倒暴君纣王，出兵的那一天就像今天一样，忽然下起大雨了，许多大臣觉得不吉利，劝周武王改期。这时管占卜人出来了，说这不是坏事，只是"天洗兵"，是天老爷帮忙来了，把兵器上的灰尘洗得干干净净，打击敌人更有力量啦。我们今天也碰上这个机会，这也是"天洗兵"。不怯懦的人回来，勇敢的人走进来！

在闻一多的号召下，学生、群众不顾风吹雨打，又回到操场中来站着。

5月5日，参加在西南联大图书馆前草坪举办的文艺家协会昆明分会与西南联大学会、外国语文协会、文艺社、冬青社及云南大学文史学会、中法大学文史学会联合举办的"第一届五四文艺节纪念大会"。参会的有徐梦麟、罗庸、闻一多、闻家驷、李何林、冯至、卞之琳、周钢鸣、楚图南、吕剑、常任侠等。

5月4日—5月11日，参与组织"五四"纪念大游行活动及昆明学联的成立。

5月，刘国铉从重庆回到昆明，将西南联大学员袁用之的党组织关系转到马识途所在党支部。

6月16日下午，参加五华中学诗歌朗诵会。参加朗诵的还有闻一多、张光年、朱自清。朱自清朗诵了《我的国家》。

7月7日，参与抗战纪念大会。

8月15日，日本宣布无条件投降。在昆明参加庆祝活动，作诗《这是为什么？》。

8月16日，中共云南省工作委员会书记郑伯克到校，商谈到乡下打游击的工作。

不久，因被国民党云南省党部调查室列入黑名单，紧急转移到中华职业学校。

毕业前夕，再次拜访闻一多。

8月下旬，从西南联大毕业，被党组织派到滇南做地下工作。到滇南建水后，以建民中学教员身份为掩护。这时，罗广斌也从昆明来到建水，要求与马识途一起展开地下革命工作。

9月，为李晓举行入党仪式，作诗《最高的荣誉》。

10月，在昆明作诗《将军立马太行山上》。

12月，昆明广大爱国学生在中国共产党领导下，发动"一二·一"反内战、争民主的爱国民主运动。于再、潘琰、李鲁连、张华昌四位烈士在"一二·一"运动中壮烈牺牲。

12月，作诗《我向往北方》。

1946 年，32 岁

2月17日，参加在"一二·一"四烈士灵堂草坪上举行的"庆祝政治协商会议成功，抗议重庆'二·一〇'血案，严惩'一二·一'祸首大会"。

3月17日，参加昆明学联为潘琰、李鲁连、于再、张华昌四烈士举行的发殡安葬活动，聆听闻一多在四烈士墓前演讲。

3月下旬，带着罗广斌等人再度前往滇南建水建民中学任教。

7月15日，闻一多被国民党特务刺杀身亡。听闻先生牺牲的消息后，匆匆赶回昆明祭拜，写下"哲人其萎，我复何言"挽联。

夏，在昆明发展西南联大校友于产入党。

7月底，乘飞机从昆明到重庆。到渝第三天，前往中共四川省委办事处接受工作任务。随后，在渝拜访革命家吴玉章和法学家张友渔。

9月，奉调四川成都担任中共成都工作委员会副书记，负责全面组织工作和各地组织建立联系，住柿子巷6号，结识中共四川大学地下党支部书记王放。不久，为掩护身份，前往华西协中担任高中英语教师。

冬，与仁寿县籍田铺地下党负责人丁地平在成都见面，研究仁寿暴动。

年底，从王宇光家里取走中共中央南方局交下来隐藏的电台。因中共中央南方局开通了在雅安川军刘文辉部设立的秘密电台，这部电台一直没有启用。

1947 年，33 岁

2月开始，与王放一起筹办中共成都工作委员会电台和《XNCR》快报的编辑、出版。马识途临时自学无线电的有关知识，试着将这部中共中央南方局交下来隐藏的电台改装成了一部收音机，专门收听新华电台播发的广播稿，并将新华广播电台的呼号"XNCR"作为油印小报的报名。每天晚上夜深人静的十一点钟以后，马识途、王放在柿子巷6号，头戴耳机，持笔伏案，收听新华广播电台的播音，抄录广播的通讯稿，然后马上刻蜡纸，凌晨三点钟左右油印，一直到五六点钟才结束。早上，便把油印好的《XNCR》拿出去分发到各个组织传阅。为扩大影响，马识途还动员思想进步的上中学的弟、妹、侄女在业余时间参加《XNCR》的工作。

马秀英（左一）、王放（左四）与同学合影，
20 世纪 40 年代

3月，作诗《永远不能忘记》，怀念滇南建水建民中学同学。

永远不能忘记

永远不能忘记，在明亮的早晨，

从雾谷中摇来一串清脆的骡铃；

永远不能忘记，在沉静的黄昏，

从古庙里荡来几声悠远的鼓音。

我不能忘记呀，

那小池中一片微波，

那古树上一抹斜阳，

那闲散的白云点点，

那凄冷的黄叶满径。

我不能忘记，更不能忘记呀，
那些燃烧着青春火焰的眼睛，
那些山民粗野而疯狂的舞步，
那些姑娘爽朗而欢快的笑声。
啊，年轻的孩子们哟，
我隔你们为什么这样的远？
我想起：
那些又甜蜜又痛苦的日子，
那些风风雨雨的早晨和黄昏；
我们曾经做一样的梦，
唱一样的歌，
忍受一样的寒冷与饥饿，
共尝一样的悲伤与欢乐。
我记起：
那些月夜，在树荫下，
你们那幼稚而严肃的辩论；
那些黄昏，在坟场里，
你们那细声的生活检讨会；
在墙角下，太年轻的孩子，
偷偷阅读《新华日报》，
还查着《学生字典》。
我也不能忘记：
那黑云翻滚的夏天，
传来学校查封的命令。
你们不情愿地在后园里，
悄悄埋下心爱的笔记和经典，

还伴着成串的悲愤的眼泪。
我更不能忘记：
终于来了那么一天，
我们早已料到的一个早晨，
来了一群歪戴礼帽的人，
用封条封掉我们的校门。
我们看着，谁也默默无言，
只是背起背包，走出校门，
没有流一滴告别的眼泪，
全都消失在山林和水边，
可是谁都明白，
该到哪里去，做什么事情。
我相信，
那消磨我一段青春的破庙，
该已结满蛛网和住满蝙蝠。
我相信，
那曾经装满欢笑的操场，
该已变成牛羊游荡的牧场。
而我更相信，
在校门口我手植的桃李，
该已开满灿烂的鲜花；
在苦难中教育成长的孩子，
该已迎向时代的大风暴。

初夏，接待来成都的重庆《挺进报》编辑、西南联大同学刘国錤。
"六一"前夕，根据中国共产党潜伏在国民党四川省特务委员会的地下党员黎强提供的"六一大逮捕"名单，立刻通知名单上的地下党员疏散。

7月，中共重庆市委派齐亮到成都联系马识途，转达中共中央上海局组织部长钱瑛要求派人前往上海建立组织联系的指示。

8月，作诗《什么时候……》。

什么时候……

什么时候——
我不再隐姓埋名，
今天姓张，明天姓李，
和特务在大街小巷捉迷藏，
像躲避瘟疫和死亡？

什么时候——
我能在洒满阳光的广场，
举起同志们鲜血凝成的红旗，
和沸腾的人民一同高呼：
"万岁，中国共产党！"

什么时候——
老百姓不再替未出世的子子孙孙，
向刮（国）民政府缴纳八十年后的粮？
妈妈为了不叫儿子去当炮灰，
不再狠心用针扎瞎熟睡儿子的眼睛？

什么时候——

我再不见以占领者自居的美国兵,

挟着舞女,挥着酒瓶,通街横行?

再不见每样东西,以至人的灵魂,

都打上可耻的 U.S.A 的烙印?

什么时候——

我才看见,平凡的姑娘,

穿上漂亮的衬衣,戴上白手套,

威武地坐在康拜因收割机上,

收割用自己汗血凝成的秋粮?

什么时候——

我才看见,年轻的小伙,

穿上新军装,背上冲锋枪,

随红旗走遍海角天涯,

去战斗,为了自己的土地和工厂?

　　8 月底,参加中共成都工作委员会秘密会议。书记蒲华辅(稍前赴上海向钱瑛汇报工作)传达中共中央上海局指示:在农村逐步开展游击战争;撤销中共成都工作委员会,恢复中共川康特委,书记蒲华辅,副书记马识途,委员王宇光、贾唯英、华健,领导成都市、川西、川南、川北、西康和川南部分县的中共地方组织,开展城市斗争及农村武装斗争。马识途分管组织、农村工作和各工作委员会联系工作,并直管成都市委。

　　8 月至次年春,为牵制敌军,马识途在仁寿、荣县、大邑、冕宁组织领导了数次武装暴动。

秋，马识途主持中共成都市工作委员会成立。书记彭塞（彭为商），委员王琴舫（王放）、杨文祥（张应昌）、赵文锦。马识途在成立大会上讲了当前解放战争的形势，并指出工作委员会的任务是：领导和组织群众开展反内战、反饥饿、反迫害斗争，特别是要把职工方面的工作开展起来，为成立中共成都市委做准备，并为开展农村武装斗争输送干部。

12月27日，奉中共川康特委的决定，前往四川大学发动学生开展一次反迫害、保障人权的进步运动，以反对国民党四川省政府26日晚以"煽惑群众""诋毁官府"罪名抓捕官箴予，从而进一步揭穿国民党反动派"假行宪、真独裁"的骗局。

年底，化名"马谦和"到成都华西协中教英文，经贾唯英介绍，与著名作家巴金的侄子李致认识。

当年，作《七绝·凭栏（梦中诗）》

1948 年，34 岁

2月，派中共雅乐工作委员会书记陈俊卿秘密到乐山，与乐山中学学生杨子明相识。

4月，前往四川西昌和冕宁巡视，研究当地武装斗争情况。

6月，回到成都，了解"四·九血案"情况。

6月，代表中共川康特委到香港向中共中央上海局组织部长钱瑛汇报工作。在香港，与张彦、胡绳、何扬等人见面。不久，回到成都，在中共川康特委会上，传达中央文件及整风要求。

后，为隐蔽身份，先后到成都新民中学教语文、成都市男中高三教英语。

8月，与王放结婚。作诗《我们结婚了》。

马识途，1948 年

冬，为办地下报纸的王放写诗《同志，你醒醒》。

12月，作诗《孤岛的沉没》《我的最后留言》《投递不到的信》。

当年，作《七绝·此头》。

1949 年，35 岁

1月13日，中共川康特委书记蒲华辅被捕叛变，供出了马识途等人。得知消息后的马识途紧急隐蔽，并及时向香港倪子明、川北（三台通信处）、川南（专署陈离处）、西昌（电信局黄觉庵处）工作委员会发报示警。在与中共成都市工作委员会书记彭塞联系后，负责转移相关地下工作人员。

2月，奉命去香港汇报工作。因特务事前已侦悉他的行踪，不能乘飞机、轮船，只得搭乘私人汽车，绕道贵阳、柳州、广州到香港，在港向钱瑛汇报有关情况，与已转移到香港的王放会合。

2月—3月，派人向藏身于重庆的杨子明传达中共中央意见："建立发展武装，迎接解放，加强城市工作。"杨子明接到指示后，立即派人到乐山转达。

4月1日，在钱瑛带领下，与在港地下党员一起，经台湾海峡、黄海、渤海、烟台、济南北上北平，途中作诗《到解放区的第一天》。

在北平，参加周恩来举行的招待茶会，前往清华大学看望老友王松声。

4月20日，在解放军横渡长江解放全中国前夕，在北平作诗《最后的打击》。

4月底—5月，随钱瑛前往天津，聆听了刘少奇"天津讲话"。

5月中下旬，沿津浦铁路南下，随中国人民解放军第四野战军进武汉，担任华中总工会副秘书长，学习城市接管工作，与地下党员曾惇、舒赛、闻立志等重逢。

9月，奉命赶赴南京，与即将进军四川的中国人民解放军第二野战军会合。到南京后，受到邓小平接见，参与编写《入城手册》。

在南京，有一次与邓小平等领导的交谈，印象极为深刻。

　　一天傍晚，仰峤同志亲自带车接我们到一个公馆里去，我们下车才进院子，便看到邓小平、刘伯承、宋任穷等领导同志在台阶边迎接我们了。他们都很亲切地和我们握手，道一声："你们辛苦了。"

　　我们跟首长们进了大厅坐下，小平同志说："欢迎你们，地上地下，我们会师了。"接着由我们汇报工作和介绍四川最近情况，川康特委由我汇报，川东工作委员会由萧泽宽汇报。事先我们在接到要我们汇报的通知后，都分别做了研究和讨论。我以为是准备好了的，但是也许由于想让首长多了解情况，也许由于紧张，汇报起来就自觉有些累赘。他们一插问，更是打乱原来顺序，感到头绪不清。可是首长们还是耐心地望着我，鼓励我讲下去。

当我谈到我们出来时成都和重庆还正在展开群众游行示威斗争，还没有说到在香港受到钱瑛同志的批评纠正时，邓小平同志就插话了，他说："你们怎么现在还在搞群众性的斗争呢？打倒蒋介石，现在不需要你们做出更大的努力了，我们大军一到，他们就会土崩瓦解。你们现在必须保护好你们的干部，我们接管城市，需要大批的本地干部，你们不能再牺牲了。你们现在的工作，不是去和敌人进行斗争，而是保护好自己，准备迎接解放。可以这么说，你们现在的工作就是不工作。"

"现在的工作就是不工作"，我听了真是又吃惊又佩服，说得真是透彻极了。我们在香港总结工作时，钱大姐已经说到这一点，批评我们现在还在照老样子进行斗争，形势已经改变了，还不知道要改变斗争的方式。难怪当时她就派同志坐飞机回重庆传达纠正了。但是今天听小平同志这么一说，心里真是更为豁亮了。

小平同志接着说："这当然不是说，你们现在什么事都不能干了。你们应该保护自己的干部，把有被敌人逮捕危险的干部，马上疏散隐藏起来。其余的同志可以做搜集资料、保护档案、策反，保护工厂、企业、学校，防止敌人破坏这些工作，而不是去进行可能带来牺牲的斗争。"

我说钱瑛同志在香港时已经对我们的工作进行了纠正，小平同志还不放心，他说现在形势发展很快，最好我们再派人回去再做布置。我们照他的指示去办，研究派人回去。（马识途：《在地下》，北京：人民文学出版社，2005年，第648—649页。）

不久，奉命从南京与王宇光一起前往西安与中国人民解放军第一野战军会合，准备进军四川。

10月1日，在开封火车上，收听了开国大典。

10月初，到达西安后，与王宇光前往山西临汾中国人民解放军第一野战军司令部报到，与贺龙见面。从山西回到西安后，参与起草向南下干部宣讲四川情况报告。

12月初，随中国人民解放军第一野战军南下进军四川，经宝鸡、汉中、大散关、剑门，抵达梓潼后，陪同贺龙与当地代表人物召开座谈会。后，经涪江、绵阳，直至新都。不久，随江伯言、王宇光进入成都，准备成都解放及迎接中国人民解放军第一野战军进城相关事宜。在途中讨论接管时，贺龙问马识途："我们进成都后要办的第一件大事，你说是什么？"马识途回答："到成都后第一件最紧迫要办的事，是抓紧时间抢修都江堰岁修工程。清明节放水前必须修好，时间已很紧迫，否则误了春耕，问题就大了。"

贺龙等领导当时便做出决定，一到成都就要抓这件事，虽然带的银圆不多，也要拨出五万银圆来，并派中国人民解放军第18兵团第62军184师等部队参加，马上开工。

12月下旬，在成都解放前，在成都署袜南街与王宇光、贾唯英、李致、彭塞等人开会，商谈迎接解放军进城事宜。

12月21日，经中国人民解放军第二野战军前委批准，被任命为中国人民解放军成都市管制委员会委员。后，入成都军事管制委员会工作，保障成都正常运行，担任中共川西区委组织部副部长，负责清理地下党和进步群众社团工作。

12月27日，南北两线解放军在成都胜利会师，成都宣告和平解放。

12月28日，随贺龙中国人民解放军第一野战军总部搬至成都近郊的新都县。当晚，贺龙让马识途第二天随成都地下党负责人进城准备解放军进城仪式。

12月29日，成都各界123个单位组成四川省会各界庆祝解放大会主席团，欢迎解放军入城。中共川康特委副书记马识途带先遣部队分乘三十余辆大小车辆开进市区。当晚，马识途回新都向贺龙汇报解放军入城式相关问题。贺龙决定："明天，12月30日，举行解放成都的解放军入城式！"

12月30日上午九点，解放军入城式正式开始。马识途坐第一辆吉普车带领解放军经北门入成都。紧接着，是参加欢迎仪式的起义将领刘文辉、邓锡侯、裴昌会、罗广文等人。其后，是率部入城的贺龙、李井泉、周士第、王新亭等解放军将领，乘坐十三辆美式吉普车和小轿车。对于那天的入城式，马识途有文记载：

那天，天公作美，又是一个大晴天。解放大军举行了盛大的入城式。一大早，解放大军排着整齐的队伍，精神抖擞，坐上大卡车，浩浩荡荡地向成都进发。一路上旌旗蔽天，烟尘滚滚。

队伍以首长们的一队小车为先导，我和向黑樱处长坐在第一辆吉普车上在前面带路。还没有走近北门，欢迎的群众已经把道路快塞住了，我们只得缓缓前进。群众在车前和左右载歌载舞，如醉如狂。我们只得把车子停下来，等群众觉得应该让开一条路来的时候，才缓缓开车前进。有许多花束向我们没头没脑地抛了过来，花瓣像雨一般洒在我们的头上、脸上和衣襟上，不多一会儿，一路汽车都变成了花车。

几百辆汽车在前面，后面是扛着各种武器、仪容整洁的解放大军队伍，威武雄壮。越是进入城中，欢迎的人越多。真是人山人海，一片欢腾。各种锣鼓敲得震天响，却压不住更为响亮的满街爆竹声。许多陌生人像老朋友一般，跑过来抓住我们的手，凝望着我们胸前挂的"中国人民解放军"胸章，久久微笑不语。有的却爆出成串的热泪，跟在大队伍的旁边和后边游行起来。都是那么扬眉吐气的样子，好像这是他们当然的权利，总算等到抬起头来过日子了。

我们的车子好不容易缓缓地开到盐市口，忽然看到前面有那么多的男女青年在街上扭秧歌，虽不熟练，却也难得。我知道这是四川大学的同学连夜赶练的。他们在尽情地唱，过去他们只能用压抑的低嗓子唱《山那边哟好地方》，今天却可以拉开嗓子高唱《东方红》了。有几个同学在背上写上"天亮了"三个大字，跳得更是欢快。（马识途：《在地下》，北京：人民文学出版社，2005年，第657页。）

成都解放，1949 年

　　不久，马识途收到国民党十五兵团司令罗广文赴宴请帖。罗广文是国民党嫡系部队的司令，他的部队战斗力较强，12月24日才在成都彭县宣布起义。马识途拿着请帖十分犹豫。最后，他把请帖拿去向贺龙请示。马识途本想不去，这样能划清界限。贺龙却对马识途说："去，为什么不去？你有这个关系，为什么不利用？这是最重要的工作。"贺龙向马识途布置："你去对罗广文说，要他老实接受改编，准备开出四川到指定的地方去整编。只要他把他的兵团完整地交出来，不但既往不咎，还要立功受奖，有他的光明前途。你去劝他，他要掌握好他的部队，就要把他部队里潜伏的特务清除干净。"

　　按照贺龙要求，马识途准时前去罗广文的公馆赴宴。在宴会上，罗广文提了许多政策性的问题，这显然是国民党特务想挑起叛乱，对他们的煽动。马识途对这些问题一一按政策做了解释，指明利害。宴会后，马识途又和罗广文单独进行谈话。马识途告诉他，前几个月，罗广文驻防重庆川东一带时，马识途在武汉的中国人民解放军第二野战军城市工作部。城市工作部的领导曾经要马识途写一封信给罗广文，要他相机起义立功。可惜城市工作部的信没有送到，因为罗广文已经转移到川西，而解放大军已攻占重庆。马识途劝说罗广文这一回不要错过这次机会。马识途最后对他说，这些话是贺龙说的。罗广文感到放心多了，他要马识途转报贺龙，决不辜负好意，诚心接受改编。

1950 年，36 岁

　　1月1日，元旦，陪同贺龙等人参加在顺城街蓉光大戏院举行的新年联欢会。在会上，贺龙说："成都是解放战争中继北京和平解放以后，保存下来最无破坏、最完整的一座大城市，这是奇迹！"

　　会后，与王放、王宇光前去看望华西大学朋友云从龙夫妇。

1月1日，在成都解放军司令部，与代表国民党十五兵团司令罗广文的三哥马士弘时隔近八年相遇。马识途带领马士弘与贺龙、李井泉、周士第见面。

1月2日，陪同贺龙、周士第在中国人民解放军第18兵团司令部设宴款待罗广文、马士弘，商谈罗广文部队起义改编事宜。

1月3日，在成都商业街大礼堂，举行革命老区南下同志和地下党同志的会师大会，贺龙等中国人民解放军第一野战军领导参加大会。贺龙充分肯定地下党为解放成都所做出的贡献，强调党内应团结一致积极工作，并提出三项任务：改编改造起义部队，肃清散匪；做好城市接管工作；全心全意依靠工人阶级，团结其他劳动者，争取知识分子，尽可能多地争取自由资产阶级及其代表人物站在自己一方，以便开展各项工作。

1月4日，参加成都十二桥烈士的起灵封柩仪式。

1月5日，参加成都军事管制委员会召开的委员及各委员会正副主任联席会议。

1月9日，参加成都军事管制委员会召开的全市各行业工人代表座谈会。会议号召根据"发展生产，繁荣经济，公私兼顾，劳资两利"方针政策搞好生产。在这次会议上，被任命为工会主席。

1月14日，亲笔致信中共乐山地区委员会鲁大东同志。内容如下：

乐山地委鲁大东同志：

兹介绍，乐山地下党工作同志杨子明（杨彦经）、华文江、陈文治、高静培、喻友峰、毛文成六同志和你们联上工作关系。他们都是正式党员，组织关系以后由川南区党委转过来。你们即可分配工作，杨子明同志可参加青年工作，余同杨同志商量决定，他们所介绍各县同志关系都是真实的，都可联上工作关系。你们如有疑问，可来屯川西区党委向我查询。

　　此致

布礼

川康地下党特委负责人　马识途

一月十四日

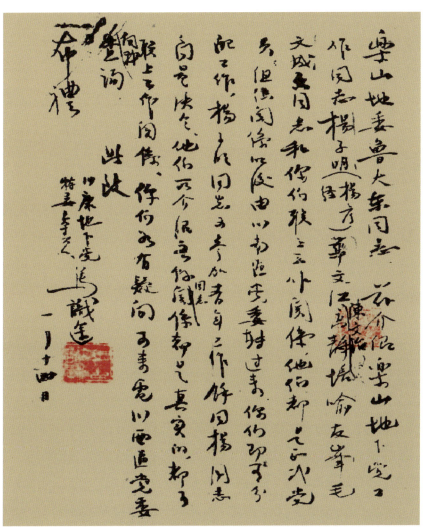

马识途亲笔致中共乐山地区委员会鲁大东同志的书信，1950 年

1月20日，参加由川西北临时军政委员会主任王维舟主持，贺龙主祭，成都党、政、军及各界群众出席的三十六位烈士（十二桥烈士连同被杀于王建墓甬道的刘仲宣、云龙、彭代悌和在重庆渣滓洞牺牲的周从化烈士）迁葬青羊宫烈士陵园仪式。这三十六位英烈是：杨伯恺、于渊、王干青、晏子良、许寿真、毛英才、黄子万、王侠夫、曾鸣飞、谷时逊、王伯高、刘骏达、杜可、龙世正、彭代悌、刘仲宣、云龙、张大成、余天觉、缪竞韩、田宗美、方智炯、黎一上、王建昌、曹立中、杨辅宸、姜乾良、陈天钰、吴惠安、张维丰、张垣、徐茂森、徐海东、高昆山、严正、周从化。

1月25日—1月27日，参加成都工人代表大会。

1月28日，参加在成都北校场举行的庆祝西南解放大会。

1月30日，被任命为成都市总工会筹备委员会副主任，宋任穷任主任。

不久，担任中共成都市委组织部部长，负责成都市皇城坝棚户区改造及成都农村土地改革工作，积极参加成都忠诚运动。

3月16日—3月22日，参加成都第一届各界人民代表会议，被任命为主席团成员。

4月2日上午，参加都江堰放水典礼。

7月，根据中共中央指示，四川各区（省、市）党委均以所属各级担任领导职务的干部为重点进行整风。此次整风，主要是克服官僚主义、命令主义倾向，同时检查、纠正、处理一些干部入城以来贪图享受、闹名誉、闹地位、闹离婚，甚至贪污腐化、违法乱纪等问题。整风主要以阅读指定文件、总结工作、分析情况、展开批评与自我批评方式进行。四川的整风运动至9月中旬全部结束。

9月6日—9月11日，参加川西区第一届各界人民代表会议。会议听取《关于川西人民行政公署半年来的施政工作和下半年工作任务》的报告。选举产生川西区各界人民代表会议协商委员会，李井泉任主席。

10月28日，参加成都市人民监察委员会成立大会，当选监察委主任。

冬，前往重庆参加中共中央西南局组织工作会议。在此次会议上，邓小平强调要注意干部中出现的腐化现象，刘伯承批判了"改组派"现象。会议结束回到成都，在召开的成都市干部会议上，传达了中共中央西南局组织工作会议精神。

1951年，37岁

5月2日，成都市劳动人民文化宫揭幕，这是四川乃至西南地区第一座劳动人民文化宫。李井泉出席揭幕式并讲话。

10月，四川各地先后开始整党工作。此次整党大体分为三个步骤：在全体党员中进行党员标准的学习，联系实际进行批评与自我批评；进行党员鉴定和党员登记；组织审查，做出结论。

12月，开始反贪污、反浪费、反官僚主义的"三反"运动。

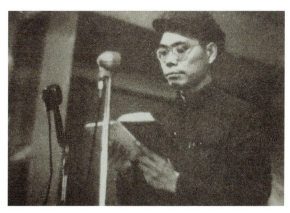

马识途，1951年

1952 年，38 岁

夏，转业，调往成都市城市建设委员会，主管成都城市基础建设规划。不久，主持成都下水道工程的建设工作。

5 月，根据中央关于干部普遍进行一次交代自己和资产阶级关系的指示和中共中央西南局的有关部署，四川开始在各级干部中，自上而下地普遍进行批判资产阶级思想、交代自己和资产阶级关系的活动。在此次活动中，四川县级以上的党员干部，均写出书面检查或交代，连同上级党委的鉴定，由中共中央西南局转报中央。该活动作为四川"三反"运动最后阶段即组织建设阶段的工作内容，于 8 月中旬结束。

7 月 1 日，参加成都"庆祝成渝铁路通车和宝成铁路开工典礼"。接待来成都休假的邓小平、胡耀邦。闲暇时，常与他们打桥牌。对此，马识途晚年曾有忆述：

> 胡耀邦打牌不保守，甚至冲劲很大，咋咋呼呼地冒叫，想以势压倒对手打；我不摸底，应得不对，打起来容易失局。邓小平打牌却是稳打紧扎，尽可能摸清对家牌况，感到可以制胜，他才敢冲敢打。而且他很善于抓住对家已经暴露的弱点，一冲到底，结果叫对家毫无还手之力，彻底垮台。
>
> 记得有一局我们就输得很惨。当时胡耀邦手上的牌大概只够开叫一副，他却一开叫就跳叫三副，我以为他手上的牌一定很好，于是我马上应他叫四副，这样来，他也以为我手上的牌不错，便一下叫到五副。其实当时邓小平手上的牌比较好，他看到胡耀邦决心要打，于是有意抬了，也叫了一个五副。我表示不能再高叫了，Pass，心想就让他们打五副吧。但是胡耀邦却坚持要打，他跟叫一个"小满贯"，打六副。邓小平手头上

大概已有两个"帽子"，稳拿两副，知道我们这回肯定要垮，但叫了一个"加信"。胡耀邦却反叫"加加信"。听他这样一叫，我就知道这回要输惨。邓小平反客为主，抓住不放，我们最终全军覆没。因是加加倍，结果算起来乘四倍，我们输惨了。

在和他们打桥牌的过程中，我从他俩的牌风上多少看出他们的不同作风。邓小平同志十分稳重，注意把双方的底子摸清楚，没有看准，绝不开打，但是当他搞清楚了对手的底，看准了的，就大胆地打，坚决地打，绝不手软，一冲到底，不达胜利，决不罢手。而胡耀邦有一股天不怕地不怕的冲劲，思想解放，不拘泥于牌经规矩，敢拼敢搏，有时也能获胜，但稳准狠不够，不当心就会失局。(马识途:《百岁拾忆》，北京:生活书店出版有限公司，2014年，第189—190页。)

10月，担任四川省人民政府建设工程组组长。

11月，奉命组建四川省人民政府建筑工程局，担任局长。

1953 年，39 岁

4月—6月，参加中共反对官僚主义、反对命令主义、反对违法乱纪的"新三反"运动。

10月20日晚，参加中共四川省委召开的第四次扩大会议，研究贯彻中央10月16日做出的《关于实行粮食的计划收购与计划供应的决议》的措施。

后，参与组建四川省建设厅。

1954 年，40 岁

1 月 2 日，中共四川省委在成都召开万人党员大会，学习党在过渡时期的总路线和总任务。

1 月 13 日—1 月 25 日，中共四川省委召开工业生产与基本建设会议，根据党在过渡时期总路线的精神，对工业生产与基本建设 1953 年的工作与 1954 年的任务，进行了检查与布置。

因救济大哥马千刚，受到组织部长批评。

7 月，担任四川省工业办公室副主任。

1956 年，42 岁

4 月，中共四川省委常委会召开第十二次扩大会议。会议是为贯彻执行中共中央和毛泽东关于反对右倾保守、加速社会主义建设的指示而召开的，着重讨论了地方工业、基本建设、交通运输及商业等问题。

10 月，四川省全省干部开始学习中国共产党第八次全国代表大会文件，要求在职干部理论学习的时间要全部用于学习中国共产党第八次全国代表大会文件。

当年起，每月资助三哥马士弘二十五元，帮助三哥孩子上学，直至 1964 年。

1957 年，43 岁

4 月，任四川省建设厅厅长。

5 月下旬，为响应党中央整风要求，召开四川省建设厅工程技术人员座谈会，鼓励本单位员工打消顾虑，大鸣大放，畅所欲言。不久，负责改建省委金牛坝招待所，准备接待毛泽东等中央领导入住。

7月3日，《在四川省基本建设工作中的几点体会》在《建设月刊》第7期发表。

1958年，44岁

2月底，参加反浪费、反保守运动。

3月8日，四川省和成都市工业、基本建设、交通、财贸、手工业、文教、卫生和郊区农业战线的七万余名职工，在人民体育场参加反浪费、反保守，促生产"大跃进"誓师大会。

3月，成都会议期间，陪同周恩来参观金牛坝附近新农村建设。后，积极组织四川省建设厅大炼钢铁。

"大跃进"初期，前往成都郊区督导"打麻雀"运动。

7月1日，中国科学院四川分院筹备处成立，马识途负责筹备工作。

11月13日，参加四川省科学技术工作跃进会，中国科学院四川分院正式成立。

12月25日—1959年1月6日，中共四川省委召开四级干部会议，全面肯定1958年"大跃进"和人民公社化运动，决定1959年继续"大跃进"的同时，讨论了省委《关于贯彻执行中央关于人民公社若干问题的决议的决定（初稿）》，为中国共产党四川省第十一届委员会第九次全体会议做准备。

1959年，45岁

3月，拜访湖北省公安厅负责人，请求帮助寻找自己与刘蕙馨烈士失散十八年的女儿。湖北省公安厅很快成立专案组。

7月，开始担任中国科学院四川分院副院长、党组第一副书记，兼管中国科学院四川分院图书馆。提出两大攻关项目，一是"土火箭"上天，解决当地干旱地区无雨少雨问题；二是大搞"人造肉"，以代食品办法解决吃肉问题。

在庆祝新中国成立十周年前夕，为《四川文学》创作新中国成立后的第一篇文章《老三姐》。

10月1日，报告文学《会师》在《成都日报》发表，署名"任远"。

庐山会议后，前往金牛坝宾馆参加中共四川省委会议。

1960 年，46 岁

2月25日—3月2日，中国共产党四川省第一次代表大会第三次会议在成都召开。会议制定了1960年—1962年工农业生产发展目标，提出"再战三年，为把四川建设成为国家的后方基地打下基础""力争二三年内，为国家建立一个粮食储备基地打下基础"。

3月26日—4月1日，中共四川省委在南充和重庆召开三级干部会议，讨论改变落后县、区、社的面貌问题，决定开展工农业生产、技术革新和技术革命、公共食堂普遍化等六大群众运动。

4月17日—4月26日，在上海参加中国科学院第三次学部委员大会时，接到湖北省公安厅发来找到失散女儿的电报，后连夜赶往武汉，在查看相关档案和照片后，确认吴翠兰是自己与刘蕙馨的女儿。

第二天，前往女儿吴翠兰的养父母家，与吴有华、王素珍见面，向他们表达深深的感激之情，说："感谢你们用工人阶级的优秀品质把姑娘教养成人。养生父母大如天，小毛还姓吴，今后跟着你们。能看到刘蕙馨烈士的遗女已经长大成人，而且能坚决跟着党走，我也就心满意足了。"

4月29日，到北京。当晚，前往北京工业学院，与失散十九年的女儿吴翠兰相见。

4月30日，与女儿吴翠兰前往天安门游览。当晚，与女儿作诗《致湖北省公安厅感谢电》。

致湖北省公安厅感谢电

离散二十年，父女庆团圆。

多劳公安厅，特电表谢忱。

5月1日凌晨，作诗《喜逢佳节庆团圆》。

7月1日，短篇小说《老三姐》在《四川文学》第7期发表。

8月，《鸡鸣集》（诗五首《遥寄——祭刘一清烈士》《狱中遥寄》《我向往北方》《什么时候……》《投递不到的信》）在《星星》（诗刊）第

1960年，马识途与失散近二十年的女儿吴翠兰在天安门合影

8 期发表。

8 月起，参加四川全省掀起的"计划用粮、节约用粮和储粮备荒"运动。

10 月 8 日，《老三姐》（革命斗争回忆录）在《人民文学》第 10 期转载。

11 月 24 日—12 月 5 日，中共四川省委召开四级干部会议，学习讨论中共中央《关于农村人民公社当前政策问题的紧急指示信》（即"十二条"）。

当年，被任命为中共中央西南局宣传部副部长和西南局科委副主任。

1961 年，47 岁

2 月 11 日—2 月 13 日，中共四川省委在重庆召开第十四次全体会议，传达贯彻中国共产党第八届中央委员会第九次全体会议精神，初步总结"大跃进"以来的经验教训。

3 月 12 日，短篇小说《找红军》在《人民文学》第 3 期发表。

5 月 20 日，填写"中国作家协会入会申请表"（"作家协会"下文简称"作协"）。

5 月 21 日—12 月 14 日，长篇小说《清江壮歌》在《成都日报》连载，共 160 期。

《清江壮歌》是马识途根据烈士何功伟、刘蕙馨为原型创作而成。何功伟、刘蕙馨两位烈士是 20 世纪 30 年代走向革命的知识分子。他们怀着推翻旧中国、建立新社会的理想来到清江河畔的鄂西恩施地区，开展秘密的地下党工作，后因叛徒出卖被捕入狱，最终遭到敌人杀害。刘蕙馨被捕时女儿刚出生不久，她经受着地狱之火，表现出最伟大的母爱，在走向刑场时更是临危不乱，将婴儿巧妙地置于路边的草丛中，使孩子逃脱大劫。

7月1日，长篇小说《清江壮歌》在《四川文学》第7期连载。

8月10日，长篇小说《清江壮歌》在《四川文学》第8期连载。

8月，中篇小说《接关系》在《解放军文艺》第8—9期发表。

9月6日—10月7日，中篇小说《接关系》在《北京晚报》连载。

9月10日，长篇小说《清江壮歌》在《四川文学》第9期连载。

9月12日，讽刺小说《最有办法的人》在《人民文学》第9期发表。

10月10日，长篇小说《清江壮歌》在《四川文学》第10期连载。

11月10日，长篇小说《清江壮歌》在《四川文学》第11期连载。

12月10日，长篇小说《清江壮歌》在《四川文学》第12期连载。

1962 年，48 岁

1月10日，长篇小说《清江壮歌》在《四川文学》第1期连载。

1月14日，四川、云南、贵州三省省委主管科技工作的书记、科委负责人及中国科学院三省分院的负责人在成都举行（西南）大区科学工作会议，讨论贯彻执行中央1961年7月批转聂荣臻《关于调整地方科学技术机构的请示报告》和国家科委党组、中国科学院党组《关于自然科学研究机构当前工作的十四条意见（草案）》等问题。

2月10日，长篇小说《清江壮歌》在《四川文学》第2期连载。

2月12日，短篇小说《两个第一》在《人民文学》第2期发表。

2月—3月，参加"广州会议"，全程参加中国科学院科学家高层座谈会，听周恩来、陈毅讲话。

3月10日，长篇小说《清江壮歌》在《四川文学》第3期连载。

4月10日，长篇小说《清江壮歌》在《四川文学》第4期连载。

5月10日，长篇小说《清江壮歌》在《四川文学》第5期连载。

6月5日—6月16日，中共四川省委召开第十三次宣传工作会议，学习和讨论周恩来于3月所做的《论知识分子问题》的报告，并讨论了进一步调整精简教育事业等问题。

6月10日，长篇小说《清江壮歌》在《四川文学》第6期连载。

6月30日，《致读者》在《中国青年报》发表。

7月10日，长篇小说《清江壮歌》在《四川文学》第7期连载完毕。

秋，前往北京开会并拜访中共中央监察委员会副书记钱瑛，钱瑛当面建议《清江壮歌》不要出版。

8月12日，短篇小说《小交通员》在《人民文学》第8期发表。

9月10日，讽刺小说《挑女婿》在《四川文学》第9期发表。

10月17日—11月10日，中共四川省委在重庆召开传达贯彻中国共产党第八届中央委员会第十次全体会议精神的工作会议，部署今冬明春工作。会议第一阶段主要是学习讨论阶级、形势问题，在主要矛盾问题上统一思想；第二阶段讨论中共四川省委起草的在工业、农业和商业方面贯彻十中全会精神的三个文件。

11月，担任中国科学院西南分院副院长、党组书记。中国科学院西南分院以中国科学院领导为主，是中国科学院统管西南地区院属科研单位的派出机构。原分属四川、云南、贵州三个分院的十七个研究所调整为八个：西南贵金属研究所、西南技术物理研究所、昆明物理研究所、西南电子学研究所、西南有机化学研究所、贵州化学研究所、西南动物研究所、西南生物研究所。此后，成立中国科学院地理研究所西南地理研究室（1963）、西南分院直属厂（1965）、中国科学院重庆土壤室（1965）、中国科学院电子学所西南分所（1965，1966年改名为中国科学院西南电子学所）。

1963 年，49 岁

3 月 12 日—3 月 28 日，中共四川省委召开扩大会议，全省县处级以上干部 2265 人参加。会议讨论贯彻中共中央关于增产节约和反贪污盗窃、反投机倒把、反铺张浪费、反分散主义、反官僚主义的"五反"运动的指示。

5 月 12 日，小说《"回来了"》在《人民文学》第 5 期发表。

5 月 29 日—6 月 13 日，中共四川省委在成都召开工作会议，传达贯彻中共中央杭州会议精神和中央《关于目前农村工作中若干问题的决定（草案）》（"前十条"）。

8 月 27 日，散文《花溪揽胜——走马行之一》在《光明日报》发表。

8 月 31 日，散文《从大石桥到大竹——走马行之二》在《光明日报》发表。

9 月 3 日，《不靠天！——走马行之三》在《光明日报》发表。

9 月 7 日，《哲学的解放——走马行之四》在《光明日报》发表。

11 月 1 日，小说《新来的工地主任》在《四川文学》第 11 期发表。

当年，全程陪同中国科学院西南综合考察队在四川科学考察。

当年，作《七绝·羊城》《七绝·琼岛》。

1964 年，50 岁

主持四川农业科技会议，学习大寨精神。

5 月 5 日—5 月 20 日，中共四川省委召开第十五次宣传工作会议，根据年初中央召开的教育工作座谈会（"春节座谈会"）精神，着重讨论克服中小学生学习负担过重和提高教育质量的问题。会议讨论了学习毛泽东著作的问题，会后由中共四川省委宣传部发出《关于推动干部和群众进一步学好毛主席著作的意见》。

9月13日—9月29日，中共四川省委在重庆召开三级干部会议，主要讨论1964年冬至1965年秋城乡社会主义教育运动的部署问题。

秋，参加四川农村社会主义教育运动（即清政治、清经济、清组织、清思想的"四清"运动），不久被派往南充。

11月，在南充县委招待所，拜访彭德怀。作《七律·初遇彭大将军于南充》。

七律·初遇彭大将军于南充

彭大将军谁复识？灯前白发老衰翁。

为民请命千秋范，立马横刀百代功。

皎皎易污随处是，峣峣必折古今同。

任他朔北霜风劲，岂撼长城铁甲松？

对于这次偶遇，马识途曾有详细记述：

1964年11月，奉毛主席之命到西南局担任西南三线建设委员会第三副主任的彭德怀视察工作路过南充，住进县委招待所。我当时也住在那里，我一直很佩服彭老总耿介不阿、敢于直言的秉性。听说他住在招待所，一天晚上，我乘他一人在屋时，单独去看望他。一进门我就吃了一惊，很难将眼前一头衰发、瘦弱的老头儿和闻名遐迩、连毛主席都称赞过的"横刀立马"的"彭大将军"联系在一起。

我向彭老总做了自我介绍，他泛泛地和我打个招呼，让我坐到火炉前和他一起烤火。他听说我正在农村搞"四清"，便问起乡下的情况。我如实地告诉他，有些地方的农民仍然是食不果腹、衣不蔽体，感叹解放十几年了，农民还那么穷困。彭老总听了我的回答，大概认为我能实事求是吧，对我产生好感，说话也就随便一些了。（马识途：《百岁拾忆》，北京：生活书店出版有限公司，2014年，第260页。）

当年，创作剧本《叶下珍珠》，并开始搜集长篇小说《石家湾的春秋》素材。

1965 年，51 岁

1月，作诗《寄远人》《寄北京》。

作《七律·五十自寿》。

七律·五十自寿

荏苒韶华五十秋，江湖风雨寄沉浮。

不伤半世流亡苦，但憾平生志未酬。

朽木诚难充砥柱，滴涓仍可入洪流。

虽然驽马难重任，孤竹识途说千休。

注：春秋时齐桓公伐孤竹，风雪迷路，幸为识途老马引归。

9月，撰写《清江壮歌·后记》。

1966 年，52 岁

3月，长篇小说《清江壮歌》由人民文学出版社出版。

5月，从南充回成都。

7月，妻子王放因病去世。

《清江壮歌》，马识途，人民文学出版社，1966 年 3 月

7 月—11 月，马识途一直遭到批判。

当年，创作《石家湾的春秋》（初稿）。

当年，作《五绝·净水》《五律·净水溪行》《七律·梦蝶》《七律·书愿》《七律·书愤》《七律·烈夫》《七律·山中》《七律·登峨山中华严寺》《七律·登峨眉金顶观日出》《七绝·峨山远望成都》《七绝·述志》《七绝·悼王放》《七律·古庙怀亡人》。

1967 年，53 岁

年初，被中国科学院西南分院办公室主任带回成都。

当年，作《顺口溜·颠倒歌》《顺口溜·幼子陪我下棋》。

1968 年，54 岁

前往北京避难。

7 月，作诗缅怀妻子王放。

当年，作《七律·凝眸》。

1970 年，56 岁

4 月 30 日，作《我的检查》（初稿）。

1971 年，57 岁

3 月，作《七律·金沙女儿归，怀北京大女儿》。

9 月，与多年不见的三哥马士弘相见。相见之下，两人相互拥抱，唏嘘感叹，互慰互勉。这次见面，两人共读唐朝诗人刘长卿七律诗《送李录事兄归襄邓》："十年多难与君同，几处移家逐转蓬。白首相逢征战后，青春已过乱离中。行人杳杳看西月，归马萧萧向北风。汉水楚云千万里，天涯此别恨无穷。"

读后，马识途特书此诗赠予三哥马士弘。

当年，作《七律·疑猜》。

1972 年，58 岁

8 月，被任命为中共四川省委宣传部副部长，主管文艺。上任后，开始着手解决全省川剧团的生存及工作问题，并参与创办《四川文艺》。

当年，作《七律·秋日眺远》《七律·晚风》。

1973 年，59 岁

4月，陪同中共中央政治局委员、国务院副总理陈永贵一行在四川灌县视察并参观都江堰。

9月10日，中共四川省委召开扩大会议，传达贯彻中国共产党第十次全国大会精神。

当年，作《七绝·煮酒邀友》《顺口溜·高奇才，奇才》。

当年，到乐山大佛，复登乌尤，回忆昔日与好友陈俊卿同游乌尤的情形，遂赋七言律诗《忆与俊卿好友游乌尤寺》。

忆与俊卿好友游乌尤寺

君言天下秀嘉州，为吊英魂登乌尤。

泊泊青衣绕江树，汹汹大渡浸绿州。

休嗟旧雨多零落，应喜新风唱宏猷。

昔日江山指点处，钢龙飞舞过洪流。

当年，去天津大学看望女儿马万梅，并拜访西南联大老友、天津市委统战部部长李定。

1974 年，60 岁

2月5日—2月18日，四川省文化工作会议召开。各地、市、州委和革命委员会的宣传文化部门负责人、工农兵作者、大专院校工农兵学员代表、文化系统各行业的工作者等出席会议。会议传达国务院召开的音乐、美术、电影几个座谈会议的精神。

当年，去上海旅行。去东北出差，路过沈阳时，拜访老友李曦沐。

当年，作诗《七律·寒流》《终无悔》《七律·随刘仰峤同志登峨眉山》《七律·重登华岩寺，步原作登华严寺诗韵》《七律·重登峨山金顶，步原登金顶诗韵》《七律·峨山茶园戏拟题壁》。

1975 年，61 岁

1 月，作《七律·六十自寿》。

七律·六十自寿

仆仆风尘六十年，坎坷历尽志犹坚。

临风酹酒思先烈，拓路披荆望后贤。

曾梦洪流横大海，亦怀赤帜举云天。

铁梅几树蕾初绽，春气逼人到眼前。

后，进四川省草堂干部疗养院（今四川省第三人民医院）休养。

1976 年，62 岁

1 月 8 日，周恩来总理在北京逝世。

1 月，作诗《忆秦娥·悼念周总理》。

忆秦娥·悼念周总理

歌声咽，万民痛哭悲永诀。悲永诀，泰山惊倒，天柱伤折。且将热泪化钢铁，赤诚革命追先烈。追先烈，中华儿女，誓清妖孽。

4 月，作诗《念奴娇·悼周公》。

念奴娇·悼周公

巨星陨落，烈焰息，九亿同声泣血。奉献终生，为华胄，盖世功勋不灭。耿耿丹心，鞠躬尽瘁，千古此豪杰。一朝逝去，神州天地呜咽。

泪飞天安门前，动地歌吟，誓言如钢铁。海枯石烂，终不改，步步紧追先烈。东海擒王，北山缚獐，阙下清妖孽。红旗漫卷，还我河山本色。

9 月 9 日，毛泽东主席在北京逝世。

9 月 18 日，四川省暨成都市隆重举行毛泽东逝世追悼大会。出席追悼大会的 50 万军民怀着沉痛的心情，深切缅怀毛泽东的丰功伟业。四川省 19 个地、市、州和 191 个县的追悼大会也在同一时间举行。

1977 年，63 岁

1 月 5 日，中共四川省委在成都召开二十万人大会，传达第二次全国农业学大寨会议精神。

1 月 8 日，散文《难忘的关怀》在《四川日报》发表，署名"华驰"。

10 月，在北京参加中华人民共和国文化部（今中华人民共和国文化和旅游部）召开的会议。

当日，评论《信念》在《人民文学》第 10 期发表。

11 月 10 日，《红岩挺立在人间——祝小说〈红岩〉再版》在《北京文艺》第 11 期发表。

1978 年，64 岁

1 月 5 日，《〈红岩〉——革命英雄的丰碑》在《红旗》杂志第 1 期发表。

2 月—4 月，中共四川省委对县以上的领导班子进行思想整顿，开展党性教育。

3 月 18 日—3 月 31 日，在北京参加全国科学大会。四川主持和参与的《人造金刚石钻探技术研究》《四川凉山黑沙河泥石流及其综合治理研究》《不定方程、数论变换和组合论、数论研究、点集拓扑、泛函分析的研究》等成果获全国科学大会成果奖。

3 月 19 日，作《向二〇〇〇年进军！——发自科学大会的信》。

3 月 26 日，《向二〇〇〇年进军！——发自科学大会的信》在《人民日报》发表。

3 月，作诗《忆秦娥·赠科学大会诸公》。

4 月 10 日，中共四川省委在成都召开大会，传达全国科学大会精神。

5 月 1 日，诗歌《七律二首·赠攀登者》在《光明日报》发表。

5 月 20 日，在成都锦江宾馆九楼会议厅，主持召开中国科学院成都分院数理研究室成立大会并致辞："数理研究室将建设为数理研究平台，欢迎全川数学家到这个平台工作。"关肇直任中国科学院成都数理研究室主任，何奇任书记。

6 月，小说《算盘的故事》在《四川文艺》第 6 期发表。

夏，深入温江（今成都市温江区）农村。

夏，与洪德铭来到北京，在原北平地下党负责人王汉斌的"斗室"相聚。

7 月 20 日—7 月 30 日，四川省科学大会在成都召开。大会贯彻全国科学大会精神，动员全省人民向科学技术现代化进军。中共四川省委向全省科技工作者提出号召，围绕四川国民经济发展的需要，加强农业和工业科技研究，为建立高产稳产的农业基础和工业技术改造服务，同时进行重要资源开发利用的研究。

8月，小说集《找红军》由四川人民出版社出版。该书收入《我的第一个老师》《老三姐》《小交通员》《接关系》《"回来了"》《西昌行》。

9月18日，报告文学《杨柳河边看天府》在《人民日报》发表。

9月，顶着政治压力，亲自将《中国科学院成都生物研究所关于四川建立几个自然保护区》的报告送交国务院副总理兼中国科学院院长方毅，积极呼吁保护九寨沟免于破坏。中国科学院对此报告非常重视，于同年10月17日将报告转送农林部。

10月，参加中国科学院欧洲交流考察团，先后前往瑞士、英国、瑞典，在英国东方科技史图书馆拜访英国著名科学家李约瑟教授。作《七律·乘机过阿尔卑斯山浮想》《英国皇家学会晚宴上口号顺口溜，译员译诵，举座粲然》《赴哥德堡途中》《七律·瞻仰周总理日内瓦旧居》《七律·秋晚游日内瓦湖》《七绝·中瑞科学交流协定签字会上口占》《瑞典皇家学会晚宴上口号，译员译诵，教授齐鼓掌》。

冬，响应中央号召，退居二线，担任四川省人民代表大会常务委员会副主任，主管四川省人民代表大会教育科学文化卫生委员会及群众信访、外事活动。

12月，担任中国科学院成都分院副院长。中国科学院成都分院是中国科学院的派出机构，受中国科学院和四川省双重领导，以中国科学院为主，其主要任务是：对成都地区院属科研单位党的工作和思想政治工作进行领导；代院加强对科研业务、生产、技术条件、公用事业等进行管理、检查、督促和组织协调；负责成都地区院属科研单位的规划和建设。

当年，重新动笔创作《夜谭十记》。

1979 年，65 岁

1月6日—1月19日，中共四川省委召开常委会（扩大）会议，传达学习贯彻中国共产党第十一届中央委员会第三次全体会议和中央工作会议精神，联系四川实际，着重讨论党的工作重点转移和此后三年的国民经济调整工作。会议指出，要解放思想，使国民经济特别是农业迅速恢复和发展起来；要落实党在农村的各项政策，调动广大农村干部和农民的积极性。

1月7日，散文《关怀》在《人民日报》发表。

1月14日，评述《改革不相适应的生产关系和上层建筑》在《光明日报》发表。

1月20日—1月23日，中国共产党四川省第三次代表大会在成都召开。大会传达学习贯彻中国共产党第十一届中央委员会第三次全体会议和中央工作会议精神，要求坚决、有秩序地实现工作重点的转移。

1月26日，中共四川省委召开大会，公开为其平反。中共四川省委宣传部代部长沈定一宣读平反通知。

1月30日，《四川日报》发表《省委宣传部召开平反大会，为马识途、李亚群、沙汀、张黎群、李伏伽五同志平反》。

3月17日，与在北京的西南联大同学王汉斌、张彦、李凌、许师谦（许寿谔）、殷汝棠、王松声、严宝瑜、胡邦定等在北京展览馆聚会。

3月，《清江壮歌》由人民文学出版社再版。

3月，到北京，参加全国人民代表大会常务委员会组织的各省市区地方人民代表大会常务委员会工作会议。

3月，小说《我的第一个老师》在《人民文学》第3期发表。

4月底，陪同物理学家李政道参观中国科学院成都分院。

5月4日—5月13日，中国共产党四川省第三届委员会第二次全体会议在成都召开。会议贯彻中共中央工作会议精神，就执行国民经济"调整、改革、整顿、提高"方针，针对四川经济的调整进行讨论和部署。

5月15日，《坚强的革命女战士钱瑛》在《中国妇女》第5期发表。

5月，《祝科学与文艺的结合——代发刊词》在《科学文艺》第1期发表。

《坚强的革命女战士钱瑛》在《新华月报》（文摘版）第5期转载。

《出路在哪里——我的生活道路》在《人民中国》第5期发表。

当月，作《永远的怀念》。

7月，小说《夜谭十记之一——破城记》在《当代》创刊号发表。

7月，中共四川省委宣传部、四川省社会科学院和四川省高等教育局联合召开全省哲学社会科学规划会议暨四川省哲学、经济、历史学会成立大会。

10月底—11月中旬，前往北京参加中国文学艺术工作者第四次代表大会、中国作家协会第三次会员代表大会，被选为中国作协理事会理事。

11月11日，参加作家座谈会，见到老友韦君宜等人。在见到《人民文学》原主编陈白尘时，陈白尘问马识途："你那个《最有办法的人》怎么样了？"他指的是，马识途20世纪60年代在《人民文学》杂志发表的讽刺小说《最有办法的人》。马识途回答："当然更有办法了。"陈白尘说："你为什么不把它拉出来让我们见识一下呢？"陈白尘希望马识途能坚持把这个系列往后写下去。

12月1日，收到读者章林义写来的题为《说情节》信函。

12月，《伟大的战士和母亲》在《红岩》第2期发表。

12月下旬，参加第五届四川省人民代表大会第二次全体会议，当选为四川省人民代表大会常务委员会副主任。

1980 年，66 岁

1月5日，《关于〈凯旋〉》在《边疆文艺》第1期发表。

1月18日，致作家孙洁，谈自己对孙洁《两姊妹》的看法。

1月27日，作《现实主义管见》。

1月，《我追求中国作风和中国气派》在四川省文学艺术家联合会《文艺通讯》发表。

2月7日，参加《科学文艺》编辑部召开的作者座谈会，并发言。

3月3日，在成都锦江宾馆与王朝闻、黎本初等讨论川剧改革，说："我是川剧'万岁论'者，认为川剧不会灭亡，但川剧必须随时代的发展而进行改革；改革中要保持川剧的特色，使川剧永远姓川。"

3月12日—3月21日，中国共产党四川省第三届委员会第三次全体（扩大）会议在成都召开。会议审议通过《关于贯彻党的十一届五中全会精神，加强和改善党的领导的决议》。

3月，《说情节——复章林义同志的信》在《四川文学》第3期发表。

评论《解放思想，繁荣科学文艺创作》在《科学文艺》第1期发表。

4月9日，散文《我想你们，恩施的人们》在《恩施报》发表。

4月12日，杂文《门外电影杂谈》在《电影作品》第1期发表。

4月27日—4月28日，会见美籍华裔女作家聂华苓、安格尔夫妇。

4月30日，接待四川电视台创作组李习文、徐正直，谈论自己小说的电视剧改编问题。

5月1日，《〈情报学刊〉创刊祝辞》在《情报学刊》第1期发表。

5月27日，到中国作协四川分会古典文学讲习班，讲授林觉民的《与妻书》。

5月，《马识途同志的两封信》在《海燕》第3期发表。

6月16日—6月25日，参加四川省文学艺术界联合会（下文简称

"四川省文联")第二次代表大会，并被选为四川省文联主席、中国作协四川分会主席，做题为《解放思想，争取我省社会主义文艺的事业的更大繁荣》工作报告。在闭幕式上致闭幕词。

6月25日，《解放思想，加强团结，争取我省社会主义文艺的更大繁荣》在《四川日报》发表。

7月，写《学习创作的体会》，交中国作协四川分会印成小册，寄来函求教的习作者。

8月2日，致信作家周永年，谈"建立专业创作队伍和业余队伍"。

8月14日、18日、21日、23日、24日、28日、30日、31日，散文《西游散记》在《成都日报》连载。

8月15日，前往四川省卧龙自然保护区参观。

8月底，到北京，参加中共中央党校组织的为期半年的全国省级老干部高研班，被分到1980年第五期一部十二支部一组，担任组长。

8月29日，中央党校领导找少数老同志座谈征求意见时，在小组讨论会上发言，谈了自己的感想与意见。

8月，散文集《景行集》由四川人民出版社出版。该书收入《关怀》《贺龙在成都》《我的引路人》《时代的鼓手——闻一多》《永远的怀念》。

9月1日，参加中央党校开学典礼，副校长冯文彬讲话。

随后，听中央党校哲学教研室主任吴江同志的引言报告。

作《札记》。

9月1日、4日、6日、7日、8日、11日、13日、14日，散文《西游散记》在《成都日报》继续连载。

9月2日，听中国著名马克思主义哲学家和教育家韩树英讲述党的思想路线问题。

9月6日，听南斯拉夫伽略夫同志做有关南斯拉夫建设经验的报告。

9月11日，参加一部十二支部委员会活动，副校长冯文彬出席讲话。

参加一部学习委员会议讨论。

9月12日，参加解放思想讨论活动，发言主题"关于相对真理和绝对真理"。

9月15日，参加"国体和政体的思考问题"讨论。

9月16日，学习"路德维希·费尔巴哈和德国古典哲学的终结""马克思主义哲学产生的前提""马克思主义哲学所实现的伟大变革是什么""哲学的变革"；作《学习思考笔记》《对党校教育的两点看法》。

9月18日，作《学习笔记》，谈中国的封建主义（封建世袭制度、封建等级制度）的危害。

9月19日，在讨论会上，谈及1959年庐山斗争，结论是客观真理最后取得胜利；讨论"实践是检验真理的唯一标准吗？"。

学习列宁《唯物主义和经验批判主义》。

9月20日，继续讨论"相对真理和客观真理的关系"；作《学习讨论笔记》。

9月23日，一部十二支部对中央党校第一单元的学习提出了自己的意见：基本理论联系实际才好、思想仍有禁区等。

作《列宁〈谈谈辩证法〉阅读笔记》。

在一支部讨论社会主义优越性问题时，做发言：

1. 问题的提起，"信仰危机"的出现，思想的混乱，过去二十几年工作中的失误和不很成功的试验，要为社会主义开辟广阔发展的道路，充分认识社会主义制度的优越性。

2. 什么是社会主义？

3. 社会主义的优越性，是和社会主义发展的根本规律相联系的。

4. 根据这个来考察中国过去二十几年搞的是不是社会主义，是的，但不完全是，甚至在有的时候完全不是。

5. 要发扬社会主义优越性，就要拨乱反正，正本清源，克服"左"倾错误路线和空想社会主义。

（马识途：《党校笔记》，北京：中共中央党校出版社，2011年。）

9月25日，作学习笔记《坚持唯物史观，反对个人崇拜》。

9月29日，作学习笔记《文艺理论研究上必须来一个大突破》。

9月，《清江壮歌》在天津人民广播电台连播。应电台邀请，创作《怎样读〈清江壮歌〉》。

9月，小说《盗官记》在《红岩》第3期发表。

10月5日，在中央党校第一阶段学习结束，开始分组讨论中央66号文件《党和国家领导制度的改革》（邓小平同志报告），做发言："我以为中国共产党经历了六十年的革命斗争，特别是近三十年来的曲折社会主义革命斗争过程，我党的经验和教训都是极其丰富、极其深刻的……"

10月7日，开始学习哲学。

10月8日，听中国著名马克思主义理论家范若愚做引言报告，讲述第二单元"党的政治路线的深入认识"。

1. 我们的政治路线，团结全国各族人民建设高度民主、高度文明的社会主义强国。

2. 无产阶级专政和社会主义民主。

3. 为什么要学习社会主义经济学说。

4.计划规定、价值规律和管理机制。

10月8日，一部十二支部开始对第一单元学习进行小结，并对第二阶段学习提出意见。

作《第一阶段学习感想——收集少数老同志的意见》。

10月10日，进行小组辅导讨论，并作《学习笔记》《学习中几个问题》。

10月15日，听中央党校教育长宋振庭有关"第五期学员参加党中央三十年若干历史问题决议的讨论"讲话。

10月16日，学习《建国以来党的若干历史问题的决议》并做笔记。

10月22日，参加对《建国以来党的若干历史问题的决议》的讨论，并发言。

10月24日，听取中央党校副校长胡耀邦在宣传思想工作座谈会上的录音报告。

作《关于国家体制的意见》。

10月29日，听取国家民族事务委员会有关民族工作方面的问题报告。

10月30日，参加讨论"社会主义民主"，并发言。

10月31日，作资料学习笔记：《资料：社会主义分类（美国一家杂志分析）》。

10月，《文艺十愿》在《四川画报》第5期发表。

11月1日，继续参加讨论"社会主义民主"。主要涉及五个方面：

1.关于党的问题。

2.国家政权问题。

3.中华全国总工会和其他群众团体（中国共产主义青年团、中华全国妇女联合会、中国科学技术协会、中国文学艺术界联合会）的作用，党如何领导。

4. 关于人民民主专政问题。

5. 民主集中问题。

11月7日，听取中共中央宣传部副部长王惠德同志录音报告。

11月10日，参加"社会主义问题"的讨论，并发言。

11月12日，参加"社会主义社会"讨论。

11月14日，听取中央党校政治经济学教研室龚士其有关二单元二段引言的报告。

11月15日，听取著名经济学家于光远有关改革的报告。

11月18日，作《学习政治经济学笔记》。

11月19日，作《马克思〈导言〉杂记》。

11月21日，听取马克思主义理论家、中国社会科学院副院长邓力群"有关陈云同志经济思想介绍"的报告。

11月28日，听取国家农业委员会副主任杜润生有关中国农村、农业的报告。

11月28日，中央党校对该期学员重申了学习纪律。

作《学习感想》。

参加一部十二支部小组的学习讨论，做三个月小结。

11月29日，作《扬长避短中的问题》《学习中的思考问题》。

12月2日，《难忘的战斗岁月——纪念"一二·一"运动三十五周年》在《中国青年报》发表。

12月4日，开始对"什么是社会主义基本经济规律（内容、目的、主导作用）""社会主义建设的指导思想""要落实到当前国民经济的调整"三个问题进行学习讨论。

12月5日，《贺龙在成都》在（四川）《支部生活》第12期连载。

12 月 15 日，所在一部十二支部一组接受辅导员翁志兴的学习辅导，并作《学习笔记：社会主义经济问题》。

12 月 19 日，听取著名经济学家薛暮桥有关经济结构改革问题的报告。

12 月 23 日，在小组讨论会上就"社会主义基本经济规律及我国经济结构改革问题"发言。

12 月 25 日，作有关"社会主义是作为共产主义社会的初级阶段"的《学习笔记》。

12 月 27 日，在校接受第二单元"党的政治路线的深入认识"的综合串讲。

12 月 29 日，听取国家物价局局长谈如何保持物价基本稳定的报告。

参加一支部学习委员会议。

12 月 30 日，听取中央党校副校长冯文彬传达中央工作会议精神的报告。

当年，《学习创作的体会》在《文艺通讯》第 7 期发表。

当年，参与创办杂志《龙门阵》。

1981 年，67 岁

1 月 5 日，在中央党校听取教育长宋振庭的报告。

参加讨论"中央关于调整国民经济的会议上中央领导同志发言"。

《贺龙在成都（续一）》在（四川）《支部生活》第 1 期连载。

1 月 10 日，在中央党校听取国务院副总理姚依林同志的报告。

1 月 12 日，作《思想小结思考》《对党校建议》。

1 月 17 日，参加现代史工作座谈会。在会上谈了解放战争时期中共川康特委的基本情况和对"三勤方针"等几个问题的看法。

1月19日，作《思想小结提纲》。

1月21日，作《宣传工作中的感想》《心得与体会》。

1月24日，听取中央党校副校长胡耀邦的讲话。

听取中央党校副校长冯文彬的学习总结。

1月，《多宣传革命传统教育片》在《银幕内外》第1期发表。

1月，开始创作中篇小说《丹心》。

2月5日，《贺龙在成都（续二）》在（四川）《支部生活》第2期连载。

2月，《西游散记》由四川人民出版社出版。

前往恩施，为何功伟、刘蕙馨烈士扫墓。

3月5日，《贺龙在成都（续三）》在（四川）《支部生活》第3期连载。

3月10日，《马识途写作小传》在《乌江》第2期发表。

4月5日，《巴黎揽胜（之一）》在《重庆日报》发表。

4月5日，《贺龙在成都（续四）》在（四川）《支部生活》第4期连载。

4月6日，《巴黎揽胜（之二）》在《重庆日报》发表。

4月8日，与《四川日报》记者艾丰谈自己在鄂西从事地下活动的斗争情况。

4月10日，《巴黎揽胜（之三）》在《重庆日报》发表。

4月13日，作《读者·作者·编者》。

4月15日，《巴黎揽胜（之四）》在《重庆日报》发表。

4月20日，《巴黎揽胜（之五）》在《重庆日报》发表。

4月，《谈谈西南联大的学生运动》在《云南现代史研究资料》第四辑发表。

5月3日，《读者·作者·编者》在《重庆日报》发表。

5月5日，《贺龙在成都（续五）》在（四川）《支部生活》第5期连载。

5月15日，《开展文明礼貌活动》在《红领巾》第5期发表。

5月，《亚公——蜀中奇人》在《四川文学》第5期发表。

6月9日—6月12日，参加中共成都市委召开的党史座谈会。

6月10日，审阅《解放战争时期我党在成都开展革命斗争的几个问题》一文。

6月13日，审阅《在中共成都市委召开的党史座谈会上的第二次发言》。

6月15日，《在〈红领巾〉创刊三十周年茶话会上的讲话》在《红领巾》第6期发表。

6月28日，回忆文章《XNCR在成都》在《四川日报》发表。

7月1日，《好好宣传革命传统教育片》在《银幕内外》第7期发表。

7月3日，应中共云南党史办公室邀请，到昆明参加"一二·一"运动史座谈会。会议期间，在昆明寻访昔日战斗的遗址，到李公朴、闻一多先生墓前凭吊。

7月11日，《万州寄情》在《万县日报》发表。

7月下旬，在云南人民出版社副总编刘以、编辑唐振华陪同下，前往云南瑞丽。

7月，中篇小说《三战华园》在《四川文学》第7期发表。

8月中旬，应中共恩施地区委员会邀请，与女儿吴翠兰、儿子马万方等前往恩施为刘蕙馨、何功伟扫墓。

9月25日，在锦江大礼堂，主持四川省暨成都市文化艺术界"纪念鲁迅诞辰一百周年大会"。

9月28日—10月9日，中共四川省委召开全省思想战线问题座谈会。会议传达全国思想战线座谈会精神，学习邓小平就思想战线方面存在的问题发表的讲话，联系实际讨论研究加强和改善党对思想战线的领导，改变领导涣散软弱状态的措施。会议针对一部分人中资产阶级自由化倾向比较严重的问题，要求大力宣传党的四项基本原则，对文艺、理论、新闻、出版等方面的言论和作品进行清理整顿。

10月10日，参加四川抗洪救灾代表大会，并采访抗洪救灾先进人物及其英雄事迹。

10月24日，参加中共四川省委宣传部召开的"深入抗洪救灾第一线文艺工作者座谈会"，并致辞。

11月6日，与著名作家艾芜、孔罗荪、高缨、流沙河等在四川省文联座谈。

11月7日，《报告：我们打了一个大胜仗——四川抗洪救灾记事》在《人民日报》发表。

11月17日，《到生活中去捕捉美——读反映四川抗洪救灾文艺作品有感》在《四川日报》发表。

11月18日，参加四川省文艺评论工作座谈会。

11月25日，《对文艺界资产阶级自由化倾向的一些看法》在中央党校《理论动态》315期发表。

11月27日，到四川电视台与《三战华园》剧组座谈。

11月28日，《追根》在《长江日报》发表。

11月30日，参加中国作协四川分会与《青年作家》编辑部联合举办的"如何培养青年作者座谈会"。

12月1日，《马识途倡议作家同青年作者交心谈心》在《成都日报》发表。

12月8日，参加四川省社会科学联合会（下文简称"四川省社联"）成立大会，并做《祝四川省社联成立》发言。

12月12日，前往新都新繁荣校，为中国作协四川分会举办的"文学创作学习班"学员讲话。

12月18日，参加四川省职工业余作家文艺创作座谈会并讲话。

1982 年，68 岁

1月1日，《需要更多的关怀——一个倡议》在《青年作家》第1期发表。

1月1日，作《三战华园·后序》。

1月8日，《对文艺界资产阶级自由化倾向的一些看法》在《文摘周报》转载。

1月14日，《四川省文联主席马识途倡议要多方面关怀青年作者的成长》在《光明日报》发表。

1月15日，《克服资产阶级自由化倾向，促进社会主义文化繁荣》在《社会科学研究》第1期发表。

春，作《七律三首·草堂春游》《寄〈青年作家〉（贺青年作家创刊一周年）》。

2月22日—3月8日，到北京参加第五届全国人民代表大会常务委员会第二十二次会议。

3月25日，出席四川省文联、四川省社科院、四川省社联举办的"四川省毛泽东文艺思想研究会"。

3月29日，在办公室会见新蕾出版社编辑，答应他们的约稿，写自己的童年时代。

4月1日，《寄〈青年作家〉》在《青年作家》第4期发表。

5月1日，《青年作家需要学习马克思主义》在《青年作家》第5期发表。

5月26日，与四川大学中文系陆文璧座谈，商讨编辑、出版《马识途研究专集》。

5月，中篇小说《丹心》在《红岩》第2期发表。

《科学文艺创作一议》在《科学文艺》第3期发表。

6 月中旬，应中国文学艺术界联合会（下文简称"中国文联"）邀请前往庐山，与著名作家西戎、马烽、孙谦，著名书画艺术家尹瘦石等人见面。

6 月 25 日，《在四川省毛泽东文艺思想讨论会闭幕会上的讲话》在《南充师院学报》（哲学社会科学版）第 2 期发表。

6 月，《学习会纪实》在《四川文学》第 6 期发表。

7 月，应中国科学院邀请前往青岛疗养，完成小说《夜谭十记》的创作。

7 月 29 日—8 月 4 日，出席四川省文学艺术界联合会第二届委员会第二次扩大会议，并讲话。

8 月 21 日，《让我们行动起来》在《四川日报》发表。

8 月，《答观众问——关于电视剧〈三战华园〉》在《戏剧与电影》第 8 期发表。

9 月 1 日，参加四川省文化局召开的文物管理委员会相关会议。

9 月 1 日，《我是怎样写起小说来的》在《青年作家》第 9 期发表。

9 月 23 日，与艾芜、李少言一起接受新华社采访。

9 月 30 日，《宣传共产主义思想是作家的神圣职责》在《光明日报》发表。

10 月 1 日，创作完成《〈夜谭十记〉后记》；

10 月 1 日，为《张寔父印存》作跋。

10 月 13 日，作为中国作家代表团团长，带领作家刘绍棠、诗人公刘前往塞尔维亚贝尔格莱德参加世界笔会组织的国际作家会议。会议结束后，前往伏依伏丁等地参观，并在中国驻南斯拉夫大使馆做《从四川窗口看全中国形势》发言。

10 月 20 日，《讽刺小说二题 好事》《五粮液奇遇记——大人的童话之一》在《人民文学》第 10 期发表。

10 月，作《成都晚报，你好》

11 月 1 日，《我到熊猫故乡》在《散文》第 11 期发表。

11 月 16 日，参加在乐山举行的"纪念郭沫若诞辰九十周年纪念大会"并发表讲话。

12 月 7 日—12 月 14 日，参加四川省社会科学院召开的中国抗战文艺学术讨论会。在发言中提出：以重庆为中心的国统区和以延安为中心的解放区以及以上海为重点的沦陷区（包括香港、南洋）的抗战文艺活动，都是全世界反法西斯文艺活动的重要组成部分，国统区抗战文艺是对"五四"新文化运动和 20 世纪 30 年代中国左翼文艺运动的继承和发展，它继鲁迅之后树起了郭沫若这第一面旗帜，团结一大批进步作家，做出了不可磨灭的历史贡献。

12 月 25 日—12 月 29 日，主持召开中国作协四川分会主办的"四川省长篇小说创作座谈会"。

12 月，参加四川省地方志编纂工作会议。

12 月，讽刺小说《大事和小事》在《解放军文艺》第 12 期发表。

当年，《我也说振兴川剧》在《川剧艺术》（季刊）第 4 期发表。

1983 年，69 岁

1 月 3 日，《〈成都晚报〉，你好！》在《成都晚报》发表。

1 月 8 日，作《关于一篇语文教材的通信》。

1 月 30 日—2 月 4 日，中国共产党四川省第四次代表大会在成都召开。大会进一步贯彻落实中国共产党第十二次全国代表大会的各项决议，研究全面开创社会主义现代化建设新局面的各项方针政策，完成四川省委领导班子的新老交替。

1 月 30 日，《对违法的行为必须进行斗争》在《四川日报》发表。

1月31日，《对违反宪法的行为必须进行斗争——学习宪法的笔记》在《四川日报》发表。

1月，《夜谭十记——前记　报销记〉》在《四川文学》第1期发表。

2月4日，参加中国作协四川分会召开的青年作者座谈会，并发言。

2月中旬，《写郭老的剧要学郭老写剧——与乐山地区文工团部分同志谈话剧〈戎马书生〉的修改问题》在《文谭》第2期发表。

2月21日，到锦江宾馆参加四川省文学艺术界联合会常务委员会扩大会。

2月28日—3月8日，在北京参加第五届全国人民代表大会常务委员会第二十六次会议。期间，与人民文学出版社韦君宜、黄伊等商谈《夜谭十记》的出版。

2月，《我也谈抗战文艺》在《抗战文艺研究》第1期发表。

2月，《夜谭十记——娶妾记》在《四川文学》第2期发表。

2月，连环画《破城记》由江苏人民出版社出版。

3月12日—3月14日，四川省纪念马克思逝世100周年大会暨学术报告会在成都举行。

3月14日，《他的英名和事业永垂不朽——瞻仰马克思墓追忆》在《四川日报》发表。

3月17日，参加中共四川省委宣传部举行的茶话会。

3月18日，作《关于〈报告：我们打了一个打胜仗〉的一封信》。

3月20日，《关于一篇语文教材的通信》在《四川师院学报》（社会科学版）第1期发表。

3月，《夜谭十记——禁烟记》在《四川文学》第3期发表。

3月，《三战华园》由上海人民美术出版社出版。

4月13日，参加在四川省展览馆举行的"张大千画展"并剪彩。

4月15日—4月21日，参加四川省社会科学院《社会科学研究》

编辑部和文学研究所联合举办的首届"《三国演义》学术座谈会"。

4月19日—4月28日，四川省第六届人民代表大会第一次会议在成都举行。会议审议通过《关于在全省范围内深入开展学习、宣传、贯彻宪法活动的决议》。

4月21日，《大有进步，还要努力——祝〈青年作家〉创刊两周年》在《成都晚报》发表。

4月22日，观看成都市川剧院三团演出的新编历史剧《跪门鉴》。

4月，《夜谭十记——沉河记》在《四川文学》第4期发表。

与电影制片厂编辑部饶趣、导演张一谈文学剧本《红叶铺满小路》。

5月3日，在四川省文联礼堂主持欢迎以戏剧家阳翰笙为团长的中国文联赴川参观访问团。

5月4日，前往成都望江宾馆看望以蔺柳杞为团长，包括苏策、柯原、叶知秋、江波、李存葆等人的部队作家代表团。

5月4日，为青年作家包川著作《逝水滔滔》作序《勇于探索》。

5月6日，参加抗战文艺座谈会。

5月10日，与成都市川剧院编剧徐棻、演员晓艇等座谈，谈及自己对《王熙凤》《跪门鉴》的看法。

5月12日，在乐山大佛寺与中国文联访问团戏剧家阳翰笙、翻译家戈宝权、翻译家葛一虹、戏剧家凤子等听取乐山郭沫若研究学会有关开展郭沫若研究及文物收藏的工作汇报。

5月底，到北京，参加郭沫若研究会成立大会，被选为副会长。

5月，《夜谭十记——观花记》在《四川文学》第5期发表。

5月，作《组织起来，开创郭沫若研究新局面——在全国郭沫若研究学术座谈会上的发言》。

5月，连环画《三战华园》由江苏人民出版社出版。

6月1日，《大有进步，还要努力——祝〈青年作家〉创刊两周年》

在《青年作家》第 6 期发表。

6 月 6 日—6 月 21 日，在北京参加第六届全国人民代表大会第一次会议。在此期间，与中国青年出版社著名编辑王维玲前往中国青年出版社，与《宫闱惊变》的作者吴因易，《华子良传奇》作者张世诚、阚孔壁等人座谈，勉励这些四川青年作家努力创作。

6 月，《夜谭十记——买牛记》在《四川文学》第 6 期发表。

7 月，《外行说川剧改革》在《戏剧与电影》第 7 期发表。

7 月，《夜谭十记——亲仇记》在《四川文学》第 7 期发表。

7 月，连环画《盗官记》由辽宁美术出版社出版。

7 月，连环画《盗官记》由江苏人民出版社出版。

8 月，《夜谭十记——亲仇记》在《四川文学》第 8 期发表。

8 月 22 日，参加四川省青年文学创作会议。

8 月 27 日，作《四川省青年文学创作会议闭幕式上的讲话》。

9 月 1 日，出席在东风礼堂举行的四川省宣传工作会议，并讲话。

9 月上旬，出席中共四川省委召开的思想战线工作座谈会。

9 月 17 日，与四川省社会科学院副院长谭洛非、中国郭沫若研究会黄侯兴等人座谈中国郭沫若研究会工作。

9 月 20 日，创作完成电影文学剧本《这样的人》初稿。

9 月，《夜谭十记——军训记》在《四川文学》第 9 期发表。

9 月，在成都看望文艺理论家、艺术教育家林默涵，谈及小说《这样的人》创作。

10 月 3 日，北京电影制片厂致信马识途，谈及改编《夜谭十记》作品的问题。

10 月 6 日—10 月 9 日，出席四川省郭沫若研究会成立大会，当选为主席。

秋季，应邀为四川广安邓小平故居撰写长对联：

扶大厦之将倾，此处地灵生人杰，解危济困，安邦柱国，
万民额手寿巨擘；

挽狂澜于既倒，斯郡天宝蕴物华，治水秀山，兴工扶农，
千载接踵颂广安。

10月30日，《七律·昭觉寺》在《海棠》第4期发表。

11月3日，邀请部分在成都的作家和评论工作者举行座谈会，抵制和清除精神污染的问题。

11月8日，主持四川省文联在蓉委员抵制和清除精神污染座谈会。

11月10日—11月17日，中国共产党四川省第四届委员会第二次全体(扩大)会议在成都召开。会议决定，自1983年冬季开始，用三年时间分期分批地对党的作风和党的组织进行一次全面整顿，分年度在省级机关，在地、县两级机关和相当于县级以上的单位、县以下的基层单位先后开展。

11月，《夜谭十记》(《破城记》《报销记》《盗官记》《娶妾记》《禁烟记》《沉河记》《亲仇记》《观花记》《买牛记》《军训记》)由人民文学出版社出版。

马识途以旧中国官场里的十位穷科员为主人公，通过十人轮流讲故事的独特叙述方式，以一个个看似难以想象却十分真实的奇闻逸事，讲述了旧社会官场上尔虞我诈、卖官鬻爵的丑行，普通劳动群众目不忍睹的痛苦生活，特别是妇女们被侮辱、被迫害的悲惨遭遇，让人看到了旧社会人情世态的冷酷、伦理道德的虚伪、人与人之间的社会关系的险恶。

《夜谭十记》采用了能紧紧抓住读者的讲故事的叙述形式，让十个穷极无聊的小科员每天轮流摆龙门阵，这种结构形式和一定的传奇色彩，增强了读者的阅读兴趣。此外，作品幽默的笔调、对旧社会反动统

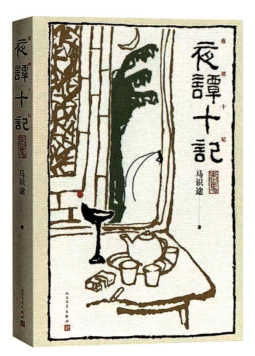

《夜谭十记》，马识途，人民文学出版社，1983 年 11 月

治的尖锐讽刺和许多地方充满感情的描写，也使这部作品更富有吸引力。

11 月 18 日—11 月 22 日，在乐山参加"郭沫若与爱国主义学术讨论暨年会"。开幕式上，用"嘉州嘉兴嘉学嘉会，乐山乐水乐人乐事"赞扬此次年会，并做《从精神污染说到郭沫若研究》发言，对年会和郭沫若研究学会工作提出意见。

11 月 23 日，途经夹江，游览青衣江畔千佛岩，作《七绝·重游千佛岩》。

11 月 24 日，住四川医学院附属医院治疗脚疾。

12 月 7 日，四川省第六届人民代表大会常务委员会第四次会议通过《四川省保护妇女儿童合法权益的若干规定》，这是四川省首部专门保护妇女儿童权益的地方性法规。

12月10日,《戏剧与电影》杂志社"电影电视组"致信马识途,谈及作品《彗星》的修改问题。

12月19日—12月23日,四川省纪念毛泽东九十周年诞辰学术讨论会在成都举行,就毛泽东思想的形成、发展和毛泽东对中国革命和建设的贡献等问题进行探讨。

12月20日,电影文学剧本《这样的人》完成修改。

12月25日,《坚持实事求是,深入展开郭沫若研究——在四川省郭沫若研究学术讨论会上的讲话》在《南充师院学报》(哲学社会科学版)第4期发表。

12月,连环画《盗官记》由重庆人民出版社出版。

12月,诗歌《永远不能忘记——寄给建民中学的伙伴们》在《飞霞》第4期发表。

当年,美国飞虎队成员贝尔到成都拜访马识途。

1984年,70岁

1月1日,《作家要不要改造世界观》在《青年作家》第1期发表。

1月1日,《且说存在主义小说》在《现代作家》第1期发表。

1月24日,参加四川省古籍整理出版规划小组在锦江宾馆九楼会议厅举行的第一次全体(扩大)会议。

1月31日,《高举社会主义文艺的旗帜》在《当代文坛》第1期发表。

1月,《且说存在主义》在《四川文学》第1期发表。

2月18日,《马识途同志关于〈我们打了一个打胜仗〉的复信》在《中学语文教学》第2期发表。

2月23日,参加中国作家协会四川分会常务理事(扩大)会议。

2月，《马识途短篇小说选》由四川少年儿童出版社出版。

3月2日，四川省第六届人民代表大会常务委员会第五次会议通过《关于支持、保护和发展农村专业户的决议》。

3月10日，与中国青年出版社副总编王维玲在成都商谈长篇小说《这样的人》的创作出版。

3月，电影文学剧本《这样的人》在《戏剧与电影》第3期发表。

4月4日—4月6日，接待以玛莉·雅克琳·德舒什夫人为团长的欧洲议会访华代表团。随后，陪同前往四川灌县、双流参观。

4月13日，《别开生面的农民版画》在《重庆日报》发表。

4月15日，《看八人画展有感》在《四川日报》发表。

4月中旬，在锦江宾馆会见美国洛杉矶市市长助理兼礼宾司长比德利丝·莱沃莉、市议员康宁汉等一行。

4月27日，与郭沫若研究学者谭洛非、雷仲平、王钰等人商谈郭沫若研究会有关问题。

5月5日，《整党见闻杂记（一）》：《说到做到　立刻见效》在（四川）《支部生活》第5期发表，署名"陶文　竞克"。

5月15日，《向科学文艺作者提一点希望》在《科学文艺》第3期发表。

5月15日—5月31日，在北京参加第六届全国人民代表大会第二次会议。

6月5日，《整党见闻杂记（续一）》：《蠢事不可再干》《这个问题也该对照检查》《8分邮票带来的烦恼》《官太太搬家记》在（四川）《支部生活》第6期发表，署名"陶文　竞克"。

7月3日，在锦江宾馆会见美国凯洛德基金会访华团。

7月5日，《整党见闻杂记（续二）》：《不要做"烧红苕"干部》《调查与反调查》在（四川）《支部生活》第7期发表，署名"陶文　竞克"。

7月17日，参加四川省写作学会成立大会。

7月20日，与作家陆文璧、评论家仲呈祥、评论家吴野、作家邓仪中等人商谈《中国当代文学资料研究丛书·马识途专集》的编写，着重讲了自己所追求的风格。

7月28日，参加成都武侯祠博物馆成立座谈会。

7月，开始修改长篇小说《这样的人》。

8月5日，《整党见闻杂记（续三）》：《"红老板"》在（四川）《支部生活》第8期发表，署名"陶文 竞克"。

8月7日，《她在大海拾贝——关于包川的小说》在《文艺报》第8期发表。

8月20日，与盐亭县川剧团讨论将《盗官记》改编为川剧演出的情况。

9月初，为四川省人大工作的开展和参加中国文学艺术界联合会第五次全国代表大会及中国作家协会第四次会员代表大会做准备，到重庆和川东、川北各地做调研。

9月5日，《整党见闻杂记（续四）》：《要干改革　不要看改革》在（四川）《支部生活》第9期发表，署名"陶文 竞克"。

9月15日，《〈武汉晚报〉，久违了！》在《武汉晚报》发表。

9月，与著名作家沙汀、艾芜、李致一起为张秀熟九十岁做寿，并作诗《满引金杯寿张老》。

9月，创作完成《〈巴蜀女杰〉后记》。

9月，《清江壮歌》由辽宁美术出版社出版。

9月，《三战华园》由四川人民出版社出版。

10月5日，《整党见闻杂记（续五）》：《"阶下囚"？ "座上客"》在（四川）《支部生活》第10期发表，署名"陶文 竞克"。

10月6日，诗五首（《登故里石宝寨远眺》《夔府远望》《忠县山城

1984年9月合影，左起：马识途、艾芜、沙汀

漫步》《谒张飞庙》《游太白岩》）在《万县日报》发表。

10月中旬，第一次前往九寨沟。

10月22日，出席在四川江油举办的"李白研究学会成立大会"。

10月，途经家乡重庆忠县，作诗《忠县之夜》《为石宝寨补壁》《题赠故乡故友》《与故乡老农相见后有感，寄县政诸公》。

11月5日，《整党见闻杂记（续六）》：《没有XX的XX体制》在（四川）《支部生活》第11期发表，署名"陶文 竞克"。

11月29日，参加《现代作家》主办的城乡集体、个体企业家和文学家恳谈会。

12月5日，《整党见闻杂记（续七）》：《从农民请"财神"想到的》《组织起来、集体发挥余热》在（四川）《支部生活》第12期发表，署名"陶文 竞克"。

12月8日上午，到四川省川剧学校出席振兴川剧一、二届调演授奖大会。下午，在四川省文联与著名话剧剧作家曹禺座谈。

12月20日，为《川西珍稀植物及花卉》作序。

12月下旬，前往北京参加中国作家协会第四次会员代表大会，担任四川代表团副团长。

12月26日，参加中国作家协会第三届理事会第三次会议。

12月28日，上午在京西宾馆参加中国作家协会第四次会员代表大会预备会议；下午参加四川代表团讨论《中国作家协会章程》修正案草案。

12月29日，在京西宾馆参加中国作家协会第四次会员代表大会开幕式。

1985年，71岁

1月1日、3日、4日、6日、7日、9日、10日、11日、13日、14日、16日、17日、18日，《成都解放断忆》在《成都晚报》连载。

1月5日，《且说我追求的风格》在《当代文坛》第1期发表。

1月21日，由第六届全国人民代表大会常务委员会第九次会议通过，任命为全国人民代表大会十个对外双边友好小组"全国人民代表大会中国—塞内加尔友好小组"的成员。

1月，作《七律·七十初度》。

1月，参加四川省民间文艺研究会集成会。

1月，《"抗战时期的郭沫若学术讨论会"开幕词》在《抗战文艺研究》第1期发表。

1月，《讽刺是永远需要的》在《青年作家》第1期发表。

2月14日，《希望在于将来——看四川自学者中国画研究会首届国画随想》在《成都晚报》发表。

2月，《"抗战时期的郭沫若学术讨论会"开幕词》在《抗战文艺研究》第 1 期发表。

2 月,《我们的希望——文学第三梯队》在《作家通讯》发表。

3 月中下旬,到北京参加第六届全国人民代表大会第三次会议。

4 月,参观四川美术学院工艺美术展览。

4 月,《文山会海何时了?》在(四川)《领导艺术》第 2 期发表。

5 月 4 日,出席在杜甫草堂举办的"杜甫草堂纪念馆三十周年暨成都杜甫草堂博物馆成立大会"。

5 月 6 日—5 月 14 日,出席第六届四川省人民代表大会第三次会议,在会上申请辞去四川省人民代表大会常务委员会副主任职务。

5 月中旬—6 月初,前往山东泰安参加郭沫若研究学术讨论会,并到青岛、大连、哈尔滨、沈阳等地参观。

5 月 19 日,在曲阜师范学院中文系举行座谈会。

5 月 20 日,《观风杂记(一)》:《请勿自毁长城,思想上要赶上趟》在(四川)《党的建设》第 5 期发表,署名"陶文 竞克"。

5 月,《创作需要真诚》在《电影作品》第 3 期发表。

6 月 20 日,《观风杂记(续一)》:《反对做表面文章"官大表准"一议》在(四川)《党的建设》第 6 期发表,署名"陶文 竞克"。

6 月,《"坐排排"的习惯还要改》在(四川)《领导艺术》第 3 期发表。

7 月 7 日,参加在湖北恩施举行的"鄂西抗战时期党史座谈会",并发言。中共中央顾问委员会委员赵辛初,中共湖北省委顾问委员会主任、省党史编研委员会主任许道琦出席开幕式。

7 月 20 日,《观风杂记(续二)》:《需要雪里送炭》《千里马常有伯乐不常有》《听老演员、老模范的话有感》在(四川)《党的建设》第 7 期发表,署名"陶文 竞克"。

7 月,为老友张彦的著作《一个驻美记者的见闻》作序《推荐一本认识美国的书》。

7月，参加中国作家协会四川分会成立大会，并主持会议。

8月20日，《观风杂记（续三）》：《政治思想工作怎么做？不正之风何时正》在（四川）《党的建设》第8期发表，署名"陶文 竞克"。

8月，为庆祝我国第一个教师节，创作《我的老师》。

8月，连环画《绿林县官》由四川美术出版社出版。

9月，《我的老师》在《四川教育》第9期发表。

10月1日，小说《接力》在《小说导报》第10期发表。

10月13日—10月18日，参加在重庆举行的"郭沫若在重庆"学术讨论会。18日，在致闭幕词中提出两点建议：一，在学术问题上还需要大力展开争鸣讨论。二，方法论问题确实值得注意。

10月20日，《观风杂记（续四）》：《惊人的浪费》《对专业户要加强思想工作》在（四川）《党的建设》第10—11期发表，署名"陶文 竞克"。

10月，《我再说，创作需要真诚》在《银幕内外》第10期发表。

11月，由长春电影制片厂改编自《夜谭十记——盗官记》的电影《响马县长》在全国上映。

11月1日，《满引金杯寿张老》在《四川晚霞报》发表。

11月24日，参加"三国与诸葛亮"国际学术讨论会。

11月30日下午三点半，在云南昆明东风体育馆参加"纪念'一二·一'运动四十周年暨'一二·九'运动五十周年大会"。

11月，创作《特种材料做成的人——勇敢坚强的陈俊卿同志》。

12月1日上午九点，参加在云南师范大学举行的"一二·一"运动纪念馆开馆仪式。

12月2日，《一个老战士的话》在《四川日报》发表。

12月2日，参加在云南师范大学举行的"纪念'一二·一'运动学

电影《响马县长》海报，长春电影制片厂出品
改编于马识途《夜谭十记——盗官记》，1985年11月

术研讨会"。

12月3日下午两点半，参加中共云南省委举行的"一二·一"纪念活动老同志座谈会。

12月20日，《观风杂记（续五）》：《精神文明建设二题》在（四川）《党的建设》第12期发表，署名"陶文 竞克"。

当年，书写条幅，赠送远在加拿大的好友云从龙，祝其九十寿辰。

1986年，72岁

1月1日，《理想·纪律·社会主义》在（四川）《党的建设》第1期发表。

1月7日，《文艺家的神圣职责》在《四川精神文明报》发表。

1月15日，《〈清江壮歌〉的历史背景》在《文史杂志》第1期发表。

1月，《东岳朝山记》在《旅游天府》第1期发表。

2月1日，《祖国的将来就在我们的肩上》在《四川教育》第2期发表。

2月7日，参加《青年作家》编辑部座谈会并讲话。

2月16日，作《此风何时息？》。

2月，《先考法律知识　再走马上任好》在（四川）《领导艺术》第1期发表。

3月12日，《马识途谈当前文学创作》在《成都晚报》发表。

3月17日，参加四川省文联举行的市、地、州文联工作会议。

3月31日，《前进，前进，进！——代表手记之一》在《人民日报》发表。

3月，《四川省党史座谈会上赠人》在《岷峨诗稿》第一辑发表。

《学习写作寄语》在《写作学习》总第6辑发表。

3月，到北京出席第六届全国人民代表大会第四次会议。

4月1日，《挽起袖子改革——代表手记之二》在《人民日报》发表。

4月1日，《我说〈青年作家〉——庆祝〈青年作家〉创刊五周年》在《青年作家》第4期发表，并题词"千淘万漉虽辛苦，吹尽狂沙始到金"。

4月16日，在成都参加作家克非反映农村改革的长篇小说《野草闲花》的讨论会。

4月23日，参加绵阳市文学艺术工作者第一次代表大会。

4月，《巴蜀女杰》由中国青年出版社出版。

《她，一颗闪光的流星》由四川少年儿童出版社出版。

5月1日，《法制教育二题》在（四川）《党的建设》第5期发表。

5月1日,《成都晚报》发表马识途为其创刊三十周年题词:

　　　　为"四化"建设献策,为精神文明开卷,为英雄儿女树碑,
　　为群众利益说话。新闻知识,趣味兼而有之,准确、鲜明、生
　　动缺一不可。多说真话,少说空话;实事求是,平易近人;雅
　　俗共赏,老少咸宜。

　　5月17日—5月22日,参加在四川长宁举行的西南五省区文学座
谈会——蜀南竹海笔会。

　　5月,作《蜀南竹海纪胜》(《七律·劲竹》《七律·游万岭菁竹海》
《五律·寻忘忧谷》《七绝·粉竹》《七绝·翠羽》《七绝·竹海闻鸣琴蛙》)。

　　6月1日,《信息的春雷》在(四川)《党的建设》第6期发表。

　　6月,创作完成《〈京华夜谭〉后记》。

　　7月13日,诗歌《瞻仰周恩来同志日内瓦旧居》在《成都晚报》发表。

　　7月,连环画《巴山伏虎》(改编自《接关系》)由四川美术出版社
出版。

　　8月上旬,接待文化部(今文化和旅游部)部长、著名作家王蒙。

　　9月5日,《竹海笔会拾言》在《当代文坛》第5期发表。

　　秋,《峨城怀陈俊卿烈士》在《岷峨诗稿》第三辑发表。

　　11月,在乐山参加四川郭沫若研究会年会暨"郭沫若传记文学"讨
论会。

　　12月4日,与作家艾芜、周克芹、流沙河、陈之光等人在中国作
协四川分会会见香港作家代表团。

　　12月26日,参加中国作协四川分会第三次会员代表大会,做题为
《振奋精神,开拓进取,迎接四川文学事业的更大繁荣》报告。

　　当年,参与中华诗词学会的筹备与创建。

当年，作《教训到底在哪里？》《鲁迅式杂文过时了吗？》《杂文应该提高质量》。

1987 年，73 岁

1月1日，《五猪能人》在《现代作家》第1期发表。

2月1日，《不入党申请书》在《现代作家》第2期发表。

2月7日，《社会主义精神文明建设与现代化》在《群言》第2期发表。

2月，《在地下——白区地下工作经验初步总结》由四川大学出版社出版。

2月，《写作，作为一种事业》在《写作》第2期发表。

3月1日，《钱迷的奇遇》在《现代作家》第3期发表。

3月1日，诗歌《乌尤远望——怀陈俊卿烈士》在《成都晚报》发表。

3月5日，《振奋精神，开拓前进，迎接四川文学事业的更大繁荣！——在作协四川分会第三次会员代表大会上的报告》在《当代文坛》第2期发表。

3月，与著名乡土作家刘绍棠一起为《大众小说丛书》作序。

4月1日，《钟懒王的酸甜苦辣》在《现代作家》第4期发表。

4月22日，《真大观也——为四川美院工艺美展鸣锣》在《人民日报》发表。

5月1日，《风声》在《现代作家》第5期发表。

5月19日，在成都参加"纪念《在延安文艺座谈会上的讲话》发表45周年座谈会"。

5月31日，端午节，在北京全国政协礼堂参加中华诗词学会成立大会。在成立大会上，马识途做《中华诗词发展之我见》的发言。

5月，《深入一步开展郭沫若研究——在"郭沫若传记文学"学术讨

《京华夜谭》，马识途，四川文艺出版社，1987年5月

论会上的讲话》在《郭沫若学刊》第1期发表。

　　5月，《京华夜谭》由四川文艺出版社出版。

　　6月1日，参加分组讨论《中华诗词学会章程（草案）》《中华诗词学会1987年和1988年工作设想》，酝酿推举中华诗词学会顾问和理事人选。

　　6月1日，《我错在哪里》在《现代作家》第6期发表。

　　6月2日上午，参加中华诗词学会在北京北太平庄远望楼举行的全体会议，并发言。

　　6月3日上午，参加中华诗词学会第一次全体理事会议，当选为中华诗词学会副会长。

6月24日，诗歌《再访李劼人故居菱窠》在《成都晚报》发表。

6月—7月，随中国作家代表团访问波兰。

夏，《游万县太白岩兼怀诗人何其芳》在《岷峨诗稿》第六辑发表。

7月1日，《臭烈士》在《现代作家》第7期发表。

7月，作《漫说克服官僚主义》。

8月1日，《典型迷》在《现代作家》第8期发表。

8月，参加"成都市金芙蓉文学奖"颁奖仪式。

9月1日，《挑战》在《现代作家》第9期发表。

9月4日，作《也说"法律是执法的唯一依据"》。

9月5日，《谈谈雅文学与俗文学——在〈华子良〉作品讨论会上的讲话》在《当代文坛》第5期发表。

9月13日，散文《他与成都同在——悼米建书同志》在《成都晚报》发表。

9月18日，在成都参加"中国古代文学学术研讨会"。

9月19日，作《认真学习和正确评价鲁迅》。

9月，连环画《找红军》由四川美术出版社出版。

秋，《均台旧咏》《书愤》《狱中怀战友》《狱中祭亡人》在《岷峨诗稿》第七辑发表。

10月1日，《祝贺和希望》在《银幕内外》第10期（总第100期）发表。

10月1日，《但愿明年不再见》在《现代作家》第10期发表。

10月4日上午九点半，与张秀熟、沙汀、艾芜等人一起前往成都金牛宾馆看望回到成都的巴金。马识途提议，七年后张秀老百岁，巴老、艾老、沙老九十岁，五老再相会。

10月5日，在成都参加"第二届全国李白研究年会"。

10月7日，与作家艾芜、沙汀、张秀熟等陪同巴金去新都，先去了宝光寺，后到杨升庵故里桂湖。当时，张秀熟九十三岁，巴金、沙汀、艾芜三老八十三岁，马识途七十三岁，时称"蜀中五老"。当天，创作诗歌《奉题巴金、张秀熟、沙汀、艾芜游桂湖签名册》，并请巴金、张秀熟、沙汀、艾芜、陈之光、李致等签名留念。

奉题巴金、张秀熟、沙汀、艾芜游桂湖签名册

巴山蜀水佳丽地，金风送爽中秋时。

湖塘虽无擎雨盖，东篱送有傲霜枝。

谁说人生如参商，四老欢聚已如期。

当月，创作《五老〈桂湖集〉序》，并请巴金、沙汀、艾芜、张秀熟签名留念。

五老《桂湖集》序

丁卯之秋，八月既望，老作家巴金回川重访故里。八三老人终如素愿，与同龄老作家沙汀、艾芜暨巴蜀耆宿九二老翁张秀熟欢聚于桂湖，再聚于锦城。怡如也。不才痴长七十有三，幸居老龄，弗愧形秽，亦忝列末座。巴老侄李致及女晓林等与焉。人生不相见，动如参与商。

老年始一聚，鬓发各已苍。虽无阳澄肥蟹松江鲈莼之美，亦无山阴兰亭曲水流觞之盛，然则金风送爽，天朗气清，馨香有桂，傲霜有菊。列坐其间，或游目驰神，饱览秋光秀色；或话别兴怀，纵谈沧桑往事，诚亦不知老之已至也。斯乃文坛盛事，不可无记。遵沙老之嘱，于签名前略叙缘由。因效颦急就《桂湖集》序如右，并诌歪诗以贻笑大方云尔。

一九八七年　卯年秋

10 月 8 日，与沙汀、艾芜、李致、陈之光等陪同巴金前往位于成都正通顺街 98 号的故居。

10 月 10 日下午三点左右，陪同巴金、张秀熟、沙汀、艾芜前往成都东大街 153 号著名川菜馆蜀风园品尝川菜，作《七绝·草堂蜀风园宴上口占呈巴老》《七律·呈巴金老》《五律·迎巴金老归》。

10 月 13 日下午四点，陪同巴金、张秀熟、沙汀拜访刚开放不久的李劼人故居"菱窠"，并参观了李劼人生平事迹展。在来宾签名簿上，巴金写下了一行深情的文字："一九八七年十月十三日，巴金来看劼人老兄，我来迟了！"之后，巴金同张秀熟、沙汀、马识途并肩而坐，在李劼人塑像前合影留念。

参观快结束时，中共成都市委书记吴希海等人一行专程来菱窠看望巴金。当他们邀请巴金多回家乡看看时，一辈子讲真话的巴金说："身体不行啦。"巴金侄子李致说："他原来说是最后一次回家乡看看，但现在看来，在老家身体很适合，比预想的好。"马识途接过话题说："他还要回来。艾芜、沙汀、我和巴老已约定在张秀熟老人百岁之期时，重聚蓉城，为张老做百岁大寿，他岂有不回来之理？"

10 月 14 日下午四点，陪同巴金与四川文学界见面，并主持见面会。

10 月 18 日，参加以讨论抗战文学为主题的中国现代文学讨论会并发言，作《谈谈现代文学研究的方法问题》。

10 月 20 日下午，到成都双流机场送别巴金。

10 月 20 日，受聘为成都文学院名誉院长。

10 月 20 日，《努力创作雅俗共赏的文学作品——在中国俗文学学会四川分会成立上的讲话》在《处女地》第 10 期发表。

10 月 24 日，在四川峨眉县参加并主持"郭沫若与中外文化"学术讨论会，北京大学王瑶教授、中国郭沫若研究会副会长马良春参会。

11 月 1 日，《笑死人的故事》在《现代作家》第 11 期发表。

1987 年 10 月 13 日，在成都李劼人雕塑前合影
左起: 沙汀、张秀熟、巴金、马识途

　　11 月 29 日，散文《波兰纪行·山水、风物、人情》在《成都晚报》
发表。

　　11 月 30 日，散文《波兰纪行·路过莫斯科》在《成都晚报》发表。

　　11 月，为《郭沫若佚文集》作序。

　　　　郭沫若是一位百科全书式的文化巨人，人们常常把他比为
歌德，的确他是中国的歌德。

　　　　……鲁迅逝世后，他成为文化战线上的又一面旗帜，在
中国思想文化阵地上继续鏖战半个多世纪，其活动的领域之
广，接触的人事之多，产生的影响之大，足以构成中国文化
史中独具一格的高峰。中国文化史上能够与他媲美的实不多见
啊！……

11 月，作《五律·呈阳翰笙老》。

12 月 1 日，《在欢送会上》在《现代作家》第 12 期发表。

12 月 2 日，散文《波兰纪行·英雄的民族》在《成都晚报》发表。

12 月 6 日，诗歌《呈翰老——庆祝阳翰笙从事文艺工作六十周年》在《成都晚报》发表。

12 月 7 日，散文《波兰纪行·华沙的重建》在《成都晚报》发表。

12 月 11 日，散文《波兰纪行·美人鱼·肖邦》在《成都晚报》发表。

12 月 13 日，散文《波兰纪行·绿色的华沙》在《成都晚报》发表。

12 月 14 日，散文《波兰纪行·人间地狱（上）》在《成都晚报》发表。

12 月 16 日，散文《波兰纪行·人间地狱（下）》在《成都晚报》发表。

12 月 18 日，散文《波兰纪行·还是对话好（上）》在《成都晚报》发表。

12 月 23 日，散文《波兰纪行·还是对话好（下）》在《成都晚报》发表。

12 月 25 日，散文《波兰纪行·波兰的政治改革（上）》在《成都晚报》发表。

12 月 28 日，散文《波兰纪行·波兰的政治改革（下）》在《成都晚报》发表。

12 月 30 日，散文《波兰纪行·华沙的城市交通（下）》在《成都晚报》发表。

当年，《马识途短篇小说选》由四川少年儿童出版社再版。

当年，回湖北恩施，再次为何功伟、刘惠馨烈士扫墓。

当年，为四川少年儿童出版社出版的《小图书馆丛书》做推荐。

当年，作《且说"新八股"》。

当年，《峥嵘岁月：怀念齐亮（续一）》在《南方局党史资料》第 4 期发表。

1988 年，74 岁

1月4日，散文《波兰纪行·公共卫生与爱鸟》在《成都晚报》发表。

1月6日，散文《波兰纪行·安静　在安静》在《成都晚报》发表。

1月7日，《毛驴不能当马骑》在《群言》第1期发表。

1月8日，散文《波兰纪行·再说绿化》在《成都晚报》发表。

1月10日，散文《波兰纪行·波兰的公路交通鸟》在《成都晚报》发表。

1月11日，散文《波兰纪行·是计划还是无政府》在《成都晚报》发表。

1月13日，散文《波兰纪行·长青的友谊（上）》在《成都晚报》发表。

1月15日，散文《波兰纪行·长青的友谊（下）》在《成都晚报》发表。

1月，《书法应该从小学抓起》在《中国书法》第1期发表。

《从"夕阳艺术""棺材艺术"说起》在《戏剧与电影》第1期发表。

2月5日，为《创新川菜》作序《贵在创新》。

为《大千风味菜肴》作序《别有风味在人间》。

2月7日，《反思过去，锐意革新——波兰政治体制改革拾零》在《群言》第2期发表。

3月20日，杂文《不要害怕"对号入座"》在《成都晚报》发表。

3月25日，《在〈巴金〉首映式上的讲话》在《四川文化报》发表。

3月26日，《读文随记》在《人民日报》发表。

3月，参加四川省杂文学会成立大会。

春，《呈三老诗三首》（《呈巴金老》《呈阳翰笙老》《呈艾芜老》）在《岷峨诗稿》第九辑发表。

4月2日，《我正在想……》在《人民日报》发表。

4月19日，杂文《时代需要杂文》在《成都晚报》发表。

4月22日，作《新闻媒体是民主的催化剂》。

4月25日，《〈郭沫若学术佚文集〉序》在《郭沫若学刊》第1期发表。

4月，《卢老师》在《方志通讯》第4期发表。

5月6日—5月11日，到北京参加"郭沫若在日本"学术讨论会暨中国郭沫若研究会第二届年会，并做《在文化撞击中深化郭沫若研究》发言，后当选为中国郭沫若研究会副会长。

5月7日，《〈糊涂大观〉添新章》在《群言》第5期发表。

5月7日，作《在文化撞击中深化郭沫若研究》。

5月11日上午，在中国郭沫若研究会第二届年会闭幕式上强调，要从文化大背景中研究郭沫若，并指出郭沫若在日本的两个十年是研究郭沫若的关键。抓住了这两个十年，就真正抓住了郭沫若研究。他还希望研究会坚持学术上争鸣，组织上团结。

5月30日，《时代需要杂文》在《杂文界》第3期发表。

5月，参加西南五省区作家贵州龙宫笔会。

5月，题《采桑子》赠贵州老作家蹇先艾：

沧桑历尽年已逝，戎马倥偬，正气长虹，阅遍风流在剑锋；

老来更觉春光好，棉薄全奉，夕照匆匆，留得丹心一点红。

6月15日，在四川射洪参加"首届陈子昂学术讨论会"，并做题为《开一代诗风的陈子昂》发言。

6月18日，参加四川省诗词学会成立大会，并做题为《中华传统诗词是"夕阳艺术"吗？》发言。

6月20日，《巴金回家记》在《当代》第3期发表。

6月，作《五律·登射洪九华观子昂读书台，步陈子昂登九华观五律原韵》《射洪饮春酒怀子昂、子美》。

7月22日，杂文《且说听说》在《成都晚报》发表。

7月24日，杂文《"一定要逐字逐句地抠"——学习十三大文件的奇闻》在《成都晚报》发表。

7月27日，杂文《再多一些"微服"又能怎样？》在《成都晚报》发表。

7月29日，杂文《对话八忌》在《成都晚报》发表。

7月，《中国当代文学研究资料·马识途专集》由四川文艺出版社出版。作《指示》。

8月1日，杂文《从贾平凹参政说起》在《成都晚报》发表。

8月3日，杂文《"阿大夫"并未断子绝孙》在《成都晚报》发表。

8月4日，《防盗盖为什么防不了盗？》在《经济文汇报》发表。

8月15日，为《旅游文化报》撰写创刊词。

8月17日，杂文《"无罪释放"便算完了吗？》在《成都晚报》发表。

8月24日，杂文《从2001号批件谈起》在《成都晚报》发表。

9月6日，为《绵阳市风光名胜诗选》撰写题记《风景这边独好》。

9月14日，《小题反做》在《人民日报》发表。

9月24日，作《杨升庵先生诞辰五百周年纪念堂嘱文》。

杨升庵先生诞辰五百周年纪念堂嘱文

杨升庵先生聪颖过人，见闻赅博，著作等身，古今罕匹，诚我蜀一大才人也。然若非廷议遭谪，远戍云南，潜心学问，安得饮誉为明代第一博洽人，著作四百余种流传后世乎？予尝执教滇南建水，亦曾踵迹至于永昌，三迤士林莫不对杨公教化感恩戴德，有如蜀人之于文翁然。科考以来，状元多矣，道德文章如杨公彪炳千秋者，实未曾见也。人多以杨公流放边疆，终老异乡为不幸，然则幸耶不幸耶？杨公故乡新都于故居桂湖立堂纪念，杨柳依依，荷叶田田，桂花满园，金蕊飘香，慕名

踵谒者，终年不绝。文人学士亦多雅聚于此，以文会友。去岁
文坛巨子巴金等老亦品茗于此，传为佳话。今年中秋更复有升
庵学术讨论会之举。诚盛事也。予虽忝列末座，乏善足陈，唯
书"赅博"二字以颂之，并遵嘱著文以记其事，以志不忘云尔。

9月，《文学的一点思考》在《红岩》第5期发表。

10月1日，为《四川百人杂文集》作序。

10月18日，《要重视通俗文学》在《写作》第10期发表。

10月25日，《在文化撞击中深化郭沫若研究》在《郭沫若学刊》第
3期发表。

10月28日，《"庆父不死，鲁难未已"——官倒五议之一》在《成
都晚报》发表。

11月2日，《子系中山狼，得志便猖狂——官倒五议之二》在《成
都晚报》发表。

11月4日，《老虎上街，人人色变——官倒五议之三》在《成都晚
报》发表。

11月7日，《航道已经开通》在《群言》第11期发表。

11月7日，《一叶之落，青萍之末——官倒五议之四》在《成都晚
报》发表。

11月14日，《治"倒"有方，我复何言——官倒五议之五》在《成
都晚报》发表。

11月，《西南联大　中国教育史上一颗灿烂之星》在《中国建设》
第11期发表。

11月，《小题反做》在《新华文摘》第11期发表。

12月1日，为《历代蜀词全辑》作序《写在〈全蜀词〉前面》。

12月20日，《魔窟十年》在《处女地》第12期连载。

20 世纪 90 年代，马识途在成都家中的电脑前写作

12 月 23 日，参加首届四川省郭沫若文学奖、第二届四川文学奖颁奖大会。

12 月，《那样的时代，那样的人》在《中华英烈》第 2 期发表。

当年，开始电脑写作。

当年，《外行说教育》在《教育导报》第 3 期发表。

当年，作《往事犹堪回首》《烹饪是文化，是艺术》。

1989 年，75 岁

1 月 3 日，《时代还需要杂文》在《人民日报》发表。

1 月，为崔桦著作《生活拒绝叹息》作序《为现实主义一辩》。

1 月，《纪游二首》（《游万岭　竹海》《寻忘忧谷》）在《岷峨诗稿》第十一辑发表。

2 月 1 日，《为政清廉与反对腐败现象平议——题外赘言》在《成都晚报》"盛世危言"专栏发表。

2 月 3 日，《注意那"一个指头"》在《成都晚报》"盛世危言"专栏发表。

2月10日，《就怕我做不到》在《成都晚报》"盛世危言"专栏发表。

2月13日，《民主党派的名和实》在《成都晚报》"盛世危言"专栏发表。

2月17日，《不怕简报，就怕上报》在《成都晚报》"盛世危言"专栏发表。

3月1日，杂文《〈四川百人杂文集〉序》在《成都晚报》发表。

5月1日，创作《〈创业教育——教育整体改革的新构思〉序》。

5月，为《红岩春秋》创刊号撰写《卷首语》。

卷首语

我曾在南方局（即中共中央南方局，下同）领导下工作过，那些风风雨雨的日子还常常回到我的记忆中来。那些人物，无论生者或死者，常常令我怀念。南方局的老一辈革命家们，特别是周恩来同志，令我景仰不已；他们的工作精神和做人风范，对我的人格铸造和工作方法的养成影响很大。

在我看来，南方局是党的建设的典型，是马克思主义和国统区具体情况相结合的光辉范例。当时在白色恐怖下，为什么党组织发展得那么快那么多，遍布城乡？为什么群众以入党为愿望，以牺牲为光荣，几经打击，仍然坚持下来？为什么党在群众中威信那么高，在宣传文化战线上一直处于优势地位？为什么我们能团结那么多民主党派和民主人士共同奋斗？这到底是怎么一回事，不值得我们总结吗？南方局的这些宝贵经验，其实对于现在党的工作也有可资借鉴的地方。

现在有了这个刊物，我愿竭尽驽钝为它撰稿，并望有志同道也来为扶植它而尽力。（马识途：《马识途文集·序跋　游记》，成都：四川文艺出版社，2018年，第54页。）

5月，《诗三首》（《春》《狱中春》《华发》）在《岷峨诗稿》第十三辑发表。

6月1日，《深入郭沫若研究的浅议》在《郭沫若研究》第7辑发表。

6月，为《人间真情》作序。

当月，写下大量的日记和笔记。

7月，《新建黄鹤楼》在《岷峨诗稿》第十四辑发表。

7月，审读中共鄂西州委党史办公室编写的"刘蕙馨烈士生平和英勇事迹"书稿。看后题写书名"碧血千秋"，并书写"清江壮歌"。

8月，为四川川剧表演艺术家阳友鹤的《一代桐凤——阳友鹤文存》作序。

9月，《嘉州诗组》在《岷峨诗稿》第十五辑发表。

11月，为四川文艺出版社丛书《处女书系》作序。

11月，《诗词三首》在《岷峨诗稿》第十六辑发表。

12月，为崔桦著作《生活拒绝叹息》的序言《为现实主义一辩》添加附记。

附记

现在在中国文坛上似乎发生了一点微妙的变化，这篇序言中所说的某些情况已经改变了。然而我的观点，我以为并不需要修正。比如，如果现在又恢复到现实主义独占文坛的局面，也未必是中国文艺之福。当然，我相信，在改革开放之局不可逆转的中国，如果想要中国的文艺出现一个前所未有的繁荣局面，不在"二为"方向的前提下，坚持"双百"方针，让各种流派和现实主义文学一起发展，是办不到的。万紫千红才叫春，我看还是让各种文学主张和各种流派的作家在中国的文坛上各显其能吧。(马识途:《马识途文集·序跋　游记》,成都:四川文艺出版社,2018年,第53页。)

当年,作《失误在哪里?》

当年,《峥嵘岁月:怀念齐亮(续二)》在《南方局党史资料》第3期发表。

1990年,76岁

1月,为《何继笃书画选》作序。

1月,作《行香子·闲步山村》《七律二首·马年元旦率全家避走乐山》。

1月,《巴金回家记》在《散文选刊》第1期发表。

2月,作《奇缘》《四川的茶馆》。

2月7日,《新年的祝愿》在《群言》第2期发表。

3月4日,《四川的茶馆》在《光明日报》发表。

3月5日,参加"《艾芜全集》出版暨艾芜创作六十六周年座谈会"。

春,《诗三首》(《重访李劼人菱窠　一九八六》《重读邓拓〈燕山夜话〉　一九八〇》《悼川剧名丑周全何　一九八八》)在《岷峨诗稿》第十七辑发表。

4月,《魔窟十年》由重庆出版社出版。

4月,《我在滇南的工作情况》在《红河州党史资料通讯》第4期发表。

夏,《诗五首》在《岷峨诗稿》第十八辑发表。

5月,在成都参加中共四川省委宣传部、四川省新闻出版局、四川省美术家协会召开的"《王朝闻集》出版暨王朝闻同志创作61周年座谈

《魔窟十年》，马识途，重庆出版社，1990 年 4 月

会"。

10 月 29 日，在乐山主持"郭沫若与传统文化"学术研讨会，致开幕词。

11 月 5 日，《悼周克芹同志》在《当代文坛》第 6 期发表。

11 月，作《我的 286》《祝成都画院成立十周年》。

12 月 10 日，《祝成都画院成立十周年》在《成都晚报》发表。

12 月，作《用电脑搞创作行吗？》

1991 年，77 岁

1 月 25 日，《"郭沫若与传统文化"学术研讨会开幕词》在《郭沫若学刊》第 4 期发表。

1 月，创作《走自己的路——祝〈青年作家〉创刊十周年》。

2 月 1 日，《走自己的路——祝〈青年作家〉创刊十周年》在《青年作家》第 2 期发表。

2 月，《雷神传奇》在《四川文学》第 2 期连载。

3 月 5 日，《为现实主义一辩——崔桦小说集〈生活拒绝叹息〉序言》在《当代文坛》第 2 期发表。

3 月，为张秀熟著作《二声集》作序。

春，《情诗七律三首》在《岷峨诗稿》第十九辑发表。

5 月 21 日—5 月 23 日，参加四川省文学艺术界联合会第三次代表大会，做题为《团结、开拓、创新、繁荣四川社会主义文艺》的工作报告。大会结束时，当选为四川省文联名誉主席。

5 月 31 日—6 月 2 日，参加中国作家协会四川分会第四次会员代表大会，并当选为中国作协四川分会主席。

5 月，《在四川文艺创作座谈会上的讲话》在《四川文艺报》发表。《雷神传奇》在《四川文学》第 5 期连载。

6 月 1 日，参加"《红岩》发行三十周年纪念会"。

6 月 2 日，参加中国作家协会四川分会第四次会员代表大会闭幕式。

6 月 20 日—6 月 22 日，参加"李劼人诞辰一百周年纪念会暨学术讨论会"。在讲话中，马识途谈了李劼人的现实主义文学成就，并呼吁省、市有关部门妥善保管李劼人所收藏的字画。

6 月底，作《念奴娇·建党七十周年》。

念奴娇·建党七十周年

开天辟地，振中华、七十峥嵘年月。剑影刀光犹耀眼，风卷红旗猎猎。江汉狂澜，井冈风暴，饮马长城雪。江山如画，几多烈士鲜血。

　　古来善始实繁，克终盖寡，应念魏征偈。万里长征才一步，
何敢中途停歇？良耜勤操，沾衣足惜，内蠹除须彻。丹书千卷，
重评谁是豪杰。

夏，《大江东去·建党七十周年》在《岷峨诗稿》第二十辑发表。

7月，《雷神传奇》在《四川文学》第7期连载。

8月30日，填写中国郭沫若研究会社会团体负责人登记表（时任
中国郭沫若研究会副会长）。

8月，《雷神传奇》在《四川文学》第8期连载。

9月5日，《团结一致，扎实工作，争取我省文学事业的更大繁
荣——在中国作家协会四川分会第四次代表大会上的工作报告》在《当
代文坛》第5期发表。

9月12日—9月16日，在成都参加巴金国际学术研讨会。

9月20日，《独具特色的"机关文学"——崔桦小说集〈生活拒绝
叹息〉序言（节录）在《成都晚报》发表。

9月21日，《也说现实主义》在《文艺报》发表。

10月，为《成都画院作品集》作序《纵情泼墨写春光》。

10月7日，《丹心昭日月——悼念彭迪先同志》在《群言》第10期
发表。

11月，《雷神传奇》在《四川文学》第11期连载。

12月3日，在四川绵阳参加"沙汀创作六十周年暨沙汀作品研讨
会"。在会上，代读张秀熟贺词。

12月20日—12月21日，参加四川省作家协会主席团第四届第
二次会议。

12月，《雷神传奇》在《四川文学》第12期连载。

冬，《词两首》(《西南联大建校五十周年，老友昆明小聚即席赠诗》《游庐山会议旧址十韵》) 在《岷峨诗稿》第二十二辑发表。

当年，作《最痛苦和最痛快的事》。

1992 年，78 岁

1 月，参加四川散文学会在四川省文联礼堂举行的 "91 散文征文获奖作品颁奖大会"。

2 月 10 日，农历正月初七，参加杜甫草堂 "人日草堂诗会"，作《七律·壬申人日杜甫草堂诗会上急就》《草堂诗会上口号联句诗》。

2 月，《关于读书》在《语文学习》第 2 期发表。

3 月 16 日，杂文《〈少年郭沫若〉序》在《成都晚报》发表。

3 月 19 日，作《民主建设在前进》。

3 月，为《少年郭沫若》作序。

3 月，《雷神传奇》在《四川文学》第 3 期连载。

春，《壬申人日杜甫草堂诗会上急就七律》在《岷峨诗稿》第二十三辑发表。

4 月 20 日，参加在成都文君酒厂召开的 "全国文君笔会暨四川省杂文学会第四届年会"。围绕纪念毛泽东《在延安文艺座谈会上的讲话》发表五十周年，就杂文的定义、功能、特点、作用等发言。

4 月 24 日，在四川德阳参加四川省农村题材创作座谈会。

4 月，参加河南洛阳牡丹会十周年庆典，结识文怀沙，作《七律·洛阳牡丹》。

4 月，《雷神传奇》在《四川文学》第 4 期连载。

5 月 7 日—5 月 8 日，参加四川省作协召开的 "纪念毛泽东同志《讲话》发表 50 周年暨毛泽东思想研讨会"，并讲话。

5月22日，《应该研究李劼人》在《新文学史料》第2期发表。

5月23日，参加首届四川省"巴蜀文艺奖"颁奖大会。

5月，《忆齐亮》在《红岩春秋》第3期发表。

5月，《秋香外传》在《四川文学》第5期发表。

6月，《秋香外传》在《四川文学》第6期连载。

夏，《诗三首》（《柳州谒柳侯祠》《登射洪九华观子昂读书台》《访灵渠有感》）在《岷峨诗稿》第二十四辑发表。

7月5日，《为繁荣中国特色的社会主义文艺而努力》《祝贺〈当代文坛〉创刊十周年》在《当代文坛》第4期发表。

7月25日，《通俗小说的新尝试——〈雷神传奇〉后记》在《文艺报》第29期发表。

7月，《忆齐亮（续）》在《红岩春秋》第4期连载。

8月4日，会见日本北海道中日研究会会长、作家川口孝夫。

8月20日，参加"王火长篇小说《战争和人》三部曲讨论会"。

8月28日，《用电脑写作更觉胜任愉快》在《人民政协报》发表。

9月6日，参加首届川剧学国际研讨会。

9月26日，参加"首届四川省少数民族文学创作优秀文学作品颁奖大会暨少数民族丛书《环山的星》首发式"。

9月，作《七律·川剧名艺人陈书舫从艺六十周年纪念》。

秋，《赠友人七律三首》（《赠王朝闻》《初见李锐于中华诗词学会成立大会上》《赠谢韬》）在《岷峨诗稿》第二十五辑发表。

9月，《忆齐亮（续）》在《红岩春秋》第5期连载。

10月20日，在四川乐山主持召开四川郭沫若研究会理事会。马识途总结了学会近几年来的工作，提出了进一步加强学会工作的打算，还着重审查了"纪念郭沫若诞辰一百周年"各项活动的安排和开展情况。

10月21日，在四川乐山参加"四川省暨乐山市纪念郭沫若诞辰一百周年大会"及"郭沫若与中国科学文化"学术研讨会。

10月,为《怎样用电脑写文章》创作前言。

10月,《报春花的故事》在《四川文学》第10期发表。

11月1日,《纪念郭沫若,学习郭沫若》收入《郭沫若百年诞辰纪念文集》。

11月5日,《〈俏皮话大全〉序》在《当代文坛》第6期发表。

11月14日,《纪念郭沫若,学习郭沫若——纪念郭沫若诞辰100周年》在《文艺报》第45期发表。

11月16日,参加郭沫若诞辰一百周年纪念活动。

11月,为《历史的选择》作序。

11月,长篇小说《雷神传奇》由人民文学出版社出版。该书以章回小说形式,采用极其丰富的四川方言,讲述了在国民党反动派统治下发生在四川大巴山上一段传奇而动人的故事。书中塑造了雷神、秋香等极具乡土气息的英雄形象。这是一部反映革命火种在大巴山上燎原的颂歌,也是赞扬革命英雄主义的长篇小说。

当月,收到"阳翰笙从事文艺工作六十五周年活动"邀请,因事无法前往,特写一首五言律诗赠送阳翰笙。

六十风云际,峥嵘岁月稠。

英雄生草莽,天国演春秋。

道德高文苑,华章系国优。

南天翘首望,砚耕老黄牛。

12月5日,作家艾芜去世。

12月14日,作家沙汀去世。

12月15日,在成都殡仪馆参加艾芜追悼会,并作《悼艾芜》。

悼艾芜

胸怀天下，迹浪滇缅，冒险犯难，

一记南行惊士林，赖有真情动魂魄。

心系中华，狱羁沪蓉，弹精竭思，

十卷鸿著献文苑，尽以热血荐轩辕。

12月25日，在成都参加沙汀追悼会，并作《悼沙汀》。

悼沙汀

热情似烈火，铁笔纵横写春秋，

人间已除兽道，死而无憾！

噩耗惊冬雷，伤心风雨黯日月，

巴蜀痛陨双星，生何以堪？

人间已除兽道，其香居里笑魑魅。

巴蜀痛失巨星，红石滩头哭斯人。

12月28日，参加四川省作协召开的"缅怀沙汀、艾芜同志座谈会"。在发言中，马识途说："我们要永远缅怀二位老人，学习沙汀、艾芜，研究沙汀、艾芜，是我们今后重要的任务和工作。研究他们的作品，发扬他们的人品，让后来者更好地认识他们，学习他们，使我们的文学事业不断发展，使我们的文学队伍不断壮大。"

12月，冯晋彪编辑《中国当代报头书法集》（四川大学出版社出版）将马识途创作的《报头书法的创举》作为序言。

当年，作《且写闲文说升平》《科学城的一颗明珠》。

1993 年，79 岁

1月7日，《坚持基本路线，必须注意防"左"》在《群言》第1期发表。

1月9日，作《1993年新年寄语》。

1月，《大海阻不断的友谊》在《红岩春秋》第1期发表。

3月28日，为《四川五一文学系列丛书》第1集《冲出夔门》作序。

3月，《悼念沙汀同志：〈忆秦娥〉〈念奴娇〉》《问天赤胆终无悔》在《四川文学》第3期发表。

春，《大观楼》《旧友新逢》《赠左迁六诏友人》在《岷峨诗稿》第二十七辑发表。

5月22日，《青峰点点到天涯——悼念艾芜老作家》《一个问心无愧的人——悼念沙汀同志》在《新文学史料》第2期发表。

5月26日—5月30日，前往江西南昌参加"建筑与文学"学术研讨会。期间，参观了井冈山、文天祥纪念馆、八大山人纪念馆。

5月26日，在"建筑与文学"学术研讨会开幕式上讲话。

5月27日，在"建筑与文学"学术研讨会上做《让人们的生活更美好》发言。

5月，参加四川省文联成立四十周年纪念大会。

5月，作《迎接新世纪的黎明——纪念四川省文学艺术界联合会成立四十周年》《水调歌头·初上井冈山，步毛泽东原韵》《贺新郎·登滕王阁怀古》《水调歌头·登黄鹤楼》《七律·武昌黄鹤楼重建》。

夏，《自度曲（二首）》在《岷峨诗稿》第二十八辑发表。

7月22日，参加四川省写作学会学术讨论会。

7月，创作《我只得站出来说话了》。

7月，为《白居易与忠州》作序。

8月28日,《我只得站出来说话了》在《文艺报》第34期发表。

9月20日,《且说"民告官"》在《上海法制报》发表。

9月25日,《孔子曰:"必也正名乎"》在《光明日报》发表。

9月25日,《青松挺且直——悼念阳翰老》在《郭沫若学刊》第3期发表。

9月,作《再说"民告官"》。

10月7日,《万里云天一片情——祝贺四川省作家协会文学院成立十周年》在《四川日报》发表。

10月12日,随中国作家代表团前往意大利访问。

10月14日,参加意大利第十九届蒙代罗国际文学奖发奖仪式并致辞。

10月19日,《旧把戏的新表演》在《羊城晚报》发表。

10月,作《旅意杂记》。

10月,《我只得站出来说话了》在《四川文学》第10期发表。

11月5日,《青松挺且直——悼念阳翰老》在《当代文坛》第6期发表。

11月20日,《德高北斗 望重南山——为张秀熟老人祝百岁大寿》在《文史杂志》第6期发表。

11月下旬,前往上海,为巴金九十岁华诞祝寿。在拜访时,将《四川作家协会文学院丛书》赠送巴金。巴金则题赠马识途一部线装本《随想录》。其后,马识途参观浦东新区、浦东中学、鲁迅故居、虹口公园鲁迅墓。

12月25日,《从中华民族文化研究说到儒学研究》在《郭沫若学刊》第4期发表。

12月,为重庆女作家邢秀玲散文集《情系高原》作序。

冬,《祝寿诗三首》(《满引金杯寿张老》《为巴金老九十大寿祝寿

（二首）》）在《岷峨诗稿》第三十辑发表。

当年，作《面子问题》《报何西来书》。

1994 年，80 岁

1 月 3 日，作《识途的辩证及品茶之道》。

1 月 17 日，作《八十自叙》。

1 月 20 日，《"东坡"之名从何而来——〈白居易与忠州〉序》在《文史杂志》第 1 期发表。

1 月，八十大寿时，撰写《老人的情怀》。

2 月 15 日，《毛泽东主席和三个美国兵》在《今日四川》第 1 期发表。

2 月 28 日，《建筑与文学》在《四川建筑》第 1 期发表。

2 月，《荒唐的建议》在《作品》第 2 期发表。

3 月 19 日，《识途的辩证及品茶之道》在《光明日报》发表。

3 月 22 日，到乐山参加四川省社联、四川省郭沫若研究会、中共乐山市委宣传部等联合举办的"纪念《甲申三百年祭》50 周年座谈会"，并发言。

3 月 25 日，著名教育家张秀熟病逝。

3 月 25 日，写《挽张秀老联》：

忠诚无二心，首举红旗，临危不惧，浩气动乾坤，为千秋楷范。

廉洁兼三德，伸张正义，维法如山，丹忱昭日月，树百代箴规。

春,《戎州行词三首》在《岷峨诗稿》第三十一辑发表。

4月2日,作《应该重新阅读〈甲申三百年祭〉》。

4月5日,《建设社会主义新文化》在《中华文化论坛》第2期发表。

4月,作《天彭牡丹颂六首》。

5月17日,参加四川省文联举行的《沙汀艾芜纪念画册》首发式。在发言中,马识途说:"纪念沙老、艾老的最好方式是拿出更多更好的作品。"

5月22日,创作完成电影剧本《十个回合》(故事提纲)。

5月27日,《饕餮在中国肆虐》在《四川政协报》发表。

6月4日,《名著改编和地方特色——从四川台的川味电视剧谈起》在《人民日报》发表。

6月25日,《建设社会主义新文化》在《中华文化论坛》第2期发表。

6月25日,《应该重新阅读〈甲申三百年祭〉》在《郭沫若学刊》第2期发表。

6月,为《赵蕴玉国画集》作序。

6月,作《解放初军民抢修都江堰记》。

解放初军民抢修都江堰记

天府之国,沃野千里,岁稔年丰,端赖水利。自秦李冰守蜀,开拓都江堰以来,历代治蜀者莫不以治都江堰为重,每岁必修,不误农时,盖民以食为天,水利乃粮食之命脉也。但解放前,内政窳败,古堰失修,水灾频频,乃民不聊生。一九四九年冬,我人民解放军挥戈南下,解放川西。中共地下党派代表迎谒大军于西安,向贺龙司令员进言取蜀已不难,治蜀则非易,入川后,首在安定民心,而民心所望者,莫过于岁修都江堰。首长深以为是,于南下途中戎马倥偬之际,犹累开会研究此事。十二月底，成都解放后，斯时岁修已衍期，军管会甫成立，财政困绌，仍拨银五万元，督促开工抢修。灌县县委、县政府立率民工赶修，犹感不富。幸得驻灌解放军全力支持，参加抢修，餐风沐雨，不辞辛劳。正抢修间，匪特暴乱骤起，意在破坏岁修。我军民同心协力，一手持枪剿匪，一手操畚修堰，不逾月叛乱平定，再二月岁修告成。清明佳节，春风万里，成都军管会于渠首筑台张旗，隆重举行放水庆功大典。军民欢腾，载歌载舞，盛况空前。放水时刻，杩槎砍倒，盈盈春水即顺宝瓶口奔腾而下，膏土沃壤尽得润泽，熙熙万民额手相庆，齐声赞颂共产党、人民政府、解放军为人民之利益建旷世之殊勋，丰功伟绩至今口碑载道。际兹都江堰建立二千二百五十周年，爰撰斯文补叙其事，并勒石都江之滨，俾万代共仰其功德云尔。（马识途：《马识途文集·未悔斋诗钞》，成都：四川文艺出版社，2018年，第193页。）

夏，《挽张秀老联》在《岷峨诗稿》第三十二辑发表。

8月1日，作《论传统诗的现代化》。

8月5日，《普及电脑还要做很多工作》在《电脑报》发表。

8月，为四川煤矿职工文学作品集题写：

我对于从黑暗中捕捉光明的勇士们致以最崇高的敬意

9月18日，为《创业教育论集》作序。

秋，《故乡行（五首）》在《岷峨诗稿》第三十三辑发表。

秋，作《盛世微言·后记》。

10月，《盛世微言》由成都出版社出版。

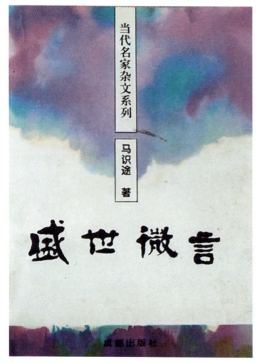

《盛世微言》，马识途，成都出版社，1994 年 10 月

11 月 15 日，《如今何处找好人》在《龙门阵》第 6 期发表。

11 月 24 日，《狗咬人不是新闻，人咬狗才是新闻》在《文汇报》发表。

11 月，作《七律·羊年五月，步龛斋主人七律原韵》。

12 月 14 日，《狗咬人不是新闻，人咬狗才是新闻》在《宁波日报》发表。

12 月 24 日，《未悔斋记》在《光明日报》发表。

12 月 25 日，作《垃圾桶边》。

12 月 27 日，在乐山大佛寺集凤楼参加四川郭沫若研究会举办的"郭沫若研究及其发展趋势"学术研讨会。

12 月，作《何来"不坠乌龟"》。

冬，《三峡行（五首）》在《岷峨诗稿》第三十四辑发表。

当年，作《为什么是非如此颠倒？》《有这样一些人》。

1995 年，81 岁

1月，作《寿星明·八十自寿词》。

寿星明·八十自寿词

红烛高烧，笑语盈庭，寿宴盛张。忆少年报国，南征北战，酸甜苦辣，雪雨风霜。劲节还持，松姿尚挺，赢得寒梅高树香。终无悔，历千难万险，无限沧桑。

虽云鬓发苍苍，却自许驱驰奔小康。幸志犹慷慨，身犹顽健，心犹耿介，笔走猖狂。检点平生，我行我素，管甚流言飞短长。儿孙辈，满金杯侍候，纵饮华堂。

1月11日，《本末倒置》在《光明日报》发表。

1月15日，《人咬狗不是新闻，狗咬人才是新闻》在《新闻爱好者》第1期发表。

1月15日，《于危难处见真情》在《龙门阵》第1期发表。

1月20日，《革命的友情唤回了青春》在《四川党史》第1期发表。

1月，长诗《路》在《峨眉》第1期发表。

2月15日，《"人咬狗"与"狗咬人"》在《新闻三昧》第2期发表。

2月15日，《一张地下报纸——XNCR》在《新闻界》第1期发表。

3月1日，《从王蒙没有两个面孔说起》在《广州文艺》第3期发表。

3月7日，《我不赞成文化完全商品化》在《群言》第3期发表。

3月15日，《指日重登点将台》在《龙门阵》第2期发表。

3月25日，《借题发挥写序言——序〈情系高原〉》在《文艺报》第

11 期发表。

3月27日，为《当代四川散文大观》作序。

春，《寿星明·八十自寿》在《岷峨诗稿》第三十五辑发表。

4月1日，《先从"州官不放火"说起》在《出版参考》第7期发表。

4月4日，《从一家人看一个时代》在《人民日报》发表。

5月15日，《是非功罪凭谁论》在《龙门阵》第3期发表。

6月15日，在收到李致转来的巴金赠书《再思录》后，分别写下两段话：

> 这是一本很有纪念意义的书。
>
> 1995年5月下旬，巴金老的侄儿李致到杭州探视巴老，代我问好。六月七日下午，巴金老已不能执笔为文，但仍勉力在赠我的《再思录》上题名，实在难得。当珍藏之。
>
> 我已回赠巴老一本我的《盛世微言》。

> 巴老：
>
> 这是一本学着您说真话的书。过去我说真话，有时也说假话。现在我在您的面前说，从今以后，我一定要努力说真话，不管为此我将付出什么代价。

6月20日，正式题赠巴金《盛世微言》一书，在扉页写下："巴老：这是一本学着您说真话的书。过去我说真话，有时也说假话，现在我在您的面前说，从今以后，我要努力说真话，不管为此我将付出什么代价。谢谢你赠书《再思录》。"并托李致代为转送巴金。

6月20日，《专车轶闻》在《当代》第3期发表。

夏，《词二首》在《岷峨诗稿》第三十六辑发表。

7月28日，《从一家人看一个时代》在《文艺报》第29期发表。

8月20日，《坏蛋就是我》在《当代》第4期发表。

9月初，参加在重庆举行的中共中央南方局党史座谈会，并发言。

9月15日，《强女人和弱女人》在《龙门阵》发表第5期。

9月20日，《建立有中国特色的社会主义新文化》在《文史杂志》第5期发表。

秋，《诗词二首》在《岷峨诗稿》第三十七辑发表。

10月14日—10月16日，在四川乐山沙湾参加"郭沫若与抗战文化"学术研讨会，发表《继往开来　深入开展郭研工作》讲话。

10月，作《访邓小平故居》。

11月30日，在昆明参加"一二·一"运动五十周年纪念活动开幕式。

11月底，前往昆明参加"一二·一"运动五十周年纪念活动，创作《七律·昆明遇西南联大老同学》和《七律·莲花池畔告别》。

11月，在成都参加李劼人研究会成立大会。

12月1日，参加云南师范大学"一二·一"四烈士陵园揭幕仪式。

12月21日，参加成都市作家协会成立大会，并发言。

12月25日，《继往开来，深入开展郭研工作——在"郭沫若与抗战文化"学术研讨会上的总结讲话（摘要）》在《郭沫若研究学刊》第4期发表。

冬，《云南行（四首）》在《岷峨诗稿》第三十八辑发表。

当年，作《无奇不有》《半生文字缘》。

当年，在收到三哥马士弘撰写的十二万字《四川忠县石宝乡坪山坝上坝马氏家史·先父马玉之生平述略》初稿后，认真审核并提出意见，他认为该书的体裁、叙述方式、人物描写应重真实，少描述，言简意赅，随后题写书名，开始撰写序言。

1996 年，82 岁

1月8日，作《中国人的价值观》。

1月13日，在成都参加"比较文学国际学术研讨会"。

1月15日，《文化革命从头说》在《龙门阵》第1期发表。

1月20日，《从一家人看一个时代》在《文史杂志》第1期发表。

1月，《重返红岩村随笔》在《红岩春秋》第1期发表。

1月，作《1996年新春寄语》。

1月，《作家的神圣职责就是创作：在重庆作家代表大会上的发言》在《红岩》第1期发表。

3月15日，《家破人亡》在《龙门阵》第2期发表。

3月，前往云南瑞丽旅行。

3月，为四川电视台原台长卢子贵散文集《瓜豆录》作序。

3月，为《人生十万个为什么·青年卷》作序言《路漫漫其修远兮，吾将上下而求索》。

3月，为《高文书法》作序。

5月3日，作《打假要打真货里的假货》。

5月4日，作《打假要认真领导是关键》。

5月5日，作《骗子，中国的"三大怪"》。

5月6日，作《何必火光冲天》《五十步笑百步》《打假要打假新闻、假广告、假报告文学》。

5月8日，作《必须清除地方保护主义的迷人色彩》《夹江制假案的另一个"异想"》《夹江打假官司的"异想"》《奸商与"刁民"》。

5月10日，作《打假要不要打假官》。

5月11日，作《可悲，我给人家做活广告》（之十五）、《假广告狂潮为何屡禁而不止》（之十六）。

5月15日，《斗争升级》在《龙门阵》第3期发表。

5月20日，《从强国之梦到强国之路——〈强国之梦〉系列丛书读后》在《文史杂志》第3期发表。

5月23日，参加四川省杂文学会第八次年会。

5月31日，作《美国是一个自我陶醉的国家》。

5月，撰写《西南联合大学校史（第三编）》读后。

6月12日，作《我的老年观》。

6月25日，作《真的阴魂不散？》。

7月15日，《你这哪里是检讨的问题哟》在《龙门阵》第4期发表。

7月，作诗《七绝·亡妻三十年祭》。

9月16日，到重庆参加以"传统诗词与现代化"为主题的全国第九届中华诗词研讨会，并发表题为《锐意改革，繁荣传统诗词创作》讲话。

10月16日，参加四川大学百年校庆，作《水调歌头·四川大学百年庆会上赠胡绩伟等诸校友》。

10月，《马识途讽刺小说集》由人民文学出版社出版。

当月，在乐山参加"郭沫若与乡土文化"学术研讨会。因故并未参加前面的专题谈论。在其书面发言中，他针对《逢场作戏的悲哀》一文，就当前出现的否定贬低郭沫若思潮提出了自己的批评意见。

当月，作《沁园春·中华诗词学会重庆诗会》《鹊桥仙·重庆诗会》。

11月15日，《种棉花事件》在《龙门阵》第6期发表。

11月27日，作《迟到的祝贺》《我与电脑》。

12月18日，《我观风雅文化》在《光明日报》发表。

12月，前往北京，参加中国作家协会第五次全国代表大会，作诗《沁园春·中国第五次作家代表大会》

当年，作《光阴似箭　日月如梭》《说〈华西都市报〉》。

1月15日，为《乃千艺舟》作序。

1月15日，《水利方针争论》在《龙门阵》第1期发表。

1月，作《五律·盼香港回归》。

2月19日，邓小平同志在北京逝世。

2月，作诗《沁园春·悼邓小平同志》。

3月18日，为《沙汀年谱》作序。

3月，《邓小平二三事》在《四川文学》第3期发表。

3月，作《盼香港回归二首》。

4月22日，作《世界只有一个成都》。

4月，为《罗建散文集》作序《不是序言的序言》。

6月10日，参加四川省作家协会第五次代表大会，做题为《在新世纪的门口，我们需要的是行动》发言。

6月17日，作《香港回归漫言》。

6月20日，作《我升级了》。

7月1日，作《香港回归书楹联一副》《浣溪沙二首·庆香港回归》。

百年奇耻今终雪，两制新猷此始兴。

浣溪沙二首·庆香港回归

（一）

嗨，快，快些拿酒来，当浮大白满金杯，良辰不醉怎开怀？奇耻百年终洗雪，新猷两制巧安排，红旗漫卷紫荆开。

（二）

　　割地丧权国运衰，降幡竟出石头来，少年读史每心哀。四海炎黄同敌忾，神州大地起风雷，今朝宝岛庆回归。

7月15日，《周恩来二三事（上）》在《龙门阵》第4期发表。

7月，修改1946年创作的长诗《路》。

8月，长诗《路》由四川人民出版社出版。该诗歌讲述了一个归国抗战华侨青年和一个摆夷土司公主的生死恋。

9月7日，《人生是什么》在《人生与伴侣》第9期发表。

9月15日，《周恩来二三事（中）》在《龙门阵》第5期发表。

9月25日，作《语言污染》。

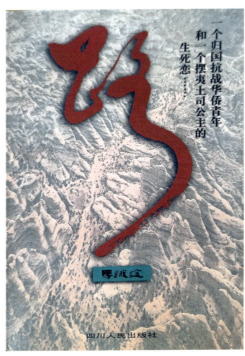

《路》，马识途，四川人民出版社，1997年8月

9月30日，作《我的喜与忧》。

10月，作《依法治国，不是以法治国》。

11月15日，《周恩来二三事（下）》在《龙门阵》第6期发表。

11月27日，作《我还要写杂文》。

12月7日，《最大的喜和最大的忧》在《群言》第12期发表。

冬，学习互联网知识。

1998 年，84 岁

1月20日，《访邓小平故居》在《西南旅游》第1期发表。

1月，作《谁说蜀中无大将——1998年新春寄语》。

2月，作《焚余残稿·后记》。

5月4日，到北京人民大会堂，参加北京大学建校一百周年纪念大会，作诗《北京大学百年校庆》。

北京大学百年校庆

英才作育此摇篮，百岁狂飙马首瞻。

新国新人新世纪，乘风破浪鼓长帆。

5月15日，《我和统一战线（上）》在《龙门阵》第3期发表。

5月，作诗《西南联大建校六十周年纪念》。

西南联大建校六十周年纪念

烽烟万里踏征程，桢干移栽茂春城。

弦诵笳吹培国士，土阶茅茨育群英。

丧疆奇耻终前雪，强国宏图看勃兴。

六十周年重聚首，昆明湖畔说峥嵘。

5月，《风雨如磐港岛行》在《红岩春秋》第 3 期发表。

6月4日，季羡林为马识途《沧桑十年》作序。

6月12日，《多读点课外好书》在《中学生阅读》（初中版）第 6 期发表。

6月19日，参加中国国际文化交流中心座谈会。

6月，在北京大学朗润园拜访季羡林，作《七律二首·访季羡林老人》。

7月18日，作《百年盛事我幸逢》。

7月20日，作《作家们，上网吧》。

7月，为《桑榆集》作序《老树春深更著花》。

7月，作《七律·为作〈《沧桑十年》序〉后，呈季老》。

8月12日，为《成都青年工作回顾》作序《问苍茫大地 谁主沉浮》。

8月15日，《我和统一战线（下）》在《龙门阵》第 4 期发表。

9月18日，为《川大英烈》作序。

秋，作《成都文殊院石刻〈金刚经〉书后跋》。

成都文殊院石刻《金刚经》书后跋

《金刚经》为佛家至高无上精妙绝伦之宝典，发三乘之奥旨，启万法之玄妙。论不空之空，见无相之相，指明虚妄即梦幻泡影而可知，推极根源于我人众寿而可见，诚诸法传心之秘，大乘阐道之宗，而群生明心见性之机栝也。成都文殊院主持释宽霖大法师率两序大众护法联士等发大宏愿，立石刻经，传之久远，意在启迪大众智慧，明心见性，妙悟得道，终登彼岸，知见如来佛性耳。余遵法旨，恭书《金刚经》，讫复遵命作跋，以纪本来。

一九九八年岁在戊寅金秋之季

八四叟马识途书

10月1日，在成都，参加中国中外文艺理论学会学术研讨会。

10月，作《沧桑十年·后记》。

11月5日，参加中国作家协会诗歌座谈会，并发言。

11月20日，参加《巴蜀文化大典》首发式。

11月28日，完成对《没有硝烟的战线》的修改。

11月，为《沙汀艾芜纪念文集》作序。

11月，为《起步与腾飞》作序《前事不忘，后事之师》。

12月10日，参加"十一届三中全会二十周年"四川省文艺界座谈会。

12月，秦川、卓慧著《马识途创作与生平》由四川人民出版社出版。

12月，《四川忠县石宝乡坪山坝上坝马氏家史·先父马玉之生平述略》序言完成创作。

12月，作《我对四川文学的几点看法》。

当年，作《"还是有一点资本主义好？"》《治治整人的人》《"洗脑"记》。

1999年，85岁

1月14日，《永不疲倦地为人民而歌唱》在《文艺报》第6期发表。

1月20日，作《七律·西南学院校友会纪事》。

1月20日，《长篇历史纪实文学〈川西黎明〉序》在《四川党史》第1期发表。

1月，《沧桑十年》由中共中央党校出版社出版。

1月，马识途向上海图书馆捐赠手稿《雷神传奇》《我的上海情结》等文献资料二十五件。

2月5日，《我对诗歌的一点看法》在《星星》（诗刊）第2期发表。

2月，《焚余残稿》（诗集）由重庆出版社出版。

3月5日，《我的诗：我的没字的诗集的有字的序诗》在《星星》（诗刊）第3期发表。

3月6日，作《我的〈不亦快哉〉》。

3月25日，为《建国五十年四川文学作品选》作序。

4月1日，作《希望在于将来——说巴金文学院》。

4月10日，作《我上网了，但是我想说……》。

《沧桑十年》，马识途，中共中央党校出版社，1999年1月

4月15日,《希望在于将来——谈巴金文学院》在《文艺报》第42期发表。

5月25日,在电脑中录入文章《道德问题》。

6月17日,作《软件——人类文明飞跃的跳板》。

6月25日,作《真的阴魂不散?》。

6月,作《散文杂言》。

7月,《快哉痛哉本为邻:我的不亦快哉》在《四川文学》第7期发表。

8月15日,参加中国比较文学学会第六届年会暨国际研讨会开幕式。

8月,参观昆明世界花卉博览会,游大理、丽江,作《七律·昆明世界花卉博览会》《自度曲·昆明世界花卉博览会》《七律·重游大理,当年战友多已下世》《五律·大理追思》《七绝·丽江夜》。

9月7日,《风雨沧桑50年》在《群言》第9期发表。

9月10日,作《不要忘记烈士的嘱托》。

9月21日,《耄耋之年 喜庆辉煌》在《人民日报》发表。

9月30日,作《国庆五十周年感言》。

9月,为庆祝中华人民共和国成立五十周年,创作《沁园春·国庆五十周年》《七绝·五十国庆,感赋》。

沁园春·国庆五十周年

半纪风云,五十诞辰,喜庆辉煌。忆坎坷岁月,艰难时世,山回路转,始见小康。香港已归,澳门在望,金瓯何能缺一方。高声唱,祝升平万载,国运恒昌。

百年往事沧桑,叹辱国丧权几灭亡。幸仁人志士,前仆后继,工农奋起,驰骋疆场。礼花齐鸣,天安门下,血凝红旗天际扬。前程望,远征才一步,道路犹长。

七绝·五十国庆，感赋

半纪辉煌何足道，万民优乐总关情。

正风肃纪更深处，涤浊除污国政清。

9 月，作《政协兴，国家兴》。

10 月，《早请示，晚汇报》在《书摘》第 10 期发表。

10 月，《永远的遗憾》在《四川文学》第 10 期发表。

10 月，作《采桑子二首　一九九年九月九日重阳老人会上》。

11 月，到重庆旅行。

12 月 9 日，《一份埋藏了 46 年的〈狱中意见〉》在《光明日报》发表。

12 月 12 日，作《续清江壮歌》。

12 月 20 日，作《七绝·迎澳门回归》。

七绝·迎澳门回归

中华统一历新程，香港回归又澳门。

完瓯岂能宝岛缺，群呼落叶早归根。

12 月，作《七绝·向四川作家恭贺二千年新禧》。

12 月，率四川作家代表团前往重庆，参加重庆直辖后重庆市作家协会第一次代表大会。在会上，向重庆市作家协会主席黄济人提出入会申请。

2000 年，86 岁

1 月 7 日，在成都参加"郭沫若与新中国"学术研讨会，并做主题发言。

1月，作《七律·八五自寿诗》。

七律·八五自寿诗

行年八五未衰翁，不瞎不痴亦不聋。

历尽沧桑余铁骨，仍将剩勇刹邪风。

扪心自省无惶愧，有笔还当发昧蒙。

老去传言"三莫"诀：莫贪莫谄莫盲从。

1月，《边沿的话语》在《中国政协》第1期发表。

2月28日，《认真总结教训　迎接新世纪的建设高潮——在四川省土木建筑学会第24届年会上的讲话》在《四川建筑》第1期发表。

2月，《马识途文集》编辑工作正式启动。该编辑工作由四川省作协领导。编辑组组长由四川省作协党组书记、省作协副主席、省社联副主席宋玉鹏担任。组员有：《四川文学》编辑部编辑刘继安、四川文艺出版社林文询、四川省社会科学院研究员秦川、四川大学教授黎永泰、马识途女儿马万梅，特聘著名作家王火、四川省文联主席李致担任顾问。

3月21日，作《马识途说，叫锦江，不叫府南河》。

3月，作《胡长清的临终"豪言"》。

5月10日，参加四川省作家协会第五届委员会第三次全体会议。

5月12日，参加四川省第二次青年创作会议。

5月20日，《万县赶考奇观》在《红岩春秋》第3期发表。

5月30日，接到李定之子杨松涛电话，得知西南联大老友，中央统战部原副部长、全国工商联原党组书记李定去世。

5月，作家罗广斌遗孀胡蜀兴将罗广斌创作的《红岩》手稿交付马识途，由其代转交中国现代文学馆。

6月15日，中华诗词学会会长扩大会议在北京金玖大厦举行，会议推举马识途等人为名誉会长。

6月30日，《评价历史人物必须"知人论世"（代序言）》在《郭沫若与二十世纪中国文化》发表。

7月5日，《评价历史人物必须"知人论世"——谈正确评价郭沫若》在《文史杂志》第4期发表。

7月20日，《当年彭总在四川》在《四川日报》发表。

7月21日，作《洞穴文化》。

7月，修改《休闲文化小议》。

8月25日，参加四川省杂文学会2000年年会并发言。

8月30日，作《把新龙门摆好——〈龙门阵〉创刊20周年》。

8月，作《又出"电老虎"了？》。

8月，将自己创作的《清江壮歌》（第五稿）捐赠中国现代文学馆，并附说明。

说明

这是《清江壮歌》（五稿）最后定稿本。……现马万梅志愿将此稿本交由中国现代文学馆保存。经与副馆长周明联系后，表示欢迎，并承诺精心复印四份退我，转给马万梅二份，我保存一份，存四川作家协会一份。

2000年8月，由我托人带到北京送交给周明，并由中国（现代）文学馆发回正式收据，由我转交原保管者马万梅。

马识途注

2000年8月

8月，将罗广斌创作的《红岩》托人代转中国现代文学馆，并附《说明》一份。

说明

　　这是《红岩》最后定稿的原稿稿本，是罗广斌的笔迹。此稿本原存在罗广斌的爱人胡蜀兴的手中。2000 年 5 月，胡蜀兴将此稿交给我，决定交中国（现代）文学馆保存。我和副馆长周明联系后，他表示欢迎，并承诺就此稿本精致复印四份，退我转胡蜀兴二份，其余由我及四川省作家协会保存。

　　2000 年 8 月由我托人送去北京，交给周明同志并由中国（现代）文学馆发出正式收据，由我转交给胡蜀兴存查。

马识途注

2000 年 8 月

9 月，作《寿星明·祝士弘三哥九十大寿》。

寿星明·祝士弘三哥九十大寿

　　吉日良辰，满座亲朋，寿筵盛张。忆少年兄弟，同行同息，同游庭院，同读祠堂。越险攀危，浪激飞舟，侪辈尽尊"飞三"王。遵父命，应救亡报国，闯荡四方。

　　一生历尽沧桑，竟乖舛命途风雨狂。幸蓬头老伴，死生同命，幼雏共育，辛苦备尝。一声春雷，否极泰来，堪慰全家无毁伤。乐天伦，看儿孙绕膝，醉饮寿觞。

10 月 3 日，参加《中华儿女》新千年西部大开发作家笔会。

10 月 7 日，为《川渝口头禅》作序。

10 月 25 日，作《边沿的话》。

10 月，作《最可笑的事》《读报摘录思考》《不严治贪，毁了干部》。

10月，《马识途诗词钞》由天地出版社出版。

11月16日，参观四川省第六次地方志成果展。

11月，作《我和人民文学出版社的文字缘》。

11月，《把新龙门阵摆好》在《龙门阵》第11期发表。

12月8日，参加四川省文学艺术创作杰出贡献表彰会。

12月8日，作《说阿来与魏明伦》。

12月27日，《世纪回眸》在《光明日报》发表。

12月，作《再加把火，追根源》。

当年，作《你有政策，我有对策》《我赞成说普通话，也可从权》。

2001年，87岁

1月6日，作《曙光已照莽昆仑》。

1月11日，作《新世纪放言》。

2月7日，《人类是有希望的》在《群言》第2期发表。

3月7日，《世纪回眸》在《科技文萃》第3期发表。

4月19日，《话说阿来与魏明伦》在《文学报》发表。

4月20日，《无冕之王》在《新闻界》第2期发表。

4月23日，在作家李致拜访时，谈及自己的"遗嘱"。

　　一，这一生，无愧无悔。二，丧事从简，不搞向遗体告别，不要花圈之类。最多在家里设一灵堂，只让至亲好友来告别。可以发个消息，以免别人再给寄来文稿，浪费精力。三，骨灰与夫人的葬在一起。四，希望《马识途文集》能出版，仍由作协负责，请李致和王火促进。

4月，发现肾癌。

5月22日，《〈清江壮歌〉出版的前前后后——我和人民文学出版社的文字缘》在《新文学史料》第2期发表。

5月25日，《新竹高于旧竹枝》在《四川戏剧》第3期发表。

6月，做手术。

7月，作《〈浩瀚集补遗〉序》。

8月28日，作《研究"郭沫若现象"》。

8月31日，作《认识真理难》。

9月1日，作《从"辽西冤案"想到的》。

9月10日，对四川省郭沫若研究会的工作进行了谈话，对新一届研究会班子提出了要求。

9月17日，作《贪污都上轨道了》。

9月26日，作《执政与参政》。

9月27日—9月29日，在四川省郭沫若研究会换届选举中，被推选为名誉会长。

10月8日，作《婚姻·爱情·道德》。

10月，作《寿星明·祝八弟子超及玉莹八十大寿》。

12月，到北京参加中国作家协会第六次全国代表大会。

当年，作《正面宣传就是实事求是》《反腐的新招儿》《再说反腐新招儿》《不明的事》《反腐要追根源》。

2002年，88岁

1月1日，作《七律·谢亲友》。

1月4日，《我因不敢为她说句公道话而遗憾终生——悼念贺慧君同志》在《炎黄春秋》第1期发表。

1月5日，《也说"不醉乌龟小酒家"的事》在《文史杂志》第1期发表。

1月8日，作《臭豆腐干》。

1月15日，作《2002年新春寄语》。

1月26日，在北京得知著名出版家、作家韦君宜去世的消息，写下《悼韦君宜》。

悼韦君宜

国难救国，少年先觉何嫌早。

痛定思痛，老去彻悟不算迟。

1月28日，早晨听广播，得知著名现代诗人、文学评论家张光年去世，写下《悼张光年》。

悼张光年

五月鲜花伴君魄。

黄河合唱铸国魂。

1月，作《我是白痴》。

3月，作《七律·龙泉看桃花》《七律·龙泉吊桃花》。

4月9日，作《作"秀"》《一个镇上面有"婆婆"一百多个》。

4月，作《政绩工程何其多？》。

5月，作《七律·回首》。

6月26日，参加四川省作家协会第六次代表大会开幕式。

6月28日，参加四川省作家协会第六次代表大会闭幕式。

6月30日，《郭沫若研究也要与时俱进》在《郭沫若与百年中国学术文化回望》发表。

7月20日，《留得丹心一点红》在《四川党史》第4期发表。

8月28日，在成都参加四川省"全省首届文学新苗座谈会"，并发言。在发言中，马识途讲道："文学创作什么时候都不迟，重要的是一心一意，贵在坚持。……我过去的手稿，有些丢了，有些毁了，但现在我又把它们捡起来了，继续写。……写作很难，但是你们这么年轻，怕什么？"在谈到电脑写作时，马识途说："你们看，电脑是个新生事物吧，我七十岁时才开始学习电脑写作，现在比很多年轻人都用得熟练，多的时候一天要写几千字，你们不会连我这个老头子都不如吧？"在发言的最后，他动情地说："四川文学要雄起，希望在十年二十年后，能从你们这一批新苗里长出几棵文学的大树，我就开心了。"

8月，作《忠州赋》《〈刘诗白书法集〉观后絮言》。

9月2日，在乐山参加由中共乐山市委、乐山市人民政府、四川郭沫若研究会主办，中共乐山市沙湾区委、沙湾区人民政府、乐山师范学院承办的"纪念郭沫若诞辰110周年暨'郭沫若与20世纪先进文化'学术座谈会"。

11月20日，在北京参加"郭沫若诞辰一百一十周年纪念大会"，并发表讲话《中国先进文化前进方向的伟大代表》。

11月20日—11月22日，在北京参加中国郭沫若研究会和四川郭沫若研究会共同举办的"郭沫若与百年中国学术文化国际论坛"，并做《郭沫若研究也要与时俱进》发言。

11月25日，写《旧话重说》。

12月，《中国先进文化前进方向的伟大代表——在郭沫若诞辰110周年纪念会上的讲话》在《郭沫若学刊》第4期发表。

当年，结识九十七岁语言文字大师周有光。

当年，为《电脑报》创刊十年题词。

当年，作《什么也不怕》。

2003 年，89 岁

1 月，作《2003 年新年感语》。

2 月，作《七律·马年去羊年初来，好友草堂小酌》。

3 月下旬，《郭沫若研究也要与时俱进——"郭沫若与百年中国学术文化国际论坛"上的讲话》在《郭沫若学刊》第 1 期发表。

4 月 29 日，作《钢筋混凝土树林可以休矣》。

8 月 28 日，作《巴金说"无为而治"》。

8 月，《钢筋混凝土树林可以休矣》在《四川建筑》第 23 卷增刊发表。

9 月 26 日，参加"四川省文联、四川省作协成立 50 周年纪念大会"。

10 月初，回重庆忠县。

10 月 3 日，重登忠县石宝寨，作《顺口溜十二句·登石宝寨》。

10 月，作《七律·访故居》《七律·登碉楼》《七律·野山祭祖》《七律·阖家登石宝寨》《七律·赠忠县诸友人》《七律·再赠忠县诸友》。

11 月 18 日，参加四川省举办的"巴金百年华诞庆祝会"。

11 月 20 日，参加"巴金论坛·第七届巴金国际学术研讨会"开幕式。

11 月 21 日，参加中共四川省委、省政府举行的"庆祝巴金百岁华诞座谈会"。

11 月 30 日，作《一本惊心动魄的书——〈生存与毁灭〉序》。

11 月，作《念奴娇·京门友人聚饮》。

12 月 24 日，在四川省美术馆举行"马识途九十寿辰书法展"，所有展品义卖，收入全部用于资助四川省贫困大学生。

12月25日，作《学书展览告白》。

12月，出版《马识途书法集》。

12月，作《对"三批"巴老说不》。

2004 年，90 岁

1月1日，《傻瓜万岁——〈风雨人生〉序》在《忠州通讯》发表。

1月4日，作《2004年迎春致辞》《偶语》（《每个人》《九十自誓》《说幽默》）。

1月21日，对联"临渊履冰，国步幸从危难出；登高望远，春风喜自柳梢回"在《人民日报》发表。

1月，作《寿星明·九十自寿词》《七律·九十自寿》。

寿星明·九十自寿词

鹤发童颜，眼亮心明，九十寿翁。忆刀光剑影，出生入死，贞昭日月，气贯长虹。洁似雪莲，坚如磐石，历尽斧斤不老松。无何畏，任雷鸣电闪，血雨腥风。

寿糕烛影摇红，且谆告子孙铭臆胸。看金瓯尚缺，黎民未富，内蠹待除，外霸肆凶。科学昌明，发扬民主，世界和平归大同。须长记，永爱民爱国，矢勇矢忠。

七律·九十自寿

满头霜雪一龙钟，阅尽斧斤不老松。

近瞎渐聋还未傻，崇廉恶谄拒盲从。

心存魏阙常忧国，身老江湖犹矢忠。

若得十年天假我，挥毫泼墨写兴隆。

3月，作《七律·随杨超老人探春》

4月，作《刍荛之献》。

5月20日，《初受考验》在《红岩春秋》第3期发表。

5月25日，作《我的上海情结（之一）》。

5月26日，《叫锦江，不叫府南河》在《华西都市报》发表。

6月9日，在家中会见北京郭沫若纪念馆馆长、郭沫若之女郭平英。

6月14日，完成《风雨人生》第三稿。

6月21日，作《人吓人，吓死人》。

6月30日，《追思黎智》在《闻一多研究集刊（纪念闻一多100周年诞辰）》发表。

6月，撰写《后记　〈清江壮歌〉创作的前前后后》。

7月1日，写《卷首的话——永远的遗憾》。

7月20日，《平林店遇险》在《红岩春秋》第4期发表。

8月7日，《我记忆中的邓小平》在《纵横》第8期发表。

9月6日，撰写《马识途文集·自序》。

自序

《马识途文集》终于出版了。我年逾九十，有如风前之烛，瓦上之霜，是随时准备听候召唤而去的人，这时，作为一个作家，我能看到自己一生心血所凝结的文集面世，自然是很高兴的。

其实，我本来不是一个作家，最多也只能算一个半路出家的作家。虽然我在一九三五年就发表过作品，抗战时期在西南联大中文系毕业，曾经接受过一些文学大师们的科班训练，当时还创作过长短篇小说、杂文、诗歌等作品，但是我当时正从事地下革命工作，我的职业不容许我当一个作家，我也无意于当一个职业作家。解放以后从政，十分忙碌，与文学绝缘，周时看到文坛上雷鸣电闪，雨植风狂，更不敢想去当作家了。

这完全是一次偶然的事，二十世纪五十年代末，在建国十周年之际，我应老作家沙汀之约，为《四川文学》写了一篇回忆录《老三姐》，在《人民文学》上转载后，便为文坛前辈发现，生生地把我拉进文坛，成为长胡子的文学新兵。……

……

我是半路出家的作家，不能算是一个出色的作家，虽然写了一大堆作品，却都是利用公余之暇或开夜车写的，比较粗疏，无足称述。但是我可以大言不惭地说，我曾经参加过中国革命，也许算是一个革命家，那时候叫作"职业革命家"，因此我写的作品，如果可以叫作文学作品的话，那算是革命文学作品吧。我是想用我的一支拙笔，从一个侧面来反映中国人民的革命斗争生活，表现他们在外受列强侵略，内遭专制压迫的极其困难恶劣的环境中，仍能保持中华民族精神，前仆后继，英勇斗争的革命事迹。让某些号称要"淡化革命，颠覆英雄，否定崇高"的作家知道，中国的确经历一场伟大的人民革命，的确出现过许多民族英雄，世界上的确有崇高的事业。这样的民族精神，这样的崇高英雄和他们所从事的神圣事业，是中国人民永远不应该忘记的。

我的作品，坚持我所追求的"为中国老百姓所喜闻乐见的中国作风和中国气派"，就是很不时兴的大众文学。我就是要追求民族的形式、生动的形象、跌宕的情节、通俗的语言，以便凡夫俗子、引车卖浆者流也可以从中得到一点艺术享受，受到一点启发，就是读了便扔掉也罢。我的作品大概难以进入不朽的缪斯殿堂，去博得高雅的欣赏。我绝不为此而感到羞愧。

我从来不想追求不朽，也不相信世上有永远不朽的东西。我乐意于让其速朽，让更新更好的作品来代替，发挥更好的作用。

......

（马识途：《马识途文集·清江壮歌》，成都：四川文艺出版社，2005年，第23—26页。）

9月14日，到达昆明。

9月15日，八十六岁的飞虎队队员之一迪克·帕斯特到昆明，与马识途在阔别六十年后重逢叙旧。

9月16日，作《七律·访联大旧址拜烈士墓》。

9月17日，作《赠狄克·帕斯脱》。

9月27日，在成都芙蓉古城参加"人文四川名家论坛"，并与金庸见面。参加此次论坛的嘉宾还有：香港作家联合会创会会长曾敏之，香港作家联合会执行会长、明报出版社总经理潘耀明，中国作家协会书记处书记吉狄马加、陈建功，著名作家邓友梅、阿来和北京大学中文系教授严家炎等。参会三十多位作家、学者共同探讨"人文四川"的精髓主旨。

在此次论坛上，马识途提出这样的倡议："有华人的地方就有金庸，这样的'金庸现象'，在文学上，在中国产生如此大的影响，四川作家应该从他的创作中得到何种启示？"马识途认为金庸的成功处，在于对中国历史、文化、传统、思想等各方面有深刻的表现和承载。

作诗《七言四句·赠金庸》。

七言四句·赠金庸

凡有水井唱"三变"，如今到处说金庸。

新声本自俚歌出，缪司殿堂拜查翁。

注：宋仁宗时，凡有水井处即有歌柳词者，今日凡有华人地即有读金庸小说者，无知小子竟以不入雅流目之，殊可怪也，亦可恨也。金庸先生莅蓉，书顺口溜一首，以求正。

武侠小说家金庸回赠马识途书法一幅：

慧增于寿，识途因齿；不喜伏枥，志存万里；腾飞行空，云生足底，千里之行（金庸后注明应为'力'），路遥方知。

（拟马字成语四则　敬赠马前辈识途先生）

当月，作《祭李白文》。

9月20日，《夜上红岩》在《红岩春秋》第5期发表。

11月20日，《一个人的地下"报馆"》在《红岩春秋》第6期发表。

11月，作《七律·登蒙顶山》《七律·蒙顶山听孙前说茶道》《蒙顶山农家乐小酌》《七律·致好友李培根戴克宇伉俪》。

12月10日，作《未悔斋诗钞·跋》。

这一卷诗词集，也需要做点说明。

……

我曾经年轻过，因此我也写过很多的新诗。

……

在我的《文集》里编入这么多的传统诗词，……并非我想复古，发思古之幽情，虽然我也不免有敝帚自珍的情绪，主要还是我以为我通过这些诗词，可以从一个侧面反映我的思想和感情，……

凡有水井唱三复如今到
慶說金庸新穎交宜俚歌到
出繆司殿堂拜直翁

甲申之秋

宋仁宗時凡有水井處即有歌柳詞者今日凡有華人地即有讀金庸
小說者以小子竟以不入雅流目之殊可恨也出以呈眼也

金庸先生瀹筆出此溜一首以求正

漫途

《贈金庸》 2004 年 9 月　马识途

12月16日，参加"四川文化界纪念沙汀艾芜诞辰100周年座谈会"。

12月17日，作《科学家们，悠着点——荒唐的建议》。

12月26日，在电脑中录入文章《深入生活》。

12月28日，作《忽然想到》。

12月，作《什么是"红岩精神"？》。

当年，作《不写"杂文"写"闲文"》《我的文学生涯》。

2005 年，91 岁

1月1日，《祭李白文》在《美文》（上月刊）第1期发表。

1月3日，作《卖书号》。

1月3日，在电脑中录入文章《大帽子开小差》。

1月7日，作《烟》《难得的欢会》。

1月20日，《九死一生脱虎口》在《红岩春秋》第1期发表。

1月，作《光阴似箭，日月如梭》。

2月7日，《常青的六十年异国友谊》在《纵横》第2期发表。

3月12日，为《马识途文集·盛世二言》作《后记》。

3月20日，《九死一生脱虎口（下）》在《红岩春秋》第2期发表。

3月，参加四川省作家协会第六届委员会第四次全体会议。

3月，作《文学三问》。

4月18日，在北京参加西南联大1945级校友会。

5月30日，"马识途文学创作70年暨《马识途文集》出版座谈会"在北京中国现代文学馆举行，致答谢词。当日，"马识途九十寿辰书法展"在中国现代文学馆举办。

答谢词

我的《文集》能出版了。多承中国作家协会和四川省委宣传部的关爱，为我举办如此盛大的座谈会，邀来如此众多的著名作家和评论家光临指教，我不胜荣幸，甚至有几分惶恐。在此，我谨对大家表示衷心的感谢。

我虽然七十年前就在上海开始发表作品，并且在西南联大中文系受过科班训练，但是我不是一个作家，也没有当作家的愿望，只是一个偶然的机会，我被文学前辈拉进文坛，戴上了作家的桂冠。然而我一直是只能利用公余之暇进行写作的业余作家，而且是在一种历史责任感的驱动下进行写作的。

20世纪在中国曾经发生过一场伟大的革命，中国人民推翻了压在自己头上的"三座大山"，建立了人民的新中国。我有幸参加了那场革命斗争，曾经经历过革命的胜利与失败，欢乐与痛苦，曾亲见过许多革命先烈的英勇斗争和慷慨牺牲。我既然有机会拿起笔来，就有义务反映这场惊心动魄、威武雄壮的革命斗争和那些革命英雄的可歌可泣的事迹。因此我可以大言不惭地说，我曾经参加过革命，可以说是一个革命家，所以我写的作品也可以说是革命文学作品。即使革命文学似乎要被挤出市场，淡出文坛，我也不会因为这样说而自惭形秽。我感到遗憾的只是我的这支拙笔，没有把那场波澜壮阔的革命斗争反映于万一，我更感到遗憾的是，在中国的文学家似乎还没有创作出足够多的反映那场革命斗争的作品，更少经得起历史淘洗的传世之作时，革命文学便似乎已经"背时"了。为中国老百姓喜闻乐见的中国作风中国气派的革命大众文学似乎已经上不了档次，赶不上潮流，合该消沉，以至退出文坛。而那种为钱袋所诱发的低俗化作品和背离"三贴近"、日益私人写作的贵族化作品却大发利市。为此，我多少感到悲哀。那种"文学要淡出政治，告别革命，没有使命，无须责任，躲避崇高，反对价值，回到本体"的理论，一时甚嚣尘上。对此，我感到惶惑。至于那种歪曲革命历史，戏说红色经典，把革命英雄拿来开涮的现象，更令我感到愤怒。有的甚至把那场充满血泪的革命斗争描写得那么轻巧，似乎比住在高级宾馆里品着咖啡、卿卿我我地闲侃还有趣。这样的作品竟大摇大摆地走进书市，搬上屏幕，这些虽然只是一时的局部的现象，我仍不免戚然心忧。

我的革命文学作品现在被印出来，其命运如何，我不得而知。如果对世道人心能起一点作用，我将引以为荣。如果被认为这样的革命文学不值一顾，这不过是个日薄西山的老革命企图在暗淡的晚霞中撑起一片余晖的回光返照而已，不久便会销声匿迹。果然如此，还不如趁早让它到造纸厂去实现它的最后价值呢。

最后，我再次向主办这次盛会的中国作家协会、四川省委宣传部和承办的几个单位，还有光临指教的作家、评论家们和各位来宾致以衷心的感谢。

谢谢大家。

2005 年 5 月 30 日

5 月，十二卷本《马识途文集》由四川文艺出版社编辑出版。第 1 卷《清江壮歌》，第 2 卷《夜谭十记》，第 3 卷《巴蜀女杰》，第 4 卷《京华夜谭》，第 5 卷《雷神传奇》，第 6 卷《中短篇小说》，第 7 卷《讽刺小说及其他》，第 8 卷《沧桑十年》，第 9 卷《风雨人生（上、下）》，第 10 卷《盛世二言》，第 11 卷《文论·游记》，第 12 卷《未悔斋诗抄》。

6 月 2 日，在北京文采阁与老友李曦沐、张彦等人相聚。

8月12日，作《七绝·锦城芙蓉》。

9月7日，《抗战拾忆》在《纵横》第9期发表。

9月15日，作诗《斗室铭》书赠三哥马士弘。

斗室铭

人无贵贱，知足则明。事无顺逆，知命则行。斯是斗室，唯吾德馨。饮食能果腹，衣被足御冷。谈笑有闲友，往来多近亲。可以读书报，观视影。无嘈杂之乱耳，无忧烦之劳神。澹泊以明志，宁静而远。士弘云：何陋之有？

注：

家兄士弘，居斗室，度寒日，人以为忧，独以为乐。以为室窄心自宽，人穷志自高。箪食壶浆，安步当车。读书养性，知足常乐。余固其有高士之风，盖城隐之人也。古诗云："室雅何须大，书好不在多。"此中韵味唯吾兄得之。因仿刘禹锡《陋室铭》作《斗室铭》并书以奉之。

马识途作并书

2005年家兄生日（中秋节前三日）

9月17日，《文学三问》在《作品与争鸣》在第9期发表。

9月，著作《在地下》由人民文学出版社出版。全书一册共分六卷（卷一《长路漫漫》，卷二《江汉风云》，卷三《清江雷暴》，卷四《翠湖春晓》，卷五《锦江血色》，卷六《天府凯歌》）。为该书撰写自序《我们那时候，就这么干！》和后记《并非多余的话》。

9月，作《永远的遗憾》。

10月11日，参加"名家看四川——茅盾文学奖获奖作家四川行座谈会"。马识途代表四川省作协欢迎茅盾文学奖获奖作家，他称作家的

《在地下》，马识途，人民文学出版社，2005 年 9 月

到来给四川带来灵气，带来启示，四川作家应当好好向他们学习。他鼓励中青年作家们要从长期的学习和刻苦的练习中获得勇气和扎实的功底，并保持一颗永远热爱祖国、热爱人民的赤子之心。在会上，马识途发表《文学三问》：

一问，谁来守望我们的文学家园？

二问，谁来保卫我们文学的美学边疆？

三问，谁来坚持在马克思主义光照下的社会主义主流意识？

10 月 17 日，著名作家巴金因病逝世。

10 月 18 日，前往成都巴金陈列馆参加悼念巴金活动，并撰写悼词：

　　　　　　磊落坦诚讲真话，冰心玉骨著文章。

10月21日，悲痛撰写致巴金《告灵》，并写下挽联：

　　　　　　文星遽陨，魂兮归来。

在随后撰写的《告灵书》中，这样写道：

巴老：

　　您走了，举国同悲。秋雨淋淋，苦坐斗室，悲斯不已。想起过去我们在历次作代会上的相遇，特别是一九八七年您回到成都的十几天，与张秀老、沙汀、艾芜和我相处，所谓五老相聚的日子，恍如昨日。然而你们四位都走了，留下我一个人，情何以堪。我把您签名送我的几本书找出来，其中有老版的《家》和线装珍藏本《随想录》一函，看到您粗重的签字，浮想联翩。这两天来找我的记者，问起对巴老您的看法，我只回答一句：假如说鲁迅是中国的脊梁的话，我说巴金就是中国的良心。

　　巴老，您走好。

　　（马识途：《告灵书》，中国新闻网《著名作家马识途为巴金写下挽联和告灵书》，2005年10月24日。）

11月，《白首寄语》在《清华校友通讯》第52期发表。
12月8口，《作家，社会责任感到底如何》在《人民日报》（海外版）发表。

2006 年，92 岁

1 月 20 日，作《2006 年新春祝词》。

2 月，作《峨眉山大佛禅院写经记》。

3 月 19 日，作《七律·呈永寿大和尚》。

3 月 31 日，参加四川省作家协会第六届委员会第五次全体会议。

3 月，接受《四川戏剧》主编杜建华、副主编李远强的采访，就有关当前川剧发展等问题谈了自己的观点：

> 川剧是一个大剧种，在中国文艺史上都有很高的地位，它的辉煌历史是谁也抹杀不了的。川剧振兴，实质上是一个改革的问题。一个剧种不与时俱进、锐意创新改革，必定消亡，一个在艺术上很有根底、在艺苑颇有声誉和生命力的剧种消失了，实在太可惜了。如何把川剧艺术经典中的妙处，如文学性、幽默诙谐的趣味、独特的表演手法等结合到和现实的群众生活及娱乐性的要求上来，演化出新的娱乐行当，蜕化出新的娱乐艺术品种，这很值得重视。

春，《登故园碉楼怀亡妻刘蕙馨烈士》在《岷峨诗稿》第七十九期发表。

4 月 5 日，《文学三问》在《晚霞》第 4 期发表。

4 月 17 日，在电脑中录入文章《文艺随谈》。

4 月，著名作家、编剧黄宗江来成都拜访，作《七绝·黄宗江来川》。

6 月 10 日，作《中国共产党诞生八十五周年有感》。

6 月 15 日，作《〈中国科学院两院院士书画集〉序》。

6月24日，作《我的上海情结（之二）》。

6月24日，《党的生日有感》在《文艺报》发表。

6月，《沧桑十年1966—1976》由中共中央党校出版社出版。

7月2日，修改2002年1月8日旧文《臭豆腐干》。

7月5日，《文学创作要追求真善美》在《当代文坛》第4期发表。

8月，在三哥马士弘九十五寿辰时，为其题写苏轼诗句：

　　　　是处青山可埋骨，他年夜雨独伤神。

　　　　与君今世为兄弟，又结来世未了缘。

　　（作者注：此诗原句为"与君世世为兄弟，更结来世未了因"，马老有改动。）

在诗句后补写附语：

　　士弘三兄与我自幼同起居，共学读，来往颇密，及长，天各一方，劳思无已，退休后，来往颇密，匆匆均已逾九十，白首相聚，怡如也。今检出东坡在台狱中赠弟子由诗句，嘱我书之。

8月，为华西协中百年校庆题词：

　　　　百年不辞耕耘苦，桃李芬芳散九州。

9月15日，《有一种生活是仪式》在《语文新圃》第9期发表。

9月17日，作《书法摭言》。

9月22日，接受中央电视台采访，谈"红岩精神"。

10月6日，参加成都文殊坊名人堂揭幕仪式。

10 月 19 日，为华西协中题词：

革命摇篮求知园地，体育英才为民福绥；

继承传统与时俱进，华西协中诚笃严毅。

10 月，连环画《找红军》由上海人民美术出版社出版。

10 月，作《七律·中秋遇雨》。

11 月 4 日，作《构建和谐社会的哲学思考》。

11 月底，到北京，参加中国作家协会第七次全国代表大会。

12 月，在北京同仁医院做眼部手术。

12 月，读到老友李凌在《炎黄春秋》发表的文章《建国初期"三大改造"得失之我见》，称赞其文章"有胆有识"。

2007 年，93 岁

1 月 1 日，作《2007 年新春寄语》。

1 月 26 日，《光明日报》刊登书法：

看似平淡实奇崛，成如容易却艰辛。

1 月，作《七律·代季羡老公示》。

2 月，将《这样的人》修改意见、座谈记录，电影剧本《干一场》捐赠中国现代文学馆。

3 月 7 日，《重庆颂·寄调沁园春》在《红岩》第 2 期发表。

4 月 1 日，接到革命战友洪德铭的夫人从三亚打来的电话，得知洪德铭去世消息。

5 月 4 日，《文坛低俗化，"三头主义"大行其道》在《炎黄春秋》第 5 期发表。

5 月，作《自告奋勇写的序——〈李伯清夜话〉序》。

夏，《挽杨超同志》在《岷峨诗稿》第八十四期发表。

7 月 1 日，作《且说"联大精神"——西南联大成立七十周年纪念》。

9 月 30 日，《我认识的杨超同志》在《当代史资料》第 3 期发表。

10 月 28 日，与作家黄宗江、李致、流沙河一起参观成都市建川博物馆聚落。

2008 年，94 岁

2 月，为华西协中题词：

> 改革创新与时俱进，华西协中诚笃严毅。

4 月，作《永不褪色的记忆》。

5 月 31 日，《七言古风·凤凰曲——记汶川大地震》在《文艺报》发表。

七言古风·凤凰曲
——记汶川大地震

去冬才历冰雪苦，喜见春风入我怀。年初又弭"藏独"乱，八月奥运准时开。不意忽逢大地震，汶川惨罹亘古灾。庐舍顷刻夷平地，数万生灵化尘埃。噫吁嚱，痛我四川遭大难，举国半旗为致哀。炎黄子孙同奋起，气若长虹势如雷。军民星夜奔震区，舍生忘死施大爱。万众一心呼"挺住"，高唱"起来"又

"起来"。严冬过去是新春，风雨之后见虹彩。中华雄魂经磨砺，天不能死地难埋。凤凰浴火庆新生，地震其奈我何哉！地震其奈我何哉！

7月1日，参加何其芳研究会成立大会暨学术讨论会并发言。

7月，著名导演姜文到成都家中拜访，商谈《夜谭十记——盗官记》改编电影。

8月，作《写字人语》。

9月14日，作《寿星明·老伴八十大寿》

12月8日，参加"四川文艺界纪念改革开放三十周年座谈会"。

当年，作《长寿三字诀》。

长寿三字诀

不言老，要服老。多达观，去烦恼。勤用脑，多思考。能知足，品自高。勿孤僻，有知交。常吃素，七分饱。戒烟癖，饮酒少。多运动，散步好。知天命，乐逍遥。此可谓，寿之道。

当年，《重庆颂·寄调沁园春》在《出版视野》第4期出版。

2009年，95岁

1月16日，作《2009年新年献词》。

2月5日，《长寿之道三字诀》在《晚霞》第3期发表。

2月25日—2月27日，参加四川省文学艺术界联合会第六次代表大会，并主持开幕式。在此次会议上，再次被选为四川省文联名誉主席。

2月27日，在四川省作家协会第七届委员会第一次全体会议上，被推举为四川省作协名誉主席。

2月27日，参加四川省作家协会第七届全省代表大会闭幕式。

4月1日，作《顺口溜·忠州半城曲》。

4月5日，《致公素描》（打油诗十首，马识途—李致）在《晚霞》第7期发表。

5月，中国作家协会党组书记李冰到成都拜访马识途。

6月，作《谈灾难文学创作》。

8月11日，《杂文不要害怕"对号入座"》在《杂文学刊》（中旬版）第8期发表。

9月30日，前往成都文殊坊，参加四川民俗学家车辐九十五岁大寿。

10月7日，《国庆之际忆贺龙》在《纵横》第10期发表。

10月，作《七律·国庆六十周年有感》《沁园春·国庆六十周年感怀》。

七律·国庆六十周年有感

艰难创业六零秋，举国欢腾我献筹。

万里长征才一步，百年大计始开头。

小康初跻诚堪庆，贪腐难除尚足忧。

多难兴邦垂古训，中华崛起待新猷。

沁园春·国庆六十周年感怀

举国欢腾，佳节幸逢，六十周年，忆南征北战，金戈铁马，刀光剑影，勇往直前。嘹亮军歌，奔流热血，染得红旗分外鲜。须牢记，无艰危过去，怎有今天。

几番成败回旋，识开国非易建更难。历内忧外患，天灾人祸，山重水复，恶浪险滩。否极泰来，终丁赢得改革开放好指南。喜今日，正国强民富，无限江山。

11 月，在成都接待加拿大已故好友云从龙之子，书写条幅赠送：

　　您的父亲云从龙先生给中国人民解放斗争的热情帮助以及在华西协中所建立的深厚友谊，是永远不能忘记的。

当年，创作完成电影文学剧本《咫尺天涯（故事梗概）》。

当年，创作《闻一多颂》（参考素材）。

2010 年，96 岁

1 月 7 日，作《一枝红梅吐芬芳——徐棻艺术创作六十周年》。

1 月 15 日，参加"徐棻文艺创作 60 周年研讨会暨《徐棻剧作精选》首发式"。

2 月 7 日，修改 1992 年所作的旧文《闲话"闲话"》。

3 月底 4 月初，重回湖北恩施，并作《七律·恩施扫墓》《访恩施鄂西特委故地》《七绝·蕙馨就义地告灵》《七绝·重走蕙馨汲水小道》。

4 月 10 日，在上海见到老友李储文，并作《五律·又见李储文》。

4 月 10 日，作《晓舫新居即景》。

春，《建国六十周年感赋》在《岷峨诗稿》第九十五期发表。

4 月 26 日，参观上海世博会，作《古风·观上海世博会》。

5 月 5 日，《西窗闲文（之一）》在《四川文学》第 5 期发表。

5 月 20 日，《古风·观上海世博会》在《新民晚报》发表。

5 月 25 日，《七律·寄友人黄彦同志》。

6 月 5 日，《西窗闲文（之二）》在《四川文学》第 6 期发表。

7 月 1 日，创作《你的信仰安在》。

7 月 1 日，致信《光明日报》韩小蕙。

小蕙同志：

你好！

谢谢你给我寄来今年 5 月 21 日的光明日报《文荟》副刊，吕雷同志写的《聆听烈士的声音》，情文并茂，我几次阅读，每次都不觉潸然泪下。六十几年前的往事，又回到眼前，使我奋然命笔，把齐亮、秀英两烈士鲜为人知的事迹，还有带出烈士们最后的"嘱托八条"的罗广斌同志的更无人知道的遭遇，告诉今天的广大读者。写这样一篇文章以作补充，想必不是多余的事吧？如能在《文荟》刊出，更是我所切盼的了。

我没有想到为齐亮所救的吕坪同志夫妇尚健在，更不知吕雷同志这位作家上次和我同在北京作代会上，却失之交臂。请你将我这篇文章抄寄给他们，向吕坪、夏耘两老祝福，并向吕雷同志致谢！我虽已是进入 96 岁"日薄西山"的人，却自信还能或者说希望参加 2011 年的第八次全国作代会，在那里和吕雷作家相会。

小蕙同志，谢谢你还没有忘记我这个老人，我们虽然多年不见，我却一直关注你的文学活动，尤注意你关于散文的见解，望百尺竿头，更进一步。

今天是 7 月 1 日，党的生日，特寄此信以为祝贺。

此致

文安！

马识途

2010 年 7 月 1 日

（马识途：《马识途的来信》，《光明日报》，2024 年 9 月 17 日。）

7月5日，《西窗闲文（之三）》在《四川文学》第7期发表。

7月27日，《绿涨池塘访季翁》在（上海）《文汇报》发表。

8月2日，在电脑中录入文章《一切文学作品都是说假话吗？——虚构的典型、反映深刻的现实、假话反映真实》。

8月3日，创作《烟》。

8月5日，《西窗闲文（之四）》在《四川文学》第8期发表。

8月6日，在电脑中录入文章《文学创作》。

8月30日，创作《酒》。

9月3日，作《访杨潇幽居》。

9月5日，《西窗闲文（之五）》在《四川文学》第9期发表。

9月17日，《你的信仰安在？》在《光明日报》发表。

9月20日，经"巴蜀鬼才"著名剧作家魏明伦的介绍，与来成都参加"2010成都大书市"的作家文怀沙见面。两人的交流十分风趣，在谈及生肖文化时，文怀沙坦言："马老属马，马是最忠诚的，所以马老的人品，我那是相当崇敬！"一听此话，马识途笑道："懂马的人，不常有啊，但文老就懂！"这时，文怀沙打趣道："我属鸡，马老属马，我就经常开玩笑说，这就是马踏飞燕啊！"

9月，作《孙静轩的三句话》。

9月，《四川的茶馆》在《茶博览》第9期发表。

10月2日，在四川洪雅与文艺界人士见面。

10月5日，《西窗闲文（之六）》在《四川文学》第10期发表。

10月，重访洪雅，登瓦屋山，拜访好友高缨。作《七律·洪雅行》《七律·重访洪雅》《七绝·过高缨宅》《七绝·槽渔滩》《七绝·过花溪》《七律·登玉屏人工林公园》《水调歌头·登瓦屋山》《五律·瓦屋山》《七律·往七里坪》《五律·七里坪》。

10月，作《〈红岩版画〉序》。

11 月 5 日，《西窗闲文（之七）》在《四川文学》第 11 期发表。

11 月 15 日、16 日、18 日、19 日、28 日，《夜谭十记：让子弹飞》（选载）在《渤海早报》连载。

11 月 20 日，《让子弹飞》在《北海日报》发表。

11 月 20 日，在四川崇州参加"第二届陆游文化节开幕式"，并发表题为《陆游印象》的讲话。

11 月 22 日，在成都参加"祝贺魏明伦从事文艺 60 年座谈会"。

11 月，《夜谭十记：让子弹飞》由陕西师范大学出版社出版。

12 月 5 日，《西窗闲文（之八）》在《四川文学》第 12 期发表。

12 月 14 日，参加《让子弹飞》成都媒体见面会，创作七律书赠姜文。

12 月 12 日、13 日、14 日、《夜谭十记：让子弹飞》（选载）在《渤海早报》连载。

12 月 16 日、17 日、18 日、19 日、20 日、21 日、22 日、23 日、24 日、25 日、26 日、27 日、28 日、29 日、30 日、31 日，《夜谭十记之盗官记》在《深圳特区报》连载。

12 月 30 日，《党校笔记》在《当代史资料》第 4 期发表。

当年，《双星同陨忆往事》在《清华校友通讯》第 61 期发表。

2011 年，97 岁

1 月 1 日，《难得的欢会》在《散文》（海外版）第 1 期发表。

1 月 1 日、2 日、3 日、4 日、6 日、7 日、8 日、9 日、10 日、11 日、12 日、13 日、14 日、15 日、16 日、17 日、18 日，《夜谭十记之盗官记》在《深圳特区报》连载。

1 月 7 日，《"子弹"从何处来——〈夜谭十记〉后记》在《晶报》发表。

1月，第二版《夜谭十记》(收录《破城记》《报销记》《盗官记》《娶妾记》《禁烟记》《沉河记》《亲仇记》《观花记》《买牛记》《踢踏记》，"第十记"由《踢踏记》取代旧版中的《军训记》)由四川文艺出版社出版。

1月25日，《魏明伦赞》在《四川戏剧》第1期发表。

作《顺口溜·九十七岁述怀》。

2月5日，《西窗闲文（之九）》在《四川文学》第2期发表。

3月5日，《刻骨铭心的往事》在《四川文学》第3期发表。

3月30日，前往重庆歌乐山缅怀西南联大同学、重庆地下党战友、妹夫齐亮烈士和堂妹马秀英。

4月1日，《走自己的路——祝〈青年作家〉创刊十周年》在《青年作家》第4期发表。

4月24日，到北京人民大会堂，参加清华大学建校100周年纪念大会。

4月，作诗《清华大学百年校庆》。

清华大学百年校庆

花开桃李满春园，水木清华庆百年。

茅茨土阶思往昔，笳吹弦育羡今天。

自强不息追先哲，行胜于言望后贤。

厚德当能多容物，英才辈出谱新篇。

4月，作《七律·再度忠州故乡行》《七律·再拜白公祠》《七绝·东溪即景》《七律·赠京门老友》《七律·和沈鹏赠诗》《七律·赠沈鹏诗》。

5月4日，到北京大学参加西南联大北京校友会活动。

5月4日，《张牧之盗官记——〈让子弹飞〉原型小说》(节选)在《视野》第9期发表。

5月20日,《古风·观上海世博会》在《新民晚报》发表。

5月24日上午,前往北京朝阳门内大街后拐棒胡同拜访周有光。进门后,奉上拜门帖:

> 百岁已早过,茶寿已到门。
>
> 大师曾自许,百十一归田。
>
> 后学为预卜,百廿老寿仙。
>
> 春蚕丝未尽,传文待新篇。

及旧作诗:

> 行年九七未衰翁,眼亮心明耳尚聪。
>
> 西学中文专且博,语言经济贯而通。
>
> 无心闲侃多风趣,恣意放言见机锋。
>
> 垂老初交惟憾迟,听君一席坐春风。

在此次会面中,与周有光谈及了"中国模式"及"拉丁化新文字运动""汉语拼音"等。

5月29日,参加"首届中华辞赋北京高级论坛",并发表题为《旧话重说》的讲话。

6月5日,《西窗闲文(之十)》在《四川文学》第6期发表。

6月,《我的上海情结》在《上海采风》第6期发表。

6月,为《炎黄春秋》题字"坚持就是胜利"。

6月,《清江壮歌》由连环画出版社出版。

6月,被重庆市作家协会第三次代表大会聘为名誉主席。

7月1日,《祝贺党90华诞二首》在《光明日报》发表。

周有光（左前）、马识途（右）与作者慕津锋（左后）合影

7月1日，《纪念建党九十周年（词二首）》在《文艺报》发表。

满江红

兴我中华，九十载，峥嵘岁月。惊天地，南征北战，餐风卧雪，荒野长埋先烈骨，神州遍洒英雄血。才赢来，历史人民写，翻新页。

开新国，创伟业，民为本，情弥切。再长征，怎敢半途停歇。善始寡终股鉴在，守难取易魏徵偈。须从头检验，问谁是，真豪杰。

注：魏徵偈，初唐魏徵谏唐太宗曰："有善始者实繁，能克终者盖寡，岂其取之易而守之难乎？"

念奴娇

开天辟地，立新国，千古英雄伟业。铁马金戈思往昔，犹听蹄声得得。粤海狂澜，井冈星火，踏碎天山雪。红旗飞卷，几多先烈鲜血。

自古善始实繁，克终盖寡，应记魏徵偈。万里长征才一步，何敢中途停歇。改革创新，富民强国，内蠹除须彻。丹书千卷，重评谁是豪杰。

7月2日，《纪念建党九十周年（词二首）》在《中山日报》发表。

7月2日，《建党90周年纪念词二首》在《忠州日报》发表。

7月5日，《满江红》《念奴娇》在《中华诗词》第7期发表。

7月23日，《建党九十周年纪念词两首》在《重庆与世界》第14期发表。

7月30日，创作《立存此照》。

7月，《在地下》在《四川党的建设》（城市版）第7期发表。

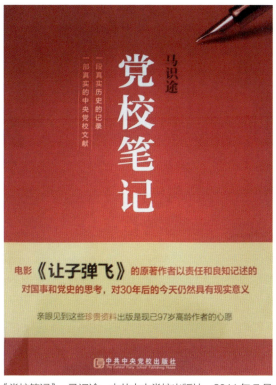

《党校笔记》，马识途，中共中央党校出版社，2011年7月

7月，《党校笔记》由中共中央党校出版社出版。《党校笔记》是马识途1980年在中共中央党校学习时所做的笔记，总计五本共二十万字，记录了当时参加党校学习的马识途及许多老同志对中国那一段历史的认识和深刻反思，以及对中国共产党的看法和希望，许多看法和意见直到现在仍然有现实意义。

8月5日，作《闲话〈让子弹飞〉》。

8月，创作《为什么有那么多的议论？》。

8月，在三哥马士弘百岁寿辰时，精心设计寿卡，并撰诗题赠"沧桑一纪谁同历，坎坷百年我自知"。

8月，三哥马士弘因心脏病突发入住医院。在安装心脏起搏器当日前往医院探望，并送上祝寿词《五古·士弘三兄病房祝百岁寿》。

五古·士弘三兄病房祝百岁寿

天地有至爱，人间有真情。白发两老翁，本是同根生。

盛情逾手足，兄弟未可分。闻兄突罹病，弟痛夜难眠。

携手病榻旁，相望泪欲涟。兄今满百岁，人瑞世所珍。

弟亦九十七，期颐指顾间。为弟祝百寿，兄当履誓言。

愿兄加餐饭，康复返家园。大限虽天定，共结来生缘。

8月，作诗《七律·士弘三兄百岁大庆》。

七律·士弘三兄百岁大庆

桂馥兰香秋气爽，亲朋满座寿期颐。

风云一纪谁同见，忧乐百年你自知。

漫道途穷水尽苦，幸逢海晏河清时。

蛰居斗室听天命，茶寿迎来岂可期。

9月，创作《猎野鸭记》《再说〈让子弹飞〉》。

9月，中国当代长篇小说藏本《清江壮歌》由人民文学出版社出版。

秋，《建党九十周年纪念词二首》《在〈岷峨诗稿〉百期纪念会上的发言》在《岷峨诗稿》第一〇一期发表。

10月5日，《西窗闲文（十一）》在《四川文学》第10期发表。

10月，作《忆秦娥·南湖赏秋》。

10月，《没有硝烟的战线》由四川文艺出版社出版。《没有硝烟的战线》是马识途根据自己和战友黎强的真实地下斗争经历创作完成的一部长篇电视文学剧本。他认为，当下一些反映隐蔽战线的影视剧，在情节和表现方式上与历史的真实有一些出入，造成了观众对地下党工作、生活的很大误解。他希望以此书纪念那些曾在没有硝烟的战线上奋斗牺牲的烈士们。

11月5日，《西窗闲文（十二）》在《四川文学》第11期发表。

11月8日，在成都参加"四川作家网"上线仪式，并表示自己将积极参与四川作家网的活动，并希望四川的作家都来上网，支持四川文学自己的平台。

11月，到北京参加中国作家协会第八次全国代表大会。

11月，作家文怀沙拜访到京的马识途。

11月，作《怀沙老来访，即就顺口溜十二句》。

12月5日，《西窗闲文（十三）》在《四川文学》第12期发表。

12月21日，参加北京中国现代文学馆举行的"马识途《党校笔记》手稿、著作等捐赠仪式"。马识途此次捐赠了他1980年到中央党校学习时所做的笔记原稿及《党校笔记》《没有硝烟的战线》《夜谭十记》《马识途诗词钞》等著作。中国现代文学馆馆长陈建功接受捐赠，并向马识途颁发入藏证书，赠送鲁迅塑像纪念品。

冬，《忆秦娥（三首）》在《岷峨诗稿》第一〇二期发表当年，作诗《祝全国九次文代会、八次作代会开幕》。

2012 年，98 岁

1月5日，《西窗闲文（十四）》在《四川文学》第1期发表。

1月5日，《出峡》《迎巴金老归》《游荒寺》《九十自寿》《初遇彭大将军于南充》《赠友人》《砚耕》《西南联大老同学京门聚饮》等诗作在《中华诗词》第1期"吟坛百家"栏目发表。

1月5日，作《2012年新年闲话》。

1月14日，参加在北京中国现代文学馆举行的"马识途作品《党校笔记》《没有硝烟的战线》研讨会"。与会的著名作家、评论家有王蒙、陈建功、张炯、仲呈祥、胡平、叶梅、阎晶明、王必胜、白烨、施战军、王干等二十余位，研讨会由中国现代文学馆常务副馆长吴义勤主持。

在研讨会上，马识途谈到当下一些反映隐蔽战线的影视剧编剧对于当时地下斗争的实际了解不多，常有违背原则和纪律，特别是组织原则和秘密工作纪律的地方。在情节和表现方式上与真实的历史有一些出入，造成了观众对地下党工作、生活的很大误解。更令人不满意的是，有的"谍战剧"不知在什么原因的催动下，一窝赶风，草率从事，艺术粗糙，歪曲历史，污损形象，令人啼笑皆非。马识途指出，"谍战无小事"，在极其危险的前线进行极复杂的战争的情报工作人员，即使微不足道的一句话、一点生活作风，都可能会给本人带来杀身之祸，以致给组织带来灭顶之灾。但是有些谍战影视剧，太不注意细节，有些编剧似乎把地下党员和国民党的特务和海外间谍等量齐观。实际上三者有质的区别。另一方面，他还发现，有的编剧把地下工作者神化了，"其实我们并非无所不能，国民党特务也不是豆腐渣，大家知道的《狱中八条》

就有一条，'不要轻视敌人'"。

他强调，革命历史斗争剧不只是"谍战剧"，它应有更广阔的天地让作家驰骋；就是"谍战剧"，也要在艺术夸张和虚构中不离原则，不违纪律，特别是秘密工作纪律，注意细节，才能有更好的"谍战剧"满足群众的艺术欣赏。

1月30日，为老友张彦《风云激荡的一生　张彦自传》作序《有志者，事竟成》。

2月4日，作《七律·别友》。

3月30日，《我看当下的谍战剧》在《光明日报》发表。

4月6日，在成都参加由中共四川省委宣传部、四川省作协主办，当代文坛编辑部、四川文学编辑部承办的"马识途《党校笔记》《没有硝烟的战线》作品研讨会"。

5月，为庆祝《郭沫若学刊》创刊100期，题词"知人论世，以民为本"。

5月，《红岩版画》由四川美术出版社出版。马识途为该书题写书名并作序。他说："如果读过小说《红岩》的读者能够再读这本《红岩版画》，能获得再一次震撼和新的艺术享受……"

6月，为再版《在地下》作《再版序言》。

8月上旬，向中国现代文学馆捐赠自己20世纪90年代的电脑。

9月21日，参加杜甫学术研讨会暨四川省杜甫学会第十六届年会，并发言。

9月，《夜谭十记》由群言出版社出版。

10月23日，创作《九九老人漫谈长寿诀》。

11月初，作《沁园春·祝中共十八大开幕》。

沁园春·祝中共十八大开幕

十月小阳，不是春光，胜似春光。正中枢盛会，全民瞩望，群英汇聚，大计同商。国力增强，黎民增富，万绪千头待锦囊。寰球望，忽风云骤变，东海振荡。

任他风雨癫狂，尽我自从容奔小康。且千帆齐放，乘风破浪，万骑并出，驰骋疆场。改革创新，以民为本，五项文明尽发扬。抬头望，看中华崛起，峙立东方。

11月16日，在四川乐山沙湾参加郭沫若120周年诞辰"郭沫若与文化中国"学术研讨会，发言《郭沫若是有争议的人物吗？》，见老友文怀沙。

12月5日，《西窗闲文（十五）》在《四川文学》第12期发表。

12月，《在杜甫学术研讨会暨四川省杜甫学会第十六届年会开幕式上的发言》在《杜甫研究学刊》第4期发表。

12月，《郭沫若是有争议的人物吗？——在郭沫若诞辰120周年纪念会上的发言》《七律》在《郭沫若学刊》第4期刊发。

七律

长夜不寐，起坐草草吟诗一首，以就教于郭沫若乐山学术讨论会诸公。

豪言怒檄谁能再，别妇抛雏岂一般。

借诗李杜藏心迹，盖棺是非待后贤。

巨椽陪都扫残雾，狂飚雷电震时顽。

可笑尔曹撼大树，江流万古日中天。

12月，被聘为《四川文学》名誉主编。

12月，创作《名誉主编》。

冬，《沁园春·祝中共十八大开幕》在《岷峨诗稿》第一〇六期发表。

当年，为四川省文联成立六十周年题词。

2013年，99岁

1月5日，《九九老人漫谈长寿诀》在《晚霞》第1期发表。

1月5日，《我当名誉主编了》在《四川文学》第1期发表。

1月12日，全美中国作家联谊会会长冰凌在成都向其颁发"东方文豪终身成就奖"。

1月17日，参加四川省文联成立60周年纪念大会暨"百花天府——四川文艺界迎春大联欢"，被授予"巴蜀文艺奖·终身成就奖"。书赠四川省文联六十周年：

> 四川文联六十周年，筚路蓝缕克难渡险；
>
> 改革开放文艺春天，百花齐放繁荣昌盛。

1月，《在地下》由四川文艺出版社出版。该书作为当年地下党的"行动指南"读物，细致地写出了当年地下党的组织架构、行动经验、工作原则。全书共分为三部分：第一部分，白区地下党工作的一般要领；第二部分，白区地下党工作的十个主要问题；第三部分，白区地下党秘密工作方法。

1月，作《顺口溜·九十九》。

顺口溜·九十九

九十九,九十九,老汉今日庆高寿。

儿孙满堂献寿酒,听我说个顺口溜。

百年沧桑曾经历,一生苦乐都尝够。

问天赤胆终无愧,且把忧患付东流。

能吃能睡还能走,能说能写更能受。

白发红颜老弥壮,登攀百域有盼头。有盼头。

注:2013年元月满九十八进九十九,作顺口溜以自娱。

2月2日,作《七律·赠冰凌先生》。

2月21日,知悉好友中国科学院院士、四川大学教授、我国塑料之父徐僖2月16日去世的消息,写下悼词:

徐僖院士塑料之父,皇家会士名传千古。

多年深交感君嶙骨,猝而长逝我痛何如。

3月5日,《获奖感言》在《四川文学》第3期发表。

3月31日,中国文联党组书记、常务副主席赵实到家中拜访。

4月1日,《七律·长夜不寐,起坐吟诗一首,以就教于郭沫若乐山学术讨论会诸公》在《青年作家》第4期发表。

4月,作诗《七绝·清明告灵》,怀念妻子王放。

5月24日,作《百岁书法展答谢词》。

5月25日,草拟《百岁拾忆》提纲。

6月,动笔创作《百岁拾忆》。

6月10日,创作《我和生活书店》。

9月1日,《郭沫若是有争议的人物吗?——在郭沫若120周年诞辰纪念会上的发言》在《中国社会科学论坛文集——郭沫若与文化中国》发表。

10月8日，作《编者的杂文手法》。

10月13日，作《我的希望》。

10月，作《采桑子二首·重阳节》。

11月下旬，通过成都市文联文艺服务中心收回《清江壮歌》影视改编权。

12月5日，《饕餮在中国肆虐》《话说"狗咬人不是新闻，人咬狗才是新闻"》《时代还需要杂文》《编者的杂文手法》在《四川文学》第12期发表。

12月9日，《百岁拾忆》完稿。

12月24日，到成都书院参加王火、李致等老朋友为其举办的百岁生日宴。对于这次聚会，马识途有自己的要求："第一，不收礼；第二，AA制，前来参加者每人出一百元钱，就当大家借我生日之际，一起'打平伙'（四川方言，凑份子吃饭）；第三，一定要把我的老朋友们约到一起。"在致答谢词时，马识途说："今天大家和我一起共度生日，我很高兴。虽然我马上满一百岁了，但我不怕老，更不服老，我还要写东西，把埋藏在我心里的那些有趣的故事都写出来。请大家监督我这个文学上的老兵。"

当天，作《七律·老友聚饮即兴》。

12月27日，为《华西都市报》题词。

冬，《祝贺第五个三中全会召开（外一首）》在《岷峨诗稿》第一一〇期发表。

2014 年，100 岁

1月3日，在四川省博物馆举行"马识途百岁书法展"，其书法义卖款项全部捐给四川大学文学与新闻学院设立的"马识途文学奖"。

1月，《马识途百岁书法集》由四川美术出版社出版。

1月，作《七律·除夕迎马年》《七律·马年除夕有感》《七律·百岁自寿诗》《寄调寿星明·百岁述怀》。

七律·百岁自寿诗

韶光飞逝竟如斯，风雨百年与日驰。

一世沧桑谁共历，平生忧乐我心知。

山重水复疑无路，海晏河清会有时。

鼓荡春风中南海，中华崛起定能期。

寄调寿星明·百岁述怀

过隙白驹，逝者如斯，转眼百年。忆少年出峡，燕京磨剑，国仇誓报，豪气万千。学浅才疏，难酬壮志，美梦一朝化幻烟。唯赢得，叹一腔义愤，两鬓萧然。幸逢革命真传，愿听令驰驱奔马前。看红旗怒卷，铁骑狂啸，风生水起，揭地翻天。周折几番，复归正道，整顿乾坤展新颜。终亲见，我中华崛起，美梦成圆。

2月7日，书法《百岁述怀》在《光明日报》刊登。

2月14日，作《顺口溜·与何（郝炬）公说"同"》。

2月，秦川、卓慧著《马识途创作与生平》由四川大学出版社出版。

3月1日，《百岁拾忆——"文革"十年沧桑》在《美文》（上半月）

第 3 期发表。

3月5日，《七律·百岁自寿诗》《寄调寿星明·百岁述怀》在《中华诗词》第 3 期"七彩人生"栏目发表。

3月15日，《马识途作品欣赏》在《美与时代》（中）第 3 期发表。

3月，《夜谭十记》由北京联合出版公司出版。

春，《百岁自寿（外二首）》在《岷峨诗稿》第一一一期发表。

4月1日，《盗官记（节选）》在《作文》（初中版）第 4 期发表。

4月1日，写《〈报春花〉（故事梗概）·前言》。

4月19日，创作《我也有一个梦——一个百岁老人的呼吁》。

5月16日，《我也有一个梦——一个百岁老人的呼吁》在《光明日报》发表。

5月24日，在北京中国现代文学馆举办"马识途百岁书法展"，并将《写字人言》《寄调寿星明·百岁述怀》《迎巴金老归》《未遭受人算天魔》《为天下立言乃真名士》《天下为公》《为天地立心》《万马齐奔》《翰墨之妙》等十幅书法捐赠中国现代文学馆。

著名作家，中华人民共和国文化部原部长王蒙发言：

　　我见过很多寿星，但我没见过像马识途前辈、马识途老师、马识途大哥这么滋润、这么匀称、这么舒服的老人，他并没有给人一种老况堪忧的感觉。……我不懂书法，但马老的隶书，我认为充满了活性，他的隶书不像古典，像今典，非常有趣味，他的隶书充满活力和趣味。……马识途先生撰的对联，我确实五体投地，我给大家读上几句他的对联。"人无媚骨何嫌瘦，家有藏书不算穷"，多口语，老百姓的话，但极其工整，境界高。这是天言，天人。就这一副对联，马识途大哥了不起。还有"能耐天磨真铁汉，不遭人妒是庸才"，看来马

2014年5月24日，中国现代文学馆，马识途（左）
向时任中国现代文学馆馆长吴义勤（右）捐赠书法作品

　　识途大哥有遭人嫉妒的经验和经历，这副对联很过瘾。还有"为天下立言乃真名士，能耐大寂寞是好作家""板凳要坐十年冷，文章不写一句空"，虽然这句话出自范文澜，但特别有针对性。还有"岁月莫从闲笔过，学问须从苦中求"，这是老人言，老年的经典、名言，"与万卷书为友，留一根脊骨做人"，马识途先生，我服您了。

　　马识途最后在百岁书法展向与会嘉宾致答谢词：

尊敬的李冰书记、铁凝主席，

尊敬的各位领导，各位作家、书法家、艺术家和朋友们：

首先，让我对中国作家协会、中国现代文学馆为我主办百岁书法展，表示衷心的感谢！其次，让我对今天拨冗光临百岁书法展的作家、书法大家和朋友们，表示热忱的欢迎和感谢，并请不吝赐教。

这次在北京为我举办百岁书法展，我感到无上荣光，同时也甚觉愧疚。其实我只是一个老作家，或者准确地说，老年作家。我的书法作品，正如我在书展会上《写字人语》中说的，虽然我习隶多年，不过是公余之暇，文学创作之余，兴之所至，信笔涂鸦，以之自娱，迄未得法，甚少可观，我从未以书法家自命。但确也有一些感受。感受之一是：中国的汉字书法，是世界未见、中国独有的文化瑰宝，有独特的艺术价值，凡读汉文的莫不喜写汉字，以求得美的欣赏，我们当珍惜这件文化瑰宝，发扬光大。感受之二是：人人习书，但想成为书法家，却非易事。我的体会是，无过人天资者、无钻研耐力者、心思浮躁者，很难成为书法家。至于欲以书法做敲门砖，求名得利者，更无论矣。感觉之三是："书贵有法"。必须学习历代传统书法，锲而不舍，打下坚实基本功，始望有成。不可未学爬便学飞，自以为龙飞凤舞，其实是鬼画桃符，决不可取。感受之四是："书以载道"。书法是一种艺术，凡艺术都要有所为而为，书法只是载体，要有思想内涵，不是为艺术而艺术。这四点感受，我想请教于书法大家们，并与学书者共勉。

这次我能得办书法展的殊荣，恐怕和我痴长百岁有关。按四川方言说，不晓得是咋个搞起的，我忽然就混到一百岁了。人们常问我的长寿之道，我都以"达观"二字和"提得起放得下"六字以对。再往深处想，恐怕又和我差不多生活了整个20世纪的经历有关。我这一百年不知经历了多少沧桑巨变，尝过了多少惊险、危难、痛苦、悲伤和欢乐，经受了多年的锻打和历练，养成了处变不惊、乐观看待人生的性格，自然就能长寿了。所以我得出一个看法，甚至是一条定律："能经受住苦难考验越多的人越能长寿。"我有一副书法对联，上联是"未遭受人算天磨三灾五难怎能叫钢丁铁汉"，一个人如钢似铁，怎能不长寿？有的朋友却对我说，我能活到一百岁，恐怕和我的家庭基因有关。是否如此，我且录此存疑。我已进入一百岁，我的哥哥已一百零三岁，还头脑清楚，写小字手都不抖。我的弟弟九十几岁了，他还骑电动自行车满街跑，自称一定可以活到一百岁，创我家三个一百岁老人的奇迹。我相信他能办到。虽然我大概是看不到了。大家来祝贺我进入一百岁，便说了这么多的闲话，姑妄言之，姑妄听之吧。

最后，我再一次感谢中国作家协会和中国现代文学馆为我主办百岁书法展，再一度感谢作家、书法家、艺术家和朋友们的光临指教。我还想说一句，我这次来北京，不是来向朋友们告别的，我还想参加下一届全国作代会呢。

谢谢大家！

5月27日，在北京接受中国作协办公厅副主任徐可采访。采访中，马识途谈到了自己对"网络文学、儿童文学、通俗文学"的看法。

当前文学有走向"三俗"，即低俗、恶俗和媚俗的这种倾向，因为金钱作为背景。"三俗文学"发展得特别凶猛，让人有点担心，这是"内忧"。"外患"，我提出来要特别注意文化霸权主义的潜在入侵。国际上的霸权主义，不管是军事还是政治上的，特别是意识形态上的，是存在的。霸权主义会首先从文化方面进行入侵，我们国家自己的文化比较深厚，要想把我们这种国家在文化这方面弱化，是不容易的，但在有些文化较弱的国家却产生了效果。虽然我国文化根底比较深厚，但是霸权主义总是用各种方式潜移默化地入侵。

我觉得，网络文学其实是个好的文学品种，影响也很大，对青少年可以起巨大的思想教育和美学享受作用，潜移默化的作用。虽然出现一些不那么健康，以至于"三俗"、黄色的网络文学，但这不是网络文学之过，相反的，网络文学是个很好的文学传播渠道。要对网络文学加以研究。

严格说起来，影视文学的重要性并不亚于网络文学，其影响比网络文学更大。但现在影视文学作家数量并不多，可以鼓励一批素养高的作家转入到写影视文学的创作上来。

……其实影视文学也是一种好的文学创作形式，影视作品对大众影响也是最大的，而现在不少电影电视剧水平并不高，这就需要更多好的有本事的作家来参与创作，写出高水平的作品。我们的生活是很丰富的，有很多东西可以写。

……

5月，作《七绝二首·谢李锐公贺诗》《七律·赠王蒙》。

5月，为四川电影电视学院题写校名。

6月6日，作《七律·北京友人再聚》。

6月9日晚上，参观北京生活·读书·新知三联书店。

6月10日，《要善于引导，也要宽容一点——网络文学一议》在《人民日报》发表。

……

当前，对于网络文学，要研究如何增强其力量、壮大其队伍、提高其艺术水平。具体而言，我认为以下几个问题比较重要。

第一，我们应该认真调查网络文学发生和发展的过程，研究网络文学和通俗文学的历史传承脉络。网络文学为什么能如此迅猛发展？青少年中怎么会有那么多"粉丝"喜爱？这需要我们思考。了解读者需要，本来就是作家的本职工作。

第二，调查研究网络文学的生产和销售环节是怎么运作的，特别是现有的网络作家的生存状况及他们的思想环境、创作特点，等等。网络文学的生产力是最中心的问题。当然，主要目的不是去调研他们的短处和缺点，而是去了解他们的技能、长处和经验。

第三，我们有作家组织和众多的有创作经验及较高文化水平的作家，应该有意识地鼓励一批有志之士下决心转入网络文学创作队伍，写出好的网络文学作品，提高网络文学的文化素养和艺术水平。

……

6月28日，参加首届"马识途文学奖"颁奖典礼，为获奖者颁奖。

6月，作《北京遇曾彦修》。

7月1日，《盗官记》在《小品文选刊》第13期发表。

7月，将《雷神传奇》《清江壮歌》《百岁追忆》三部手稿，书法《书以载道》及《秋香外传》《风雨巴山》油印资料捐赠中国现代文学馆。

8月8日，中央电视台《艺术人生》栏目组专程来到成都，前往家中拍摄。当日访谈会聚了马氏三兄弟——马识途、三哥马士弘和八弟马子超。

8月初，三联生活书店推出马识途人生百年回忆录《百岁拾忆》。

8月4日，三联生活书店在成都购书中心举办马识途、马士弘《百岁拾忆》《百岁追忆》新书发布会。为发布会题字"异翩齐飞，殊途同归"。

8月14日，向四川省图书馆捐赠《百岁拾忆》。

8月，作《七律·又见王蒙》。

9月8日，作诗《马氏兄弟歌》《先父行状颂》。

9月18日上午，在家接受《华西都市报》采访。马识途首先提到："今天是'九一八事变'纪念日啊。"他向记者讲述了1931年"九一八事变"消息传到自己读书的北平大学附属高中时的场景："消息刚传到学校，十几位东北籍的同学在操场上抱头痛哭，不少同学，包括我在内，都陪着他们一起哭。有的同学说，看来中国是要亡了，我们都会成亡国奴了。但也有的同学大声疾呼：抗日救国！我被他们感染，也跟着他们高呼。"

在谈到当下时代的青年人追求个人发展、个性张扬，但爱国主义的意识显得有些淡漠时，马识途说："现在的年轻人要追求个人发展，个性张扬，这些都没问题。这个跟爱国肯定是不冲突的，也不应该冲突。一个人的成功，需要个性发扬和个人奋斗，但是其终极价值和意义，一定与他对社会、国家、民众的贡献分不开。不只独善其身，还要兼济天下。"

他还提到，爱国主义需要践行，而不仅仅是停留在口头上："比如年轻人，在追求个人发展的同时，也要想到惠及社会其他需要帮助的人。可以研究一个符合自身条件的'爱国'的实践之道。"马识途还补充说："对于一些年轻人的思想和行动，我们要多注意引导。年长者要做好榜样，以身作则，才能让年轻人服气。"

当谈到自己的古文功底时，他说自己五岁开始读私塾："当时最喜欢的是清代学者吴乘权编著的简明中国通史读本《纲鉴易知录》，这激发了我对中国文化的热爱，增进了对中国历史的了解。我现在的古文功底就是在那时打下的。"

对于古典诗词再次受到大家重视，他说古典诗词是我们中华传统文化的宝贵财富："年轻人要注意培养对中华古典诗词的感觉，从内心深处热爱我们中国文化，这也是一种爱国主义。"

9月，《自拟小传》《我怎样写起小说来的？》《我追求中国作风和中国气派》《我也有一个梦——一个百岁老人的呼吁》《〈马识途文集〉自序》《未敢以书法家自命——百岁书法展答谢词》《马识途百岁书法集:〈寿星明·百岁述怀〉〈七律·百岁自寿〉》在《郭沫若学刊》第 3 期发表。

10 月 4 日，在电脑中录入文章《论短期意识》。

10 月 5 日，作《我这一百年》。

10 月 20 日，参加成都李劫人故居开馆仪式。

10 月 21 日，《百岁追忆》在《新华日报》发表。

10 月 28 日，接待上海浦东中学负责人，为母校题字。

10 月，为《人民文学》创刊六十五周年题字:

接人民地气，守文学天真。

10 月，作《忆秦娥·翠峨湖畔》《七绝·重访大佛禅院》。

11 月 19 日，作《百岁感言》。

11 月 24 日，参加四川省作协与四川出版集团举办的"纪念巴金诞辰 110 周年出版座谈会"。

12 月 1 日，《我的文坛往事》在《书摘》第 12 期发表。

12月5日，《文化大家谈》在《健康报》发表。

12月22日、23日、24日、25日、29日、30日、31日，《百岁追忆》在《深圳特区报》连载。

12月，再次修改旧作《沁园春·重庆颂》。

冬，《忆秦娥·峨秀湖畔（外一首）》在《岷峨诗稿》第一一四期发表。

当年，《报春花》在《中国作家》（影视版）第8期发表。

2015年，101岁

1月5日、6日、7日、8日、9日、12日、13日、14日、15日、16日、19日、20日、21日、22日、23日、26日、27日、28日、29日、30日，《百岁追忆》在《深圳特区报》连载。

1月5日，《百岁感言》在《四川文学》第1期发表。

1月22日，作《七律·新年感怀》。

1月，作《寿三公》（《七绝·赠王火》《七律·李致八五寿志庆》《七律·贺章玉钧八十寿》）《七律·百岁寄远》《七律·百岁怀远》。

七律·百岁寄远

年逾百岁意迷茫，绕膝子孙奉寿觞。

蜡烛滴红怀故友，金杯未尽泪满腔。

同舟每忆波澜阔，风夕常思风雨狂。

每读讣文肝欲裂，几人再聚话炎凉。

七律·百岁怀远

岁月飞驰驹过隙，回头便是百年身。

青春背我悄悄去，白发欺人日日生。

仰望丰碑思烈士，常闻噩耗怀亲人。

皮囊百毁未成土，清气仍将贻子孙。

春，游四川丹棱。

2月2日、3日、4日、5日、6日，《百岁追忆》在《深圳特区报》连载。

2月4日，《陪邓小平和胡耀邦打桥牌》在《百年潮》第2期发表。

3月5日，《成都文化四老自寿酦会诗四首》在《晚霞》第5期发表。

3月，作《七律·羊年元宵有感》。

4月13日，接待四川罗汉寺和泉州少林寺方丈。

4月18日，为四川丹棱谒大雅堂作《谒丹棱大雅堂》。

4月，作《七律·浣花溪春游》。

5月，《西窗札记》由文汇出版社出版。

6月18日，重庆电视台《他乡重庆人》栏目播出专访。

6月20日，端午节，与三哥马士弘、弟弟马子超相聚，即景作七律诗一首。

佳节难逢端午来，弟兄再聚指挥街。

近聋渐瞎皆残，应少语寡言相望呆。

几日相违便想念，共品粽子乐开怀。

三人昆仲众称道，再聚中秋菊花开。

夏，《感怀（外三首）》在《岷峨诗稿》第一一六期发表。

7月1日，《榴花开得火样鲜明》在《诗刊》第13期发表。

7月14日，作诗《七绝·王放四十九年祭》。

7月19日，《我的文坛往事》在《江南晚报》发表。

7月，为中国现代文学馆题字"作家之家，书卷之海"，并将《雷神传奇》（《风雨巴山》第一部）捐赠中国现代文学馆。

8月8日，在成都参加北京大学四川校友会活动，作《大学之道　修身为本》。

8月29日，《榴花开得火样鲜明》在《忠州日报》发表。

8月，作《七言排律·纪念抗战胜利七十周年》。

七言排律·纪念抗战胜利七十周年

凶焰初炽东三省，转瞬铁蹄踏国门。

万户千村鸡犬尽，江南塞北虎狼奔。

屠城白下惊天地，狂炸陪都泣鬼神。

抗战八年歼顽寇，江山万里靖妖氛。

勿忘国耻须警惕，神社有人在唤魂。

8月，《百岁拾忆》在《领导文萃》第16期发表。

9月1日，《原形》在《诗选刊》第9期发表。

9月1日，《"贾"委员视察记》《我凭什么能做一个大公务人员呢？》《解放不易，当家更难》《陪邓小平、胡耀邦打桥牌》在《共鸣》第9期发表。

9月2日，中共四川省委为其颁发"中国人民抗日战争胜利70周年纪念章"。

9月29日，前往成都书画院参加三哥马士弘一百零五岁生日宴。

秋，《纪念抗战胜利七十周年（外二首）》在《岷峨诗稿》第一一七期发表。

10月2日，应宗性方丈邀请，与李致、王火前往文殊院参观，探讨佛学教义。

10月5日，《大学之道　修身为本》在《晚霞》第19期发表。

10月5日，作《马识途诗词选·后记》。

10月28日，第二届"马识途文学奖"举办。

11月5日，《成都文化四老自寿醵会诗四首》《新年感怀》《赠王火》《李致同志八五寿》《贺章玉钧同志八十寿》在《中华诗词》第11期"感事抒怀"栏目发表。

11月7日，有感"习马会"召开，作《七绝·习马会，引习语感赋》。

七绝·习马会，引习语感赋

"打断骨头连着筋"，血浓于水弟兄情。

任他南海风波恶，我却岿然自在行。

11月，得知"西南联大三剑客"之一的李凌去世。

12月，《四川当代作家研究·马识途卷》由四川文艺出版社出版。

冬，《迎岁二首》在《岷峨诗稿》第一一八期发表。

2016年，102岁

1月19日，在家中接待成都东城根小学学生。

1月20日，《离离相思草生烟　灼灼山茶烂欲然》在《晚霞》第2期发表。

1月30日，参加四川省作家协会"2016蓉城作家迎春诗话会"。

2月，作《七律·迎猴年》。

2月，《岷峨诗侣·马识途卷》（线装本）由巴蜀书社出版。

春，《又见王蒙（外二首）》在《岷峨诗稿》第一一九期发表。

5月8日中午，闻三哥马士弘去世，作挽联《士弘三兄千古》。

鏖淞沪卫武汉斗湘鄂战石牌守国门，确是抗战八年老英雄；
隐寒门历沧桑经沉浮轻死生觉大梦，果然潇洒百岁真高人。

5月9日，送别三哥马士弘，宣读《告灵文》。

告灵文

士弘三哥：

年维丙申，时当初夏，你的两个弟弟，五弟识途、八弟子超，给你送行来了。

我们本来相约，今年中秋，兄弟相聚，为你祝贺百零五岁大寿的，你却提前告别，离开这个世界。我们今天率领全家大小来为你送行，馨香祷祝，没有祭文，也无悼诗，经你口述在全国出版的《百岁追忆》便是最好的祭文，已传扬于世。五弟只就你平生经历，写就一副挽联，为你盖棺，为你送行：

鏖淞沪卫武汉斗湘鄂战石牌守国门，确是抗战八年老英雄；
隐寒门历沧桑经沉浮轻死生觉大梦，果然潇洒百岁真高人。

三哥，你的前半生，英勇抗战，精忠报国；你的后半生，忍辱负重，服务人民。可以说，你仰不愧于天，俯不怍于人，于家于国，无悔无愧，虽非完人，可称善士，忠诚公民。从昨天开始，为你送行的人众之多，可以证明。不仅你的亲朋好友，你的子孙后代，还有地方党政和你参加的民主党派，以及全国各地关爱抗战老兵志愿者团队或个人，都派人或来电向你馨祝，为你送行。成都以至全国不少媒体，亦前来采录报道，以示追念，更有数以千计的民众在这些相关的报道下跟帖，表示对你的敬重和悼念……士弘三哥，这都是对你的论定，你可以欣慰地向大家告别，安然成行了。你的两个弟弟，你的家人，你的友好，将永远怀念你。

士弘三哥，走好！尚飨！

（马识途：《告灵文》，《马识途文集·盛世闲言》，成都：四川文艺出版社，2018 年，第 201—202 页。）

5 月 18 日，参观四川文化产业学院，并赠书。

5 月，作诗《贺李锐公百岁寿》。

6 月 5 日，《天意怜芳草　人间重晚晴》在《晚霞》第 11 期发表。

6 月 16 日，"飞虎队"老兵格伦·本尼达的后代，儿子爱德华·本尼达和孙子若斯华·本尼达，与老兵迪克·帕斯特的儿子迈克尔·帕斯特偕夫人，从美国到成都，看望马识途。

6 月 20 日，《职业革命家马识途》在《晚霞》第 12 期发表。

6 月，迁新居，搬至成都金牛区信息园。

7 月 5 日，《正道夕阳无限好，何愁光景近黄昏》在《晚霞》第 13 期发表。

7 月 9 日，好友李致、魏明伦前往新居拜访。

7 月，央视《艺术人生》暑期特别节目《人生课堂》来到成都家中，与年轻作家张皓宸畅聊人生。

9 月 15 日，作《忆秦娥·中秋欢聚》《忆秦娥·迎翠兰归》。

9 月 22 日，第三届"马识途文学奖"举办。

10 月，被重庆市作家协会第四次代表大会聘为名誉主席。

12 月初，与家人去四川西昌。在邛海边，创作古体诗《西昌美》。

12 月 7 日，参加四川国际文化交流中心第四届理事会第一次全体会议。

12 月 28 日，中国作协副主席、著名文学评论家李敬泽，到成都拜访马识途，提前祝其一百零三岁生日。

12 月 29 日，被四川省作协推举为第八届名誉主席。

12 月 29 日，经四川省文学艺术界联合会第七届主席团第一次会议通过，被推举为四川省文联第七届名誉主席。

12 月 31 日，与好友王火、李致等人聚会。

12 月，旧作《五老游桂湖》在《郭沫若学刊》第 4 期发表。

2017 年，103 岁

1 月 14 日，著名语言学家、"汉语拼音之父"周有光逝世。

1 月 20 日，写信向四川作家致以新年问候：

> 作家同志们好，我委托侯志明同志向大家拜年，祝新年快乐，创作丰收，阖家安康。

1 月 25 日，接待青年作家张皓宸。

1 月 31 日，作《祝李储文老友百岁寿》。

2 月 3 日，作《摘报附言·引言》。

2 月 10 日，为纪念北京老友周有光，创作《怀念周有光老人》一文。

怀念周有光老人

我认识周有光先生很晚，慕名已久却无缘识荆。一日在京和老友张彦（《今日中国》原副主编）说起，恰他是周老旧友，于是便引我去周老家拜访。我们寻寻觅觅，终于在人民文学出版社的背后找到了坐落在后拐棒胡同的一幢旧楼，这便是周老家所在地。我们沿楼内陡梯而上到三楼，走进周老的家，来到他窄狭的书房。书房两壁书架的中间，靠窗有一张三尺小桌，周老坐在桌前一边的椅子上。经介绍后，他请我在他对面的木凳上落座，那是一个陈旧的凳子，我坐上去只听得叽叽咯咯一阵响，很担心会把凳子坐垮了，周老似乎并不在意。

虽然当时我和周老是初次见面相识，可他却如见老友一般，像摆家常放言恣肆地高谈阔论起来，语多幽默机智，言人之未能言，言人之未敢言，使我大开脑筋。

周老说他本是研究经济的，1955年周恩来总理把他从上海调到北京，到文字改革委员会，改行研究语言学，创制汉语拼音字母……他慨然道：人生失意莫自悲，逆顺祸福本相依。山穷水尽似无路，柳暗花明又一村。笑说："塞翁失马，焉知非福。"我们问他长寿之道，当时他已近百岁，他幽默地说，大概上帝把他忘记了吧，一直没有召唤他。引得大笑。他说，古来皇帝为了长寿，没有不去求仙的，可哪一个活过一百岁？现代许多富豪人家，总是怕死，其实怕死才是催命鬼，任你花钱吃名贵补药，甚至求神拜佛，但有几个活到一百的？关键是人到百岁不言老，真到点不请自去，如此达观，才能长寿。

我听了周老关于人生哲学的至理妙言，感佩无已。回来后作了一首七律诗，写成书法，连我的文集十二卷送给他。我的七律诗是这样写的："行年九七未衰翁，眼亮心明耳未聋。西学中文专且博，语言经济贯而通。随心闲侃多幽默，恣意放言见机锋。垂老初交惟憾晚，听君一席坐春风。"周老看了很高兴，把我纳入他的朋友行列。他每出版一本书，都要签名寄我一本，前后已有三四本，都是文短而意长，言浅而思深，其中一些幽默而略带辣味的话语，更启人思考。我还把周老的长寿之道融入我与家兄马士弘斟酌写成的《长寿三字诀》中，据说此三字诀经报刊登出后，不胫而走，全国流传，实在是转述周老的要言妙道而已。

后来，我只要去北京，必争取去看望他，每次一见面，必大放"厥辞"，互相交流切磋。还记得大约是他年已愈百后的某一年，我已经有九十八岁了，到北京后去看望他，仍是一如既往，放言恣肆。说到不言老却偏言老的话题，我随口念了我作的顺口溜："老朽今年九十八，渐聋近盲唯不傻。阎王有请我不去，小鬼来缠我不怕。人生能得几回搏，栽个筋斗算什么。愁云忧霾已扫尽，国泰民安乐无涯。"他听后拊掌大笑，如一顽童。

现在周老走了，我那与我一起共同拟的《长寿三字诀》兄长也在他进入一百零五岁那年走了。我今年已进入一百零三岁，却还老是想起周老的人生哲学和长寿之道，不自惭形秽，也不是鲁迅说的那种无聊之人，借死去的人不能说话之机写纪念文章以自炫，我已近瞎渐聋，还摸索着执笔写这篇纪念文字，了我心愿而已。

马识途

2017 年 2 月 10 日

（马识途:《怀念周有光老人》,《光明日报》,2021 年 1 月 22 日。）

初春，完成三十万字《人物印象——那样的时代那样的人》。这部书稿大部分是用电脑创作。因每天不停地在电脑前赶稿，马识途眼睛中途出了问题，不得已入院打针。在治疗过程中，医生一再建议要多休息，少用电脑。但为了将自己记忆中的珍贵往事赶紧记录下来，他不愿半途而废，又重新拾起了笔，手写完成了剩下的书稿。

春，《浣溪沙·新居即景（外一首）》在《岷峨诗稿》第一二三期发表。

4月13日上午，到四川省图书馆参加"'百岁文脉，世纪书香'——著名作家马识途捐书仪式"，向四川省图书馆捐赠部分古籍、手稿以及书法作品。

5月8日，《寄调满江红·人民解放军建军九十周年》在《人民日报》发表。

6月27日，接受新华社四川分社社长惠小勇采访。在采访中，马识途谈到他对青年作家的希望，他说四川青年作家很活跃，苗子很好，但要多读书，读好书，作为作家的基本修养要一生坚持。青年作家不能浮躁，要踏踏实实训练基本功。

8月4日，到成都购书中心参加《王火文集》首发暨捐赠仪式，作《七律·赠王火》。

七律·赠王火

淡水之交数十春，潭深千尺比汪伦。

同舟共度风雨夜，相见无言胜有声。

9月中旬，前往峨眉山。

秋，《满江红·建军九十周年（外二首）》在《岷峨诗稿》第一二五期发表。

10月19日，为贺即将到来的西南联大八十周年庆，作诗《西南联大八十周年大庆》。

西南联大八十周年大庆

烽烟万里启征程，桢干移枝到春城。

茅草为顶遮雨露，泥墙作屋听书声。

笳吹弦诵依前彦，继晷焚膏望后生。

八十周年逢盛世，同圆两梦万年春。

11 月 1 日，在北京举行的西南联大八十周年活动上，托友人赠送《西南联大八十周年大庆》书法作品。

11 月 6 日下午，中国作协主席铁凝到家中拜访。

11 月 11 日上午，参加 2017 中国科幻大会和第四届中国（成都）国际科幻大会。

12 月 5 日，《我有的是终身遗憾》在《青年作家》第 12 期发表。

12 月 12 日，第四届"马识途文学奖"举办。

2018 年，104 岁

1 月 18 日上午，在一百零四岁生日即将到来之际，四川省文联党组书记、常务副主席平志英赴马识途家中看望，为马识途送上生日祝福。马识途表示，他时常关注《四川文艺报》，关注四川省文艺动态，对四川省文联的积极工作表示赞赏。马识途寄语四川省文艺"出作品、出人才、走正路"，勉励文艺工作者勇攀艺术高峰。

1 月 19 日，创作七律诗《百零四岁自寿》《百零四岁自警》。

百零四岁自寿

亲朋醼饮怡何如，回首烟云过隙驹。

壮岁曾磨三尺剑，暮年未悔五车书。

砚田种字谋新获，皓首穷经隐旧庐。

犹道夕阳无限好，奋蹄驽马奔长途。

百零四岁自警

年华背我悄然逝，转瞬寿登百逾三。

美梦难圆余遗憾，鸿图待展万民欢。

初心不改更坚劲，使命记牢勇承担。

百里之行半九十，只争朝夕莫辞难。

1月23日，入选天府成都·十大文化名人。

1月，完成《夜谭十记》续篇《夜谭续记》。

3月22日，参观成都龙泉驿巴金文学院。进入陈列馆，他让人把自己从轮椅上扶下来，对着巴金的塑像三鞠躬，鞠完躬说："巴老，我来看你了。"

4月，《文学应该是一种有方向感的写作》在《红旗文摘》第4期发表。

5月5日，参加四川新华文轩在四川科技馆举行的"格致书馆"开馆仪式，并为书馆揭牌。

5月25日，《彰显社会主义文艺的中国特色——一位百岁作家的心声》在《人民日报》发表。在文中，马识途谈道：

　　……我今年已进入一百零四岁了，年老体衰，已无力在文学创作上再做贡献，但我和一些"心存魏阙常思国，身老江湖永矢志"的老作家一样，对中国当代文学特别是创作思想的走向，寄予深切的关注。……我以为中国的作家都应该在自己的创作中彰显这样的中国特色，而要彰显这样的中国特色，就需要识知和协调以下三个关系：文学与资本的关系，雅文学与通俗文学的关系，文学的思想性、艺术性和娱乐性的关系。……

5月，《马识途文集》（十八卷）由四川文艺出版社出版。第一卷长篇小说《清江壮歌》，第二卷长篇小说《夜谭十记》，第三卷长篇小说《巴蜀女杰》，第四卷长篇小说《京华夜谭》，第五卷长篇小说《雷神传奇》，第六卷长篇小说《没有硝烟的战线》，第七卷《中短篇小说》，第八卷《讽刺小说及其他》，第九卷长篇纪实文学《风雨人生》，第十卷《沧桑十年》，第十一卷《百岁拾忆》，第十二卷《盛世二言》，第十三卷《盛世闲言》，第十四卷《未悔斋诗钞》，第十五卷《笔记　史料》，第十六卷《文论　讲话》，第十七卷《序跋　游记》，第十八卷《毛泽东

《马识途文集》（十八卷），马识途，四川文艺出版社，2018年5月

诗词读解》。

6月5日,《马识途作品》在《四川文学》第6期发表。

6月9日,《彰显社会主义文艺的中国特色——一位百岁作家的心声》在《学习活页文选》第24期发表。

6月23日,《没有硝烟的战线》导演及制作团队拜访马识途。

6月24日,"《马识途文集》首发暨赠书仪式"在成都四川省图书馆举行。

7月13日,《半路与文学结缘》在《中国新闻出版广电报》发表。

7月,作《夜谭续记·后记》。

8月24日,中国作协副主席、中国现代文学馆馆长李敬泽,四川省作协主席阿来,四川省作协党组书记侯志明拜访马识途。谈论新文学如何更好地继承传统文学——现代诗对古代诗的继承、现代小说对章回体小说的继承等。

9月,《彰显社会主义文艺的中国特色》在《红旗文摘》第9期发表。

10月3日,乘坐高铁从成都到北京。

10月10日,在中国现代文学馆举办"马识途书法展暨《马识途文集》北京首发式",并将《勿忘初心》《告白》《中国共产党建党九十七周年纪念》《颂小平》《朱德颂》《抗战七十周年》《劳动创造世界》《悼念周总理》等十幅书法捐赠中国现代文学馆。

当天,中国作协副主席张炯、北京大学教授严家炎等好友百人齐聚中国现代文学馆,共同出席"马识途书法展暨《马识途文集》北京首发式"。活动开幕式由第九届中国作协副主席、中国现代文学馆馆长李敬泽亲自主持。

著名老作家,原中华人民共和国文化部部长王蒙致辞:

他是中国文化的吉兆，是人瑞，是中国的国宝，是四川的川宝，是作家协会的会宝。他的书法凝聚着自己的人生思索和艺术追求，"能耐天磨真铁汉，不遭人妒是庸才""人无媚骨何嫌瘦，家有诗书不算穷"等诗句，透出了百岁人生阅历练就的通透与豁达。

识过人间风雨书生志气亦文亦武，途经天下坎坷老马胸怀能饭能书。

马识途在致辞中谈道：

我这个年逾百岁的老人这次趁高铁之便，坐轮椅到北京来参加"马识途书法展暨《马识途文集》发布会"，是为了来表白我的感谢之情、惭愧之意和终身之憾。

首先我衷心感谢中国作家协会为我主办这次书法展和文集发布会，感谢中国现代文学馆、四川省作家协会、四川新华出版发行集团、四川文艺出版社、四川新华文轩出版传媒股份有限公司、四川新华文化公益基金会（现四川出版发展公益基金会）、西南联大北京校友会参与承办和协办此次活动，感谢四川文艺出版社为我精心编辑出版了《马识途文集》共十八卷。同时，我还要感谢所有今天到会的嘉宾和朋友，谢谢你们的厚爱，并请不吝赐教。

从我已出版的文集和已展出的书法作品来看，没有多少能受青睐的出色作品，只可说是没有滥竽充数，或金玉其外败絮其中，但在艺术上可称上乘之作的还是很少，至于传世之作却没有一部。所以从严格意义上说，我只能说是一个业余作家，而书法家则未敢自称，现在作品到北京来展览，我的确感到愧不敢当。这就是我要来表白的原因。

至于说到终身之憾，我深有感触。我曾被授予终身成就奖，但我一直都说，我没有在艺术上的终身成就，我只有终身遗憾。为什么如此说呢？我入党八十年，几乎经历了整个20世纪，这是一个大动荡大变革的时代，既有波起云涌的大革命，也有波诡云谲的复杂社会现象。我所经历的各种生活，所见所闻所思所感，各种波澜壮阔、千奇百怪的事件和人物，这都是极好的创作素材，然而我没有能力也没有机会创作出能够反映那个大时代的较好作品，那么多好的故事，只能从我的记忆仓库里淡化和消失。这就是我的终身遗憾。现在我们又面临更为壮观的新时代，新的人物和故事层出不穷，我期盼着后来的作家，在新时代中国特色社会主义思想引领下，写出这个伟大的时代发生的新故事和涌现出的英雄人物，留下传世之作。

有人问我，你经历了那么多复杂的事，承受了那么多压力，写了那么多东西，你到底是怎么想的？今天我在这里回答，我们到这个世界上来，总还要做点什么吧！我的身体到现在都比较好，我平常在家都能随便走动，要不是前几天摔了一跤，我今天会走着来跟你们说话。另外，我好吃。睡觉呢？我是每天到了晚上九点，一定要睡觉，一上床，不到五分钟我就睡着了，第二天早上九点我才醒。睡醒之后呢，我会进行锻炼，比如头部运动和自创的体操。……我得过两次癌症。第一次牺牲了一个肾，后来阎王又派了兵来找我，我就带话给阎王，我不去，不去，就不去。阎王就又让我得了肺癌。医生说，这么大岁数，不能开刀，不能化疗，只能姑息疗法，意思就是等死嘛。我才不等死，我要继续干下去，结果又成功了，肺上的阴影不见了，医生都觉得奇怪，我说，我和癌症打仗，它落荒而逃了。……我就是要告诉大家，我活到现在，与我的乐观态度是很有关系的。

而对于多年来，大家问他为什么还不停下来，还在继续写的问题，马识途坦言："我今天就来回答，我们到这个世界上来，总还要做点什么事情吧！这就是我的性格，我也因此得以长寿。"

10月15日早晨，在家属陪同下乘坐高铁返回成都。

10月19日，《马识途：没有终身成就　只有终身遗憾》在《文艺报》发表。

10月22日，都江堰作家王国平前往家中拜访，并将都江堰市文物局编辑的《都江堰市馆藏楹联书法集》和自己的随笔集《灵岩山传》赠送给马识途。

10月24日，到成都天府新区、郫都区战旗村、绵阳京东方光电科技有限公司、四川九州电器集团有限责任公司、东方汽轮机有限公司考察学习。

11月25日，在《四川戏剧》第11期发表题词。

世界大舞台真真假假真事作假
舞台小世界假假真真假戏真做

冬，《参观某国防大厂作（二首）》在《岷峨诗稿》第一三〇期发表。

2019 年，105 岁

1月1日，创作《寿登百五自寿诗》。

寿登百五自寿诗

华年背我悄然去，回首烟云意若何。

壮岁曾磨三尺剑，平生喜读半楼书。

砚田种字谋新获，墨海腾波隐旧庐。

犹道夕阳无限好，奋蹄驽马终识途。

1月4日，《我的人生观：乐观和战斗》在《百年潮》第1期发表。

1月8日，第五届"马识途文学奖"在四川大学举办。

1月8日，创作《寿登百五自寿词》。

寿登百五自寿词

寿登百五兮日薄山，蜡炬将烬兮滴红残。

历尽沧桑兮犹自在，文缘未了兮终身憾。

回首风云兮无愧怍，浮名浪得兮皆幻烟。

三年若得兮天假我，党庆百岁兮希能圆。

1月18日，"凌云苍松——马识途105岁书法作品展"在成都诗婢家美术馆举行，并印刷《凌云苍松——马识途105岁书法作品集》。

1月29日，在家中接待四川省文联党组书记、常务副主席平志英。

3月18日，著名作家王蒙前往成都拜访马识途。

3月28日，前往四川大学参加"四川大学马识途文学奖学金捐赠签约仪式"。在仪式上，马识途亲自签署文件，将书法义卖所得一百零五万元捐赠给四川大学"马识途文学奖"，并建议将"马识途文学奖"改名为"青苗文学奖"。

随后，在四川大学党委副书记曹萍、党委宣传部部长徐海鑫、对外联络办公室主任荣建国等同志的陪同下，参观四川大学"江姐纪念馆"。

四川大学"江姐纪念馆"是在原国立四川大学女生院旧址上打造，占地五百余平方米，用以纪念以著名的红岩英烈江竹筠（即江姐）为代表的六十七位川大英烈，集中展出了他们在四川大学读书期间所形成的珍贵档案和照片。与江姐一起在渣滓洞牺牲的女英烈马秀英（马识途的堂妹）、李慧明，以及马识途的爱人，中共四川大学地下党组织恢复后的第一任支部书记王琴舫（王放）等都曾经在这里生活、居住和从事革命活动。马识途饶有兴趣地参观了展览，并不时就相关内容、陈设等与校史办公室副主任王金玉同志进行深入交流。

春，《寿登百五自题二首》在《岷峨诗稿》第一三一期发表。

4月28日下午两点，在成都锦江剧场参加"笔吐玑珠·心怀时代——徐棻艺术生涯七十周年系列活动"，并为徐棻题诗：

> 笔吐玑珠墨生香，诗心才情任飞翔。
>
> 耄耋不老还笔耕，天府剧坛永芬芳。

4月，《找红军》《在地下》由四川文艺出版社再版。

6月20日，前往四川大学参加《李致文存》新书首发式，并发表讲话。马识途认为李致所写的巴金，具有不可替代的研究价值。

"我认为，谁要研究巴金，李致的书写是不可绕过的。"

在现场，马识途谈到李致时曾表示："我们曾一起在文学战线上工作，而且是前后同样的一个工作岗位，互相传承下来的，所以《李致文存》出版，我怎么能够不来祝贺呢？"马识途说李致文学卷里面的许多文章，凡是自己能找得到的全都读过。"他这些文章平实、清淡、优美，别有情趣。你别看他有一些写的是小人、凡人、小事，事实上每一个小题目的后面实际上都可以读出他是有大的一种理论，大的一种思想。从里面可以得到许多启发。"马老题诗两首赠好友李致：

看似平淡实奇崛，成如容易却艰辛。

好书何妨百遍读，挚友不可一日忘。

夏，《满江红·建党九十七周年纪念（外二首）》在《岷峨诗稿》第一三二期发表。

6月，散文集《西窗琐言》由江苏凤凰文艺出版社出版。在这部散文集中，马识途寄语年轻人，谈杂文写作，评生活百态，尽显风趣幽默、智慧豁达。

6月，当得知川剧青年演员虞佳荣获第29届中国戏剧梅花奖时，提笔书写七言诗："川剧又登打擂台，天府红梅再度开。红花自有绿叶扶，梅树更由众手栽。廿朵红梅不嫌多，且待下届喜讯来。"赠为祝贺。

7月，为中国作协创立七十周年题诗。

文章清似水，气宇峻如山。

7月5日，《找红军》在《红岩春秋》第7期发表。

7月17日，《马识途：人生百年　初心未改》在《光明日报》发表。

9月6日，在峨眉山疗养期间，作排律八韵《峨眉峨秀湖即景》诗一首。

峨眉峨秀湖即景

峨眉山下来驱暑，峨秀湖边且小休。

杂草青青迷曲径，桂花隐隐散香幽。

老榕立地垂胡须，古木参天隔市畴。

凫鸟无踪没旧侣，群鹤号唤得新俦。

闲亭快阁仍清静，曲槛回廊接小楼。

同来同恬同寻乐，同餐同堂尽白头。

身远江湖无挂碍，待圆两梦有良谋。

正道峨秀风物美，得悠游时且悠游。

9月18日，《我爱我的祖国》在《人民日报》发表。在文中，马识途感慨："光阴似箭，日月如梭。仿佛转瞬间，我已经跨过一个世纪，进入一百零五岁了。回首百年岁月，既如梦如烟，又历历如在眼前。""置于百年沧桑的历史里，新中国成立七十周年是多么来之不易，有太多值得记住的故事。""在我生活过的一百年里，中国发生了多少翻天覆地的变化，中国人民为争取民族独立、国家富强而进行的革命是多么悲壮，又是多么绚丽！有多少慷慨悲歌之士，多少壮烈牺牲之人，多少惊天动地之事，都可以作为我们加以提炼与展现的文学素材。遗憾的是，我写出的只是这丰富素材中的一小部分。"对于当下的文学界后生，他报以殷切的希望："伟大时代呼唤伟大作家和伟大作品。时代永远是需要文学和作家的。如果我们拿出人民喜闻乐见的文学精品来，人民永远是欢迎的。因此，我始终怀抱乐观的态度关注文学界。"

9月20日，获得中共中央、国务院、中央军委颁发的"庆祝中华人民共和国成立70周年"纪念章。赋诗一首：

七十年风雨历程改革开放不忘初心，

十三亿艰苦奋战民富国强牢记使命。

9月20日，为《人民日报》（海外版）"我的国庆记忆"专刊题词"爱我中华"。

9月20日，《我爱我的祖国》在《忠州日报》发表。

9 月 25 日下午，中国作协党组书记、副主席钱小芊在中共四川省委宣传部、四川省作协相关领导陪同下，前往家中看望马识途，并代表中国作协颁发《从事文学创作七十周年荣誉证书》。接到证书后，马识途感慨道："我的文学创作，真的经历了七十年！我一个半路出家的业余作家，竟然写了七十年。"

9 月 29 日，与"放飞梦想——四川大学青春歌会"现场连线，并为四川大学学生题写"爱我中华"。本场歌会是一场情感共建的青春仪式，是一次彰显家国情怀的"青春盛典"，让人们感受到了新时代中国青年学生的爱国情怀。马识途在视频连线中，讲述了自己珍贵的青春记忆。他说："我原来并不叫马识途，原来叫马千禾，就是在参加共产党的宣誓大会上，在马克思的相片前，我要改我的名字叫马识途。因为从我参加了共产党，我就认为我已经找到了人生的道路了，从我入党一直到解放为止，我一直给自己定下了一个信条——相信胜利，准备牺牲。每一个人，都可以努力地成为英雄，这种英雄，是集体英雄，是和群众密切联系的英雄，是有创造精神和牺牲精神的这样一种英雄。最后我还想送给全国大学生一幅字——《爱我中华》。"

10 月 10 日，接受《故事里的中国·烈火中永生》节目视频连线采访，谈及自己当年在国统区的地下斗争以及与罗广斌的交往，并给《故事里的中国》题字："登山不落同人后，做事敢为天下先。"

10 月，《我爱我的国家》在《民主法治建设》第 10 期发表。

11 月 5 日，为《芙蓉双鸭图》《秋艳图》《苏州拙政园》《江峡霁色》诗塘的题诗"影动惊芙蓉，双鸭入画来""金秋鸣禽，繁花似锦""名园流韵，山水清音""巴山蜀水，气象万千"在《四川文学》第 11 期发表。

11 月 11 日，为贵州已故老作家蹇先艾题写《蹇先艾全集》书名。

11 月 14 日，为《华西都市报》题词：

我对于华西都市报情有独钟，

办得好，很好看。

不断在创造新的版面，新奇的内容，特有创造性。

11 月 16 日，前往成都锦江宾馆，参加四川新华出版发行集团、百年艺尊（北京）文化传播有限公司合作签约暨纪录片《百年巨匠——马识途》开机仪式。央视 CCTV-1《晚间新闻》栏目、四川卫视《四川新闻》栏目、四川经济卫视、四川日报、成都日报、人民网、光明网、中新网、中国网、腾讯、搜狐、四川新闻、四川作家网等媒体对开机仪式予以报道。

在现场致辞中，马识途讲道："作为当事人，我向这个节目制作组的编导及全体工作人员致以衷心的感谢。说实在的，把我列入如此众多著名人物的百年巨匠行列之中，并为我制作专题节目，我虽感到荣幸，但也觉得惭愧。……我走过的这一百年，正是中国大动荡、大改组、大革命的时代。在这个时代里，我能投身革命，成为中国共产党的一员，成为职业革命家，深感自豪。作为一个已有八十一年党龄的老党员，我曾经历过十分复杂曲折、九死一生的地下革命斗争，也在共和国成立后，转战多个岗位，参加了筚路蓝缕、艰苦卓绝的建设新中国的工作。这一百年中，我有我的失败与成就，失落与希望，眼泪与欢笑，痛苦与快乐。"

对于这次《百年巨匠——马识途》的拍摄，马识途说："我相信节目组一定能够从我百年的生活中，选取真实的细节，做出真实的节目，并从这一个小小的侧面反映这百年来中国的社会变迁。……我写有一句诗句：'若有三年天假我，百岁党庆或有缘。'我会继续乐观地活下去，看到我们党成立一百周年的那一天。"

随后，马识途还即兴作诗一首，表达自己的心情。

风烛摇曳近残年，浪得浮名未自惭。

忽地抬升成巨匠，敬陪末座也胆寒。

11 月，马识途说自己还有一个心愿："我想着写出一本书，关于中国现在的文字和过去的文字，追溯字源。"

12 月 5 日，为《马鸡图》《青城奇峰图》《双松图》诗塘的题诗"绿野仙踪，丹青流韵""入蜀方知画意浓""阳骄叶更荫，岁老根弥壮"在《四川文学》第 12 期发表。

12 月 28 日（腊月初三），马识途迎来自己的一百零六岁生日。好友王火、李致等人一起为其祝寿。马识途赋诗一首：

生年不意进百六，老友酿餐祝寿觞。

近瞎近聋惟未傻，能饭能卧尚健康。

有心报国少贡献，无意赋闲多词章。

若得两年天假我，百岁党庆共琼浆。

冬，《峨眉峨秀湖即景》（排律八韵）在《岷峨诗稿》第一三四期发表。

2020 年，106 岁

1 月 13 日，为青羊美术馆题写馆名。

2 月 21 日，《借调忆秦娥·元宵》在《光明日报》发表。

2 月，书法《借调忆秦娥·元宵》在《现代艺术》第 2 期发表。

3 月，《借调忆秦娥·元宵》在《现代艺术》第 3 期发表。

6 月 21 日，审阅《马识途百岁感悟——笑傲人生》书稿。

6 月，《夜谭续记》（上卷：夜谭旧记《狐精记》《树精记》《造人记》

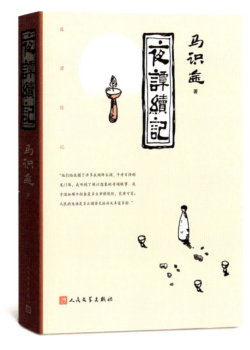

《夜谭续记》，马识途，人民文学出版社，2020年6月

《借种记》《天谴记》；下卷：夜谭新记《逃亡记》《玉兰记》《方圆记》
《重逢记》《重逢又记》）由人民文学出版社出版。

　　7月2日，题写书名"寻找诗婢家"。

　　7月5日，发布《封笔告白》，正式宣布封笔。

　　我年已一百零六岁，老且朽矣，弄笔生涯早该封笔了，因
此，拟趁我的新著《夜谭续记》出版并书赠文友之机，特录出
概述我生平的近作传统诗五首，未计工拙，随赠书附赠求正，
并郑重告白：从此封笔。

　　并附赠五首传统诗：

自述

生年不意百逾六，回首风云究何如。

壮岁曾磨三尺剑，老来苦恋半楼书。

文缘未了情无已，尽瘁终身心似初。

无悔无愧犹自在，我行我素幸识途。

自况

光阴"逝者如斯夫"，往事非烟非露珠。

初志救亡钻科技，继随革命步新途。

三灾五难诩铁汉，九死一生铸钢骨。

"报到通知"或上路，悠然自适候召书。

自得

韶光恰似过隙驹，霜鬓雪顶景色殊。

近瞎近聋脑却好，能饭能走体如初。

砚田种字少收获，墨海挥毫多糊涂。

忽发钩沉稽古癖，说文解字读甲骨。

自珍

本是庸才不自量，鼓吹革命写文章。

呕心沥血百万字，黑字白纸一大筐。

敝帚自珍多出版，未交纸厂化成浆。

全皆真话无诳语，臧否任人评短长。

自惭

年逾百岁兮日薄山，蜡炬将烬兮滴红残。

本非江郎兮才怎尽，早该封笔兮复何憾。

忽为推举兮成"巨匠"，浮名浪得兮未自惭。

若得二岁兮天假我，百龄党庆兮曷能圆。

　　7月24日下午，四川省作协主席阿来拜访马识途。见面后，马识途对阿来说："你现在处于创作的高峰期啊，佳作不断。"他特别谈到阿来的新作《云中记》，并提到了"灾难文学"。马识途认为，中国所经历的灾难有很多，但灾难文学没有多少好的作品。阿来的《云中记》，在这方面做了一些深入探索。虽然自己因为眼睛不好没能读完《云中记》，但是他阅读了大量关于这本书的文学评论："评论里的认可，也是我的认可！"

　　稍后在提及自己的封笔之作《夜谭续记》时，马识途很想听阿来的看法。阿来笑道："你看，这不是考我嘛，本来我上周就要来看你，但是，新书都没读，不好意思来啊！"阿来说自己专门抽空阅读了其中三篇，看完之后觉得写得好，"这不光是马老说的四川龙门阵传说啊！这是将《笑林广记》《官场现形记》《儒林外史》的那种写法，结合四川龙门阵写出来，很深刻，如果结合《夜谭十记》来看，更有意思！"

　　阿来透露，自己还从书中学到几个多年来一直没搞清楚的四川方言中的字："一个是'蜡波头'，一个是'耍交'，经常听到，就是不晓得字咋写。"蜡波头，像蜡一样光亮的波浪式大背头；耍交，玩遍。"这下我知道怎么写了，马老又让我长知识了。"

　　闲谈间，马识途拿出几张稿纸告诉阿来，自己又写了几首古体诗，桌子上还摆着他上午写的书法作品。他向阿来透露了一个自己未了的心愿："你知道我的革命经历，我一直在想，藏族和汉族人民之间融合，他们的感情、友谊。长征时，有很多生在雪域高原的孩子，我曾经有个打算，想搞个电影《雪山姊妹花》，讲述寻找革命后代的故事。两姊妹长征时一个留在了当地，几十年之后，她们久别重逢……我连提纲都写过，但我做不出来了，我希望……"阿来立刻表示："马老，我来做，我们来做。《雪山姊妹花》以后做出来，就在片子上打出'灵感来源：马识途'。"听到这儿，马识途连连点头。

在交谈中，马识途谈到自己很想听别人谈谈自己这部封笔之作的读后感，阿来承诺："马老，我来组织，给你开一个小型的研讨会。我来邀请作家、评论家，大家一起坐下来，聊一聊。""什么时候啊？"马识途期待地说。阿来直言："10月！凉快一些，方便你老人家出门的时候，我们开一个马识途封笔小说研讨会。"

告别时，阿来特别叮嘱马识途要注意身体，保持良好的休息。

9月9日，在四川文艺出版社副总编宋玥的陪同下，参观了四川文艺出版社每个编辑室。

10月9日，因旧疾"痛风"复发，到华西医院住院治疗。

10月10日晚上，在医院为11日举办的"马识途《夜谭续记》作品研讨会"题写书法"博观约取　厚积薄发"。

10月11日，由中国作家协会指导，中国作家协会创作研究部、四川省作家协会、人民文学出版社和四川日报社联合主办的"马识途《夜谭续记》作品研讨会"在成都举行。中国文联主席、中国作协主席铁凝出席并致辞。马识途本计划出席研讨会，但因为旧疾复发，未能到场。他委托家人带来他的答谢词，深情寄语本次研讨会顺利召开。

我没有想到有这么多嘉宾济济一堂，光临《夜谭续记》作品研讨会，特别是中国作家协会铁凝主席亲临指导，我深受感动，不知用什么语言以表达我的感激之情。用我们四川话来说，我硬是不晓得是咋个搞起的，我竟然活到一百零六岁，现在还能说能写，没有成为痴呆，看样子还准备继续活下去。我更是不晓得咋个搞起的，年逾百岁，还能进行文学创作，写出了不太满意的《夜谭续记》这本小说。这本小说正如我在序言中说的，不过是四川人用四川话摆龙门阵，作为茶余酒后的谈资的《野叟曝言》之类的通俗小说而已。这显然不是一本成熟的作品，不足以进入作为当代文学主流的雅文学的行列，当然也不入时新的网络文学的类型化小说之流，不过是继承从古到今的传统通俗小说之余绪的俗文学作品。而且和古典著名通俗小说相比，无论质与量，相去何能以数里计，只是这本小说具有四川地方文学的特色，主要的是和四川茶馆文化的渊源相关。四川茶馆和茶馆文化是颇有特色的，它蕴涵了各色各样的人物形象，有特异的民俗民风，有千奇百怪的故事、传说，有丰富多彩的幽默谐趣的语言，这些无疑都是小说创作取之不尽的素材。我所作的《夜谭》小说就是受润这些素材的结果，只是取用得粗疏一些。所以这本书可以说是四川的茶馆文学。

四川的茶馆文学，造就了两位著名作家，就是沙汀和李劼人。沙汀的《在奇香居茶馆里》，李劼人的《死水微澜》，都是历来有口碑的。我就是跟随他们的后辈，我的也热心于四川茶馆文学式的创作《夜谭十记》，也曾热闹过一阵。但是时代大变，人事皆非，随着四川茶馆文化的变质，所谓"茶馆文学"自然也逐渐式微，在读者群里消逝了。现在有多少人还会去关注那些陈古八十年的旧人凡事呢？我的这本的《夜谭续记》或许可以说是我为四川茶馆文学发出的最后哀叹吧。

当然四川文学一直是比较有特色的地方文学，将永远保持四川特色，有四川味儿。不过，"味儿"是一个看不见、摸不着、说不明的词，到底什么是四川的文学味儿，说实在的，我还真说不清楚。《夜谭续记》这本书实际是一本我没有写好且不入流的小说，却多承各位作家、评论家热心点评研讨，我受益不浅，在此我再一次向大家表示衷心的感谢。

会议结束时，马识途通过视频连线致辞，向与会嘉宾表达了诚挚的谢意。在视频中，马识途用普通话说："大家好，我感谢各位嘉宾光临盛会，我因有病住了医院，没有到会，我在此向诸位嘉宾表示深切歉意，祝大家身体健康，家庭幸福！"

11月25日，参观杜甫草堂。

11月30日，参加在成都金牛宾馆举行的《没有硝烟的战线》主创交流会。该片为中国共产党成立100周年献礼。在见面会上，马识途谈道："我没有想到，年逾百岁的我，在有生之年，还能看到我写的《没有硝烟的战线》被改编并开始拍摄成电视剧。"马识途介绍说，《没有硝烟的战线》小说是根据其朋友黎强的英雄事迹，结合自己当年做地下党工作时所见所经历的人和事编写而成的。"当年，黎强在对我讲述了他在潜入国民党特务机关十年之久得幸凯旋的故事后，曾对我说过，他们很希望有更多的机会让更多的人了解当年我们地下党所从事的艰苦卓绝、九死一生的斗争生活和坚贞不屈、视死如归的斗争精神，理解我们为之所付出的鲜血、眼泪、痛苦和迎来胜利的欢乐。在这条没有硝烟的战线上，地下党员们前赴后继，献出自己的青春和生命，甚至还要忍受亲友们一生的误解。更有的人到牺牲也没有留下他们的真实姓名，连坟墓在哪里都无从知道。"同时，马识途在观照近年来反映隐蔽战线的影视作品后表示，有些作品由于不了解当时的社会情况，更不了解隐蔽战线的活动规律和斗争情况，以至于造成对当年地下党斗争生活的误解。更有的追赶潮流，哗众取宠，胡编乱演，有辱隐蔽战线的英雄形象。"我相信，在大家的共同努力下，一定可以拍出一部较好反映隐蔽战线英雄和烈士战斗精神的电视剧，用以纪念那些曾在没有硝烟的战线上奋战牺牲的烈士们。"

交流会上，马识途向主办方赠送了亲笔书法题字"酌奇而不失其真，玩华而不坠其实"。

2021 年，107 岁

1月5日，成都诗婢家美术馆馆长赵文溱来访，商谈书法展事宜。

1月11日，入选"2020《天府周末》年度致敬作家榜"。评委会认为：

> 在 2020 年，一百零六岁的马识途封笔之作《夜谭续记》由人民文学出版社出版，引发文坛巨大反响。同年10月，马识途《夜谭续记》作品研讨会在成都举行，中国作协主席铁凝出席并致辞，来自全国文学评论界、出版界的专家学者，从不同角度分析研究马识途封笔之作《夜谭续记》，深度探讨马识途的"龙门阵"文学的语言艺术和现实意义。为一百零六岁高龄的作家开作品研讨会，放眼中外文坛，都是罕见的盛事。与此同时，由马识途作品《没有硝烟的战线》改编的电视剧也在 2020 年11月举行发布会，在发布会上，马识途表示："我相信，在大家的共同努力下，一定可以拍出一部较好反映隐蔽战线英雄和烈士战斗精神的电视剧，用以纪念那些曾在没有硝烟的战线上奋战牺牲的烈士们。"一位百岁高龄的作家，笔耕不辍，取得如此喜人的文学成就，堪称楷模，令人感佩，值得致敬！

1月13日上午，四川省作协党组书记、常务副主席侯志明来访。侯志明代表四川省作协和四川作家们祝福马识途第一百零七个新年好，马识途直言："让你来，不是让你给我拜寿，是想让你春节前开会时，代我向作家们问好！我年龄大了，不方便和作家们见面，你代我问个好，祝福他们新年好。我还写了个'福'！"该"福"字右上角写有"牛年向全省作家拜年并祁"，落款"百〇七岁马识途"。

在交谈中，马识途提及了自己今年的两个心愿："今年7月1日是党的一百岁生日，我去年说希望看到共产党一百岁生日，不知道能不能赶上。""今年中国作协第十次全国代表大会应该开了，不知道什么时候开，你帮我打听一下，我想去北京参加，我已经参加了九届，这次去和大家告个别。"临别时，侯志明由衷地祝福马老："盛世人瑞多，仁者福而康。"

1月15日，农历腊月初三，在家中过一百零七岁生日。此前每年这一天，马识途都会与至交好友在一起"打平伙"聚会吃饭。今年因为身体原因，一年一度的聚会取消不搞，但仍有两位好友李致和朱丹枫邀约上门。

马识途与李致、朱丹枫交流了很多。交谈结束时，李致说："基本上百分之九十的时间，都是他在讲。状态非常好，脑子非常清楚。虽然比我大十多岁，但我觉得他比我的脑子还清楚得多。他跟我们讲他以前的事情，参加革命的事情。还提到希望参加今年中国共产党成立100周年的庆典，希望参加第十次作家代表大会（中国作家协会第十次全国代表大会）。"马识途还与李致谈到三年前，自己曾给李致写了一副他自创的对联书法，祝贺李致乔迁之喜："一生清贫双手洁，平生夸富满楼书。"今天他对李致说，他觉得三年前这副对联，平仄不太好，准备修改几个字，征求李致意见，李致欣然同意。

马识途还与自己的好友出版人朱丹枫谈起，他从研究的甲骨文中，又精选挑出二百多个字进行进一步分析讲解，用于科普。

当天，马识途不仅吃了长寿面，还品尝了家人专门为他预订的抹茶蛋糕，其状态和心情都很不错。

1月21日，在家中阅读四川省地方志工作办公室编辑出版的《巴蜀史志》期刊。

1月22日，四川人民出版社社长黄立新与编辑蔡林君专程拜访马识途。黄立新坐下后不久，马识途便与之聊起自己在西南联大中文系往事，谈起自己的老师罗常培、唐兰、朱德熙、王力等先生。随后，马识途提到他曾一心想做学术，想成为一名语言文字学家，但因为当时地下工作的原因，他错过了好几次可以在甲骨文上做更深入研究的机会。马识途特别提到："2019年11月，我在家里看到甲骨文发现120周年纪念座谈会，习近平总书记致信嘉谕致力于传承弘扬甲骨文等优秀传统文化的专家学者们，坚定文化自信，深入研究甲骨文的历史思想和文化价值，并提出要确保甲骨文等古文字研究有人做、有传承。我看到甲骨文研究大有进步，欲为甲骨文普及效力。"在交谈中，马识途与四川人民出版社达成在该社出版自己多年甲骨文研究专著的协议。

这部甲骨文研究著作，主要包含了上、下两卷和附录等内容。上卷为《马识途拾忆》，下卷为《马氏古字拾忆》，附录《马识途甲骨文形训浅见》等。在上卷，马识途回忆了他当年在西南联大古文字学专业求学时，罗常培、唐兰、朱德熙、王力等先生讲授的古文字学，尤其是唐兰先生的甲骨文研究精髓，同时记录了他当年对部分甲骨文的研究，以及他现在对甲骨文做的形训注解。

1月，为阿来题写"阿来书房"。

2月5日上午，在家中接待四川省文联党组书记、常务副主席平志英。

2月7日，在《故事里的中国——青春之歌》中，接受节目连线采访，讲述了自己在上海参加"一二·九"学生运动的情形。

"一二·九"学生运动，可以说是我一生的转折点，也可以说是所有青年生活的转折点。"一二·九"学生运动，1935 年冬天在北平爆发以后，这消息很快就传到了上海。上海地区许多的中学、大学都积极参加了活动。我当时是上海浦东中学的一个学生。我们准备到日本军营抗议，当时日本人排着队伍，举着枪一直对着我们，并拿出了铁丝网。这样我们到日本军营里面去，看似就办不到了。但是同学们非常奋进，大家继续往前走，走到铁丝网的时候，许多人就往上扑。不管这铁丝网怎么拦，大家就是往前扑，那真是流血。大家都拼命干，我们踩着铁丝网继续往前冲。这种情况确确实实是我一生当中很难见到的，青年们是如此的奋进。我们的爱国青年，真是非常英勇的。

2 月 24 日，《四川日报》记者肖珊珊陪同四川省作协主席阿来看望马识途。在交谈中，马识途拿出一本台历，上面是他新近作的甲骨文研究笔记。阿来看后感叹："这是珍贵的手稿啊！"并直言希望能协助马识途将该手稿出版。

2 月，题写"邵仲节美术馆"，让成都诗婢家美术馆馆长赵文溱转交邵仲节。

3 月 3 日，致信四川人民出版社社长黄立新。

四川人民出版社黄立新社长：

你们编辑工作很忙，辛苦了，谢谢。

有几件事请考虑：1. 书名由你们定，我意叫《甲骨文拾忆笔记》。2. 原序言（1—6 页），我想抽调。我另写了序言稿送来，请酌。3. 草稿上写的甲骨文太差，可否都用红字，找标准甲骨文字编入。4.原稿错别字请校改。5.编成稿本请待定稿前，交我复看一下。

　　谢谢。

马识途

2021 年 3 月 3 日

　　3 月 9 日，在家中与成都诗婢家美术馆馆长赵文溱挑选书法，为 6 月庆祝中国共产党成立 100 周年在重庆的个人书法展做准备。

　　3 月 19 日，由四川日报全媒体主办的"追光 2020 天府人物星光盛典"活动在成都举行，马识途当选"特别致敬人物"。其颁奖词如下：

生命传奇、革命传奇、文学传奇，铸就百年风骨

　　是革命者，也是文学家，在百年的时间轨迹中，写出一段生命的传奇。用革命的力量，也用文化的力量，在百年未改的初心里，表达出一名共产党员的理想信念和爱党爱国之情。他在 106 岁高龄仍笔耕不辍，出版《夜谭续记》，创造世界文坛奇迹。

　　今天，我们向马识途老人的道德精神、文化人格和生命历程，致以最崇高的敬意。

　　3 月 22 日，四川人民出版社编辑蔡林君来访，商谈马识途甲骨文著作校稿情况。

　　3 月 23 日上午，四川人民出版社社长黄立新到访，双方商谈马识途首部甲骨文著作的最新修改意见。黄立新落座后，马识途拿出最新写的甲骨文形训浅见笔记本。马识途一边翻阅他的第二本甲骨文笔记本，一边对黄立新说道："上次把书稿给你们之后，我又继续解读，这次解读的字更全面、更准确，可以把之前的全部替换了。"马识途在笔记本上写着"重读甲骨文说解"七个大字。马识途首部甲骨文著作正式定名为"马识途西南联大甲骨文笔记"。自从1月22日把书稿交给四川人民出版社之后，马识途又重新读了现今市面上几乎所有的甲骨文专著，并对甲骨文从头至尾进行了详细梳理和解读。其批注之细致、解读之全面，让黄立新叹道："马老一百零七岁高龄，博闻强记，思维敏捷，精益求精，完全靠回忆在不到两个月的时间里又写了如此多的内容，实属罕见，难得难得。"黄立新向马识途介绍，书稿的编辑出版正按照之前制订的编辑出版计划紧锣密鼓地推进。除了原件扫描、文字录入、专业人士甲骨文撰写、文字梳理、甲骨文插入等流程外，出版社已经进行了多次仔细的审稿。目前，上、下两卷的初稿已成雏形，附录则需要再把马识途今天所给的最新修改内容加进去，整个书稿就完整了。"我们将尽最大的努力，争取让此书尽快面世。"

马识途听后很高兴，他提醒责任编辑："你们审完后要出版前我还要再看一遍，必须再看一遍，不能有差错……""我这个书不是什么高深的甲骨文学术书，就是给大家科普一下甲骨文，供大家消遣读的。"说完，马识途握着责任编辑的手说："你们做这个书很辛苦，我要给这个书题写书名。"

当天，该书序《我和甲骨文》，全文刊登在《封面新闻》。

凡是认识马识途我这个人的朋友，都说我是革命家、作家和书法家。革命家我认可，我到底为革命入死出生贡献过一点力量；说我是老作家，只承认一半，我只是为革命呐喊写过几本书，只能说是一个业余作家；至于说我是书法家，大概只是因为中国作协和四川省作协等单位曾分别在北京和成都为我办过几次书法展，且我将其中三次义展所得全数捐出资助了寒门学子的原因吧。

七十几年过去了，竟没有一个朋友知道我曾在西南联合大学（北京大学、清华大学、南开大学三校组成）学习和研究过甲骨文。我现在才把我和甲骨文这段因缘告诉我的朋友。

1935 年冬，北京学生发起了"一二·九"救亡运动，全国响应，在上海的我也参加了这个救国活动。1937 年抗日战争爆发，我在湖北省委党训班结业后，由当时的中共湖北省委组织部长钱瑛同志作为介绍人和监誓人，在武汉加入了中国共产党，我将自己的名字改为"马识途"，宣誓终身革命，永不叛党。此后，我成了职业革命家，以革命为职业，担负着地下党各级领导机构中的重要工作。

1941 年初，由于叛徒告密，国民党特务逮捕了中共鄂西特委书记何功伟和我的妻子——中共鄂西特委妇女部长刘蕙馨，他二人不久后牺牲，我的女儿也下落不明。我因外出视察工作侥幸得脱，潜往重庆向南方局报告，组织上同意了我报考西南联大，要我在昆明隐蔽，等待时机。

我如愿考上了西南联大外国语文学系，后转入中国文学系。根据我党提出的"勤业勤学勤交友"的"三勤方针"，我在西南联大一方面参与地下党工作，担任了西南联大党支部书记，一方面在全国著名大家学者的门下勤学苦读。我曾选修了文字学大家唐兰教授所开的"说文解字"及"甲骨文研究"两门课程和陈梦家教授所开的金文（铜器铭文）课程，颇有心得。四年后我大学毕业，获得学士学位，正欲继续深造，却得到中共中央南方局通知，调我离开了昆明。我作为共产党员，遵守党的纪律，奉命执行，只得放弃了在西南联大的学术研究，并将所有相关的笔记文稿付之一炬。此后，冒险犯难，九死一生，战斗到 1949 年末，迎接全国解放。

新中国成立后，我奉命从政，从此在党政群大大小小单位任领导职务，载沉载浮近七十年，精业从事，未敢他骛，遂与甲骨文绝缘。但常回忆当年，大师们谆谆教诲，念念不忘，无可奈何。

离休之后，在文学创作的闲暇时，竟就回忆当年所及，开始撰写《甲骨文拾忆》，尤其是 2017 年我的封笔之作《夜谭续记》完稿后，更是投入了关于甲骨文、金文在内的古文字研究，写出《拾忆》两卷，藏之书箧，未敢示人，一任鼠偷虫蠹。

2019 年 11 月，忽见报载，纪念甲骨文发现 120 周年座谈会在北京举行，颇多专家学者参加并得到习近平总书记致信嘉谕，鼓励研究古文化、学识古文字，方知甲骨文研究，大有进步，并提出在大中学生中科普甲骨文。我一见报道，兴奋无已，欲图效力。四川人民出版社社长黄立新也以为此乃甲骨文研究七十年历程笔记，虽有缺失，非常珍贵，很有价值，决定出版。我闻讯欣喜，冷藏多年的甲骨文笔记终于出世了，这或许可算是对七十多年前西南联大诸位大师谆谆教诲的厚爱吧。

马识途　时年百〇七岁

（马识途：《我和甲骨文》，《封面新闻》，2021 年 3 月 23日。）

3 月 28 日，校阅完毕《马识途西南联大甲骨文笔记》。当天编辑蔡林君来家取稿。马识途告编辑蔡林君，书稿里的那些甲骨文最好是放字典里正规的甲骨文，后面排好后一定要再给他审阅。

3 月，为《马识途西南联大甲骨文笔记》写《后记》。

纪念甲骨文发现120周座谈会开幕，众多甲骨文研究学者热情参与。会上有学者提出"科普甲骨文"的主张，在我国中小学生和大学生中推广中华文明传承的载体——甲骨文。我作为一个曾在西南联大众多大师门下小有所成后又弃学七十余年的学生，得此信息，兴奋不已还心血来潮。于是我开始重操旧业，重读甲骨文，随读随做笔记，经过七十余年之后，重温这门绝学。

这本甲骨文笔记，回头一看，虽然基本未脱当年西南联大甲骨文课所作笔记的窠臼，但是我本想尝试对原稿查漏补缺，特别是就唐兰教授的一些独立见解加以补充。对科普甲骨文或有点帮助，结果有负众望，未能实现。

这次重读甲骨文，我又将甲骨文进行分类，选取我曾认读过的甲骨文中的一部分字，照我设计的顺序，按简体、繁体、甲骨文、拼音、《说文解字》、唐氏新解等，逐次写出，力求易认易解。分类照唐兰教授常说的"以人为中心"，如人与自然、人与家庭……

我雄心勃勃，却才力不够、年老体衰，已无法实现这个心向往之的"科普甲骨文"项目。

但我这个人又不甘心，偶然翻到几页甲骨文列表（闻一多先生所遗），其中将汉字源流用科学的方法非常简明地呈现出来了。它在我的心中留下了深刻的印象，至今记忆犹新。这几页甲骨文列表，随时提醒我要继续我的老师们的名山事业。于是我又把我选的一些汉字的甲骨文等古文字，分字写出，以便于后学者解读。对西南联大课堂上大师讲授的古文字的回忆与对古文字的说解，也许是我这个老人所能做的最后一件功德的事吧。请大家斧正！

（马识途：《马识途西南联大甲骨文笔记·后记》，成都：四川人民出版社，2021年，第272—273页。）

3月，为四川老作家书画院题写院名。

3月，《马识途文集》（精编版）七卷（《没有硝烟的战线》《百岁拾忆》《沧桑十年》《中短篇小说》《风雨人生》《夜谭十记》《清江壮歌》）由四川文艺出版社出版。

3月底，在家中接待李致及《封面新闻》记者张杰。

3月，为四川日报举办的"追光2020天府人物星光盛典"题字"追光"。

4月—6月，创作小说《最有办法的人》。

4月，作诗《满江红·中国共产党成立百年志庆》。

满江红·中国共产党成立百年志庆

建党百年，航指向，千秋伟业。回首望，几多苦战，艰辛岁月。十亿神州全脱贫，万亿超百真奇绝。应记取，环视犹眈眈，金瓯缺。

定方向，划长策，大开放，深改革。肃党风政纪，更当严格。船到中流浪更高，登山半道须防跌。十四忆，奋勇齐前行，尽豪杰！

4月20日，参加四川省人民代表大会常务委员会机关离退休省级干部党支部活动，前往成都东郊猛追湾社区、万象城、和美社区等参观。

4月23日，世界读书日，应四川省全民阅读活动指导委员会办公室之邀，通过视频方式，分享自己阅读与生活的关系。在视频中，马识途谈道："读书是我生活当中不可分开的一部分，我的生活必须要读书。因为我要学习知识，要取得对世界的认识和了解。所以我要读各种各样的书。但我也并不是读乱七八糟只是消遣的书。"在谈及自己的阅读经验时，马识途说："我现在是读一些很重要的报纸。关于中国革命历史经验方面的书，我读得比较多一些。而且我觉得读书读得杂一点会比较好。所以我也要读一些中国古代文化方面的作品、古典诗词等。我希望青年人应该要多读一些书。像《史记》《红楼梦》《三国演义》《水浒传》那些，都很好，以及外国的一些经典名著，也应该读。"

5月4日，接受《封面新闻》采访，首先寄语青年：学习、探索、进步、创造。当《封面新闻》询问："如果有机会回到过去，您希望回到哪一年？"马识途毫不犹豫并郑重其事地回答："我这一生认为自己最幸福的时光就是在西南联大，入学的那一天，是我最高兴的时候。"

5月19日，四川省档案馆负责人来访，将1949年12月底中共川西地下党会师大会签名红旗复制件及马识途为地下党同志介绍工作的两封高仿件送交马识途。

5月21日，编辑蔡林君再次拜访马识途，商谈《马识途西南联大甲骨文笔记》封面设计等问题。马识途建议封面使用龟甲上有甲骨文的图片。得知蔡林君5月3日专门为五四青年节写了一篇文章，题目是《马识途：107岁的"斜杠青年"》，新华社做了报道，阅读量达到100万+，马识途不停地点头。他指着蔡林君需要他处理的问题清单以及第三部分稿子，信心满满地说："这个稿子，我一天就可以看完。"

5月29日，编辑蔡林君再次拜访马识途，取书稿。马识途说："我把所有问题都解决了，很多问题是很难查的。"编辑蔡林君打开书稿，看到自己前几天提出的近一百个疑问，马老都用笔在书稿上一一批注说明，字迹工整，每个问题都给出了详细解答。马识途对蔡林君说："那个字典字很小，但是我都一个个地认真查证了的。"

当蔡林君问马识途"字以群分，物以类聚"中第一个字是"方"还是"字"时，马识途拿出木盒子装着的《段玉裁注说文解字》，把那句话找到。他在批注上写："此我本欲引用王念孙写《说文解字注序》'方以类聚，物以群分'，但我故意改'方'为'字'，以申我义。是否校正为

'字以类聚，物以群分'，请酌。"其后，马识途拿出几本杂志，指着其中的一个封面说，可以选用这个有兽骨龟甲的。

6月3日，《讲述革命故事　弘扬红岩精神》在《人民日报》发表。

6月5日，芒种，在二女儿马万梅、大儿子马建生陪同下出门。

6月7日，四川文艺出版社总编辑张庆宁携《马识途文集》（精编版）来访，并在新书上签名。

6月14日，端午节，在家中与成都马氏后人团聚，谈起2015年与三哥马士弘、弟弟马子超端午相聚的情形，作词一首：

> 端午节，阖家团聚思亲节。思亲节，亲人远去阴阳相隔。犹忆当年端午节，兄弟聚首过佳节。过佳节，同吃粽子相看欢悦。

6月19日下午两点，《魂系中华——马识途书法展》在重庆市文联美术馆开幕。本次展览由四川省文联、四川省作协和重庆市文联、重庆市作协联合主办，中共重庆市忠县县委宣传部、重庆市文艺家活动中心协办，成都诗婢家美术馆承办。考虑到身体健康原因，马识途未能赴重庆参加书法展。但他亲书《告白》：

> 重庆是我的老家，在重庆举办我个人书法展，这是我百岁后的一个心愿。承蒙四川省文联、作协，重庆市文联、作协与诗婢家合作，在建党百年之际，为我在重庆举办书法展和召开我的书法作品研讨会，对此，我很感动并表示深深的谢意。我本欲前往重庆参加书法展和研讨会的，……而我一因高龄二因身患肺癌正在治疗，……所以我不得不非常遗憾地打消亲自前往重庆的念头，只能派我的女儿马万梅代表我参加这个活动了。恳请各位领导、文艺行家予以谅解，我不胜感激之至。

马识途委托女儿马万梅和侄儿马万信代其在开幕式上向四川省作协、四川省文联、重庆市作协、重庆市文联、中共重庆市忠县县委宣传部赠送了自己的书法作品，以表谢意。

6月22日，获得四川"天邑杯"全国诗词大赛"特别荣誉奖"。获奖理由：他是四川省诗词学会主要创会人，也是中华诗词学会创会人之一。他的传统诗词无论是从用韵、平仄、对偶、格律，都体现出音韵和谐。字里行间尽显其语言的生动幽默，充分表达了爱国爱民的思想情感。此外，他的诗词写景抒情、起承转合恰到好处，情景交融的议论脉络清晰，对于意境的提升、志向的表达，信手拈来，读来畅快淋漓，意犹未尽。虽已进一百零七岁，仍在写诗，难能可贵，作品阅后实在是叹为观止。

6月，《魂系中华　马识途书法作品集》由诗婢家编辑印刷。

6月，为《魂系中华——马识途书法展》书写《告白》。

　　余自幼学隶临池汉碑，垂九十载，因未得神韵，无大进步。及长，忙于公务及文学创作，未亲翰墨。惟公余之暇，兴之所至，偶操笔墨以自娱耳，迄未敢以书法家自命也。

　　今正当党庆百年之际，四川省文联、四川省作协、重庆市文联，与著名诗婢家合作，于重庆市举办余之书法展。余感佩之余，尤多惶愧，兹敦请书界同仁及至亲朋好友光临赐教，余不胜感激之至。

二〇二一年六月

写字人马识途谨白　时年百〇七岁

6月，为"陈俊卿纪念馆"题与馆名。

7月1日，上午收看庆祝中国共产党成立100周年大会直播。观看结束后，谈及自己的感受时，写道："我是马识途，我今年已经进入107岁。我是1938年入的党，我在入党誓词所许诺的义务和责任，已经实现了。"

7月，《百部红色经典·清江壮歌》由北京联合出版公司出版。

7月，为庆祝中国共产党成立100周年，书写对联：

> 心存魏阙常思国，身老江湖仍矢忠；
> 开疆建党仰先彦，强国富民待后贤。

9月11日，在成都家中接受《百年巨匠》栏目组采访拍摄。

9月30日，烈士纪念日，前往四川大学祭拜曾与他一起并肩战斗过的家人和朋友，并参观四川大学"中国共产党在川大百年历程专题展"。上午到达四川大学后，首先前往四川大学革命烈士纪念碑，深深鞠躬后走上台阶，在碑后仔细观看碑上名字，当看到熟悉的名字时，他告诉家人："这是妹妹马秀英，这是江竹筠……"当看到"何懋金"的名字时，他遗憾地对周围人念叨："让他们不要联系……结果三个都被捕了。"随后，他向烈士纪念碑敬献鲜花。

在拜谒完纪念碑后，在家人陪同下，马识途坐轮椅前往位于四川大学体育馆的"中国共产党在川大百年历程专题展"。看见妻子王放照片时，马识途一句话也没说，只是停在前面，笑着观看许久。在另一张"1948年，四川大学部分中共地下党员在文学院前合影"照中，马识途拉着女儿马万梅，让她给自己指出照片里王放的位置，并凑近仰头端详。

在家人指引下，马识途还找到黎明合唱团、云从龙等朋友照片。对着云从龙的照片，他回忆："当时王放办报，就是他提供的设备。"在看黎明合唱团的照片时，他说："当时，黎明合唱团的人非常活跃！"

当看到"1949 年成都解放时，川大组织迎接解放军进城"照片，他端详照片许久，遗憾地说："可惜，没照到学生背着写有'天亮了'的牌子。"

望着他们，马识途说："他们永远活在我的心里！"

10 月，国庆期间，收到《马识途西南联大甲骨文笔记》样书并审阅。

10 月 17 日，中国文联、中国作协主席铁凝到家中拜访。马识途再次表达希望能前往北京参加中国作家协会第十次全国代表大会的愿望。

当天，四川省作协主席阿来到家中探望。马识途与阿来分享了他的新样书《马识途西南联大甲骨文笔记》。马识途表示："这本书终于出来了，我很开心！"阿来直言："您还说要封笔，我说您封不了吧！"

10 月 21 日，编辑蔡林君送来正式印刷的新书《马识途西南联大甲骨文笔记》。马识途非常高兴，他拿出放大镜，从封面、版权页、封底到正文、图片仔细浏览，赞叹道："没想到你们把这个书做得这么漂亮，我非常满意。"浏览完后，他端详着书说："很好，不论从编辑还是装帧，都是做得非常好的，我很满意……这本书是我所有书中装帧最漂亮的。"

11 月 2 日，四川省作家协会第九届主席团第一次全体会议在成都举行，马识途当选四川省作协第九届主席团名誉主席。四川省文学艺术界联合会第八届主席团第一次全体会议在成都举行，马识途当选四川省文联第八届主席团名誉主席。

11 月 2 日，《马识途西南联大甲骨文笔记》由四川人民出版社正式出版。铁凝、李敬泽、阿来三人联手推荐该书。

铁凝推荐语："这部《马识途西南联大甲骨文笔记》见证了马老对汉字及其承载的博大传统经久不磨的挚爱深情，更见证着一位革命作家如金如石、坚不可移的文化自信。"

《马识途西南联大甲骨文笔记》，马识途，
四川人民出版社，2021 年 10 月

　　李敬泽推荐语："马老不老，他一直是在西南联大课堂上'识字'的
那个学生。那时他已是一位中共地下党员，革命的青春与古老的文化心
心相印，留下了这部笔记，也为壮阔的中国革命留下了一个意味深长的
传奇。"

　　阿来推荐语："105 岁，《夜谭续记》出版时，他说封笔了。我说怕
是封不了。果然，107 岁的马老又出新书了。因为青春的记忆像火燃烧。
地下工作，革命是他的青春。西南联大，甲骨文也是他的青春。这本书
好，不只是说文解字，还是一个时代的文化记忆。美好回忆，从文字源
头，从形义之间，从容展现。"

　　11 月 11 日，收到《马识途西南联大甲骨文笔记》正式出版新书。

当天，便为中国文联主席、中国作协主席铁凝，中国作协副主席李敬泽，四川省作协主席阿来签名赠书。

当天，收到人民出版社送来的样书《那样的时代，那样的人》和出版社为该书打造的限量版书票。

12月9日，马识途在家中录制视频，预祝中国作家协会第十次全国代表大会胜利召开，并写下："我是马识途，我是一个快满一百零七岁的老作家，我本来是想来参加第十届全国作家代表大会的，但因特殊情况，不能到会，十分遗憾。在这里，我衷心祝贺第十届作家代表大会取得圆满成功。"

当日，作诗《调寄沁园春·第十次全国作代会开幕致贺》，贺中国作家协会第十次全国代表大会在北京召开。

调寄沁园春·第十次全国作代会开幕致贺

齐放百花，争鸣百家，盛会空前。看俊男秀女，京城雅聚，老风新雏，合唱竞艳。佳作迭出，巨著连篇，艺术高峰竞登先。抬头望，见英才辈出，名流惊羡。

今临巨变百年，正"敢教日月换新天"。应歌颂时代，表彰英雄，弘扬正能，唱响主旋。人民为本，创新是显，领袖谆训岂等闲。作家们，快亮屏飞笔，喜迎新春。

当天，致信中国作协、中国文联主席铁凝。

铁凝主席如晤：

不久前，您来成都，我们见面，我曾誓言要参加第十次作代会，向作家们告别。谁知恶疾把我挡在代表团外，不能来参加了，我感到终生遗憾。我忽然想起我说过"在我的生活字典里从来没有'投降'两个字"，于是奋然而起，雕章酌句，立刻创作一首《调寄沁园春》词，以作纪念。仓促之作，或有失律，聊表心意而已。现特另纸录呈，希予斧正。又，张宏森书记见我拙作，竟亲打电话给我，嘉谕之情不胜感激。请代我表示感谢。不另。

大会开幕在即，我敬祝百事顺利，敬致文安！

马识途

2021年12月9日（一二·九纪念日）

12月28日，马识途表示，今年6月19日在重庆市文联美术馆举办的《魂系中华——马识途书法展》义卖收入已结算，本次展览的所有收入五十万元将全额捐赠给四川大学文学与新闻学院设立的"马识途文学奖"，奖励热爱文学、家境贫困的学文学的学子。

12月29日，四川大学文学与新闻学院古立峰书记、李怡院长，四川大学教育基金会副秘书长贾秀娥、周毅博士，成都诗婢家美术馆馆长赵文溱前往家中拜访马识途，完成"马识途文学奖奖学金签约仪式"，双方商定2022年1月4日在四川大学文学与新闻学院举行"马识途文学奖"捐赠签约仪式。

2022年，108岁

1月，《那样的时代，那样的人》由人民出版社正式出版。该书共分为五卷，第一卷为文人篇，包括自己曾经见过的鲁迅，有过交往的郭沫若、周扬、巴金、冰心、阳翰笙、张光年、韦君宜、闻一多、吴宓、吴祖光、汪曾祺、夏衍、曹禺、刘绍棠、黄宗江、曾彦修、杨绛、周有光、李劼人、李亚群、何其芳、沙汀、艾芜、周克芹、车辐等二十六位

《那样的时代，那样的人》，马识途，
人民出版社，2022 年 1 月

文学人物。第二卷为友人篇，包括袁永熙、罗广斌、黎强、张文澄、贺惠君、洪德铭、王松声等三十二位与自己曾经投身革命的革命人。第三卷为亲人篇，第一位是自己 1941 年考入西南联大时交好的第一个朋友齐亮。谈到齐亮，马识途说："他是我相交最亲密的朋友，也是我的妹夫，更是我一生最尊敬的革命战友，一个舍身救党员、英勇就义的烈士。"第二位则是马识途早期的亲密战友、第一任妻子刘蕙馨。在书中，马老深情回忆了那段与妻子并肩作战的革命岁月，也痛苦地书写了妻子被捕后所经历的一切折磨与酷刑，更讲述了他和刘蕙馨失散的女儿吴翠兰被寻找到的欣喜……马识途感慨万千："几十年过去了，我应约写蕙馨的小传，真是百感交集！我能够告慰于蕙馨的是：我并没有背弃我们的共同理想，我和其他同志一起继续举起她留下的红旗前进，终于胜利了，'那个日子'真的到来了。"第三位是马识途的第二任妻子王放。王放出身书香世家，早先在家乡河南上大学，抗战爆发后逃难到四川转入四川大学历史系，并从四川大学历史系毕业，曾任四川大学地下党支部书记。马识途用全书最长的篇章来追忆他与此生"至爱"王放同志相识相知、相守相伴的难忘岁月，他们共同战斗，他们穿越生死……而爱妻先逝的悲痛，他"刻骨铭心"，至今难忘。第四卷则是"凡人"篇。对于笔下的"凡人"，马识途有一个说明："我一生所见凡人，成千成万，但是大多如浮云过眼，渺无痕迹。能在我的记忆里留下深刻痕迹的也不很多，但是有几个凡人，却是叫我刻骨铭心，终生难忘。他们诚然都是最普通的人，却是具有人性的真正的人。他们是我的救命恩人。我不想多说什么，只把他们把我从死亡线上救出来的事迹，简述如下。"这些在他革命战斗时，救他于水火，助他脱离危险的，包括郭德贤和邱嫂、王叔豪和姚三妹、郭嫂、高奇才、大老陈……他们虽是平头百姓、司机、传达室工人，却被他铭记一生。第五卷则是他认识的几位"洋朋友"。马识途直言，在中国长长的革命过程中，有许多外国人帮助过我们，有些是大家熟悉的，有些则不是大家熟悉的，有的甚至只有很少数人知道，而且慢慢地从他们的记忆中淡漠了。为了不让这些外国友人的名字从此烟消云散，马识途记下了他们——加拿大的云从龙，一个在成都教英语的传教士，因为他的帮助，马识途和妻子王放通过他家的收音机，将源源不断的胜利消息送到党员和群众的手里，激发了大家的斗志；还有一直对中国友好的日本政坛的顶级老人松村谦三先生到成都访问，马识途带领这位"杜甫迷"到杜甫草堂参拜杜甫，同时也参拜陆游和黄庭坚。马识途一路陪伴，有着难忘的感慨，他写道："一个外国人如此沉迷于中国古代的诗人，不惜万里之遥，到成都来体验杜甫诗的创作情景。我希望中国的诗人更尊重中国的传统诗词曲，不说着迷，就是能认真阅读，并且体会他们的诗情诗景，以提高自己的创作水平，该不是一个过分的希望吧。"最后，马识途还回忆了他在西南联大时，结交的几个美国大兵、飞虎队的朋友，他认为，中国人民永远不会忘记那些在民族解放斗争中帮助过中国的外国友人，不会忘记飞虎队在中国的抗日战争中做出的牺牲。

1月4日下午，四川大学"马识途文学奖"捐赠签约仪式在四川大学江安校区文科楼举行。马识途委托外孙刘晓远参加此次仪式，并向四川大学教育基金会再捐赠五十万元，资助热爱文学、积极向上的川大学子实现"文学梦"。

刘晓远代表马识途与四川大学教育基金会签署捐赠协议，并转述了马识途对川大学子的四点寄语。

1. 希望同学们抓住最好的创作年华，把自己所看到的事和人都记录下来。

2. 在创作中要有中国作风、中国特色和中国气派。

3. 要多创作更加大众化和老百姓喜闻乐见的作品。

4. 文学表达要有正确的价值观做引导，能够展现人类的真善美。

文学与新闻学院王沁同学代表已受到"马识途文学奖"资助的一百三十八位学子手写了一封感谢信，送给马识途先生，并向他送上一百零八岁的生日祝福。

1月5日，农历腊月初三，马识途步入茶寿之年——一百零八岁。

当天，马识途邀请好友李致、朱丹枫等人来家中叙话、吃生日蛋糕。马识途当天收到一封来自一百三十八位"马识途文学奖"获奖学子的感谢信和一条祝福视频。

1月6日，收到王火送来的寿礼——一副手书对联。

1月，作四首诗词。

自寿

行年孰意进〇八，岁月飞逝却自夸。

能饭能行何得意，擅书擅写老作家。

初心不改情无已，使命勿忘意不邪。

正道夕阳无限好，晚晴喜读漫天霞。

检点

青春背我悄然去，回首烟云似幻霞。

偶得浮名何足羡，著书立说愿犹赊。

是非得失由人说，检点平生未愧怍。

得暇闲吟娱晚景，重翻古典读龟甲。

致友人

为谢至交祝寿忱，清茶代酒说陈年。

曾于虎口微悻出，继拜红旗步新尘。

三灾五难寻常事，九死一生残体存。

得失生前何必论，是非功过待来贤。

杂感（排律）

时光飞逝虎年来，大苑迎春景色佳。

龙钟老叟不言老，凭窗欣赏蜡梅花。

岁逾百龄犹未慇，四处逢缘就地家。

素食布衣聊自得，读书写字还潇洒。

琢句雕章觅贫字，挥毫泼墨乐涂鸦。

说古鉴今惊盛败，研经读史辨正邪。

乡谚俚语无雅俗，奇闻逸事分真假。

公理自在天地人，正气昂然我你他。

文缘未了终身憾，革命到底且慢夸。

喜得知交重酿饮，平安互道乐无涯。

1月17日，纪录片《百年巨匠——马识途》陆续在四川卫视、云南卫视等播出。

1月22日，《马识途西南联大甲骨文笔记》新书发布会在阿来书房举办。因年事已高，马识途特录制一段视频，并委托外孙刘晓远到场宣读他的答谢词。

各位领导，朋友们：

大家好！

我的新著《马识途西南联大甲骨文笔记》由四川人民出版社出版了。今天在新建的阿来书房举行发布会，济济一堂，我本该出席，却因身体原因不能到会，非常遗憾，只能派我的外孙刘晓远代我参加。

我的这本书创作出版的经过，已在我写的序言中说明，不再赘述。在此会上，我对四川人民出版社的领导和编辑表示感谢，蒙他们不弃，把我的甲骨文笔记手稿拿去，精心编辑，并聘请专家刻写古字和审读修改，做了出乎我意料的精美装帧，及时推了出来。看到此书时，我的喜悦无以名状。我也十分感谢我的文友阿来同志给我借光，在新建的阿来书房进行新书发布会，借此机会，我对阿来新当选为中国作家协会副主席表示祝贺，同时也祝贺阿来书房这个独具特色的城市人文客厅越办越好，成为成都这个历史文化名城的重要文化名片。

最近，我在网上看到一位热心读者对我这本新书大加赞扬，说这本书有学术性，有史料性，还有趣味性和文学性。我感谢这位热心的读者，并想做几点说明。

第一，学术性。这本书是有一些学术性的，但是我以为并不是一本学术著作。书中缺乏系统的解说，有不少缺失和漏解甚至错解，只是就甲骨文一些字进行说解而已。这本书并不是我国文字的字源考，古文字的溯源那是专门的"字源学"的任务。我这本书，只是立意科普。

第二，史料性。这本书，确实也有些史料性。这种史料性首先是因为这本书是介绍中国古文字。古文字是古人把当时生活中现实存在的具体事务，转化成符号性的抽象文字，便于交流和认识事物。甲骨文是当时文化的载体，研究甲骨文，不仅让我们从现在使用的汉字，追溯到古文字发展源头，更可以反过来从抽象符号到实体事物，从中可以看到中国古文化发展的历史脉络。其次，这本学习笔记从侧面展示了西南联大教授们的研究成果与风采，也算是添了些史料性。

第三，趣味性和文学性，却是我立意写作时，就有意而为，希望读者从这些符号图形中欣赏到古人造字的有趣。一本书，当然希望有更多的人读它，希望能从读者中得到赏识的快乐。听说现在正式的学术著作，也力求艺术性的文字表达，让更多的人愿意读它。我这本书立意科普，当然要发挥我"业余作家"本能，写得有趣些。我努力把读来感受枯燥的文字符号，像创作散文那样，用文艺性的方式描述。只是这方面，我做得不够好，不够有趣，比不上当年唐兰教授在进行授课时，一点历史，一点趣话，信手拈来，使我们这些学生有兴趣学好这门看似枯燥的学问。

　　以上就是我想说明的几点。

　　最后，祝大家身体健康，万事如意。

　　谢谢！

茶寿老人　马识途

2022 年 1 月 22 日

　　（马识途：《答谢词》，四川在线《〈马识途西南联大甲骨文笔记〉发布　马老致答谢词》，2022 年 1 月 22 日。）

　　1 月 24 日下午，马识途接待中国作协副主席、四川省作协主席阿来和四川省作协党组书记侯志明来访。

　　阿来和侯志明代表四川省作家前来看望马老。侯志明代表四川省作协和四川作家祝福马老第一百零八个新年好，并送上鲜花。马老很关心地问："今年作协的新春联会还举办不？"侯志明表示暂时不举办了，但大家都很牵挂马老，希望与马老相聚。马老直言："我现在就是不方便出行，星期六阿来书房开业，我很遗憾啊，没来参加，实在是抱歉！"阿来为马老描述了当天的盛况："来了很多人，现场气氛很热烈！"阿来还打趣道："来的人都对您老人家很佩服啊，一百零八岁了还在写，都说我们咋办哦？"马老当天全程通过川观新闻的直播观看了阿来书房雅启和他的新书发布会，他坦言："揭幕的时候，我看到红绸子一打开，我写的'阿来书房'的匾就出来了。"阿来回应："写得好啊！我们那个匾尺寸还放大了一点儿，很有气势！"同时，阿来还给马老分享了直播镜头之外的现场："马老，除了您刚刚出版的《马识途西南联大甲骨文笔记》，我还要求他们在现场展示了您的另一本新书《那样的时代，那样的人》，那本书也写了很多西南联大的往事，尤其是闻一多那篇，写得那么翔实，甲骨文笔记里面也提到了闻一多，这两本书完全可以参照着看，更了解当年的故事。"

马识途向阿来打听:"平时可以来吗?"阿来立即表示欢迎:"可以可以,书房是完全开放的,欢迎所有爱读书的人。"马老欣慰地说:"真好!那里不光卖书,我觉得还要让更多的青年作家多到你那里坐坐,你要跟他们多见面,多给他们一些交流的机会,对他们的写作有好处!"阿来直言:"一定的,现在都有好多人报名要到书房来,搞文化活动,推出新书。"

接下来,马识途询问了目前四川文学发展的情况和在全国的排位情况。侯志明坦言,就目前的情况来看,四川是文学大省,文化底蕴丰厚,"文学川军"一刻都不曾松懈。阿来则直言:"四川文学现在全国能排个五六位吧,总体上很不错!"马老连连点头,说:"四川文学过去的位置就很高了,之前铁凝主席他们来看我,也都给我说四川的文学根基很深,发展很好,我很高兴。你说排名五六位,现在也还是冲在前面的,继续努力!"马老还叮嘱阿来:"你要带好头啊,继续写。"阿来向马老汇报了自己的最新创作成果,新的长篇小说《寻金记》上部已经在《人民文学》第 1 期刊发了,马老满意地说道:"好,很好,你是攀高峰的人,要带头。"

在接下来的交谈中,马识途对于四川作家应该如何发力,如何交出书写时代的精品佳作,回忆了自己当年在西南联大学习写作的情况:"那时,老师教给我们真正的基本功,一再叮嘱我们要把基础打好,才可能写出好的东西。这个基本功是什么呢?我当年的教授就说了,你们搞文学啊,首先要搞好语言,文学,说到底,就是语言的艺术,艺术的语言。不要一来就想自己要写什么了不得的东西,先把基本功练好,把文字写好!"

马识途还特别提到当年自己的老师讲一篇文章的开头怎么写:"一篇文章,他拿出十几个开头,但最终只用一个开头,他就要我们说出个道理，为什么用这一个？其他为什么不用？让我们去研究。"

最后，马识途一再叮嘱阿来和侯志明，要将四川青年作家的创作抓起来，四川省作协要做好对新文学群体的引导工作，激励四川作家努力创作，推进四川文学高质量发展，从高原到高峰，继续冲在全国文学战线的前列。

2月，《告慰亡妻刘蕙馨》在《炎黄春秋》第2期发表。

3月8日，为四川大学附属实验小学题词"明德明道　至善至美"。

3月14日，将家中种植的两株菩提树捐赠巴金文学院。早晨在移植过程中，马识途拄着拐杖，坐在树下，说："希望它们能在巴老的院子里长得更大更壮，明年有机会，我去看看它们，看看新的巴院。"上午十点，菩提树运至成都巴金文学院，马识途家属和巴金文学院的工作人员一起将菩提树种下。

4月6日，《夜谭十记》（四川话版）由中央广播电视台四川总站和云听联合出品。

4月下旬，为《四川日报》创刊七十周年题字：

勿忘初心　牢记使命
中国特色　人民为本

4月25日，为重庆南川区金佛寺题写"燃灯宝刹"。

5月13日，"第八届马识途文学奖颁奖典礼暨《马识途西南联大甲骨文笔记》学术研讨会"在四川大学举行。中国作协副主席李敬泽，中国作协副主席、四川省作协主席阿来等通过线上或线下方式，参与本次颁奖典礼。颁奖典礼上，马识途以视频形式向获奖学生发表寄语。马识途表示："我祝贺这次获奖的青年同学，我希望大家好好学习，努力练习文学创作，不要跟风、追潮流，要从自觉走向自信。"

6月22日下午，马识途邀请老友王火来到家中，要提前为王火过生日。一进门，两位许久未见的老友紧紧相拥。为了给老友祝寿，马识途特意书写了一幅"寿"字，并赋诗一首：

恭祝至交百寿翁，根深叶茂不老松。

百尺竿头进一步，攀登艺苑更高峰。

　　此外，他还为王火写了一副对联以示庆贺：

君子之交何妨淡似水，

文缘之谊早已重如山。

　　两位老友听力早已大不如前，但这丝毫没有阻碍他们的交流。他们要来一块小白板和一支笔，把自己想说的话都写上去。一个刚写完，另一个便拿过去看，而后另一个写，一个再拿过来读。

　　7月8日，在家中接受中央电视台《吾家吾国》栏目组采访。在采访中，马识途讲述了自己入党、从事地下革命工作的经历，对待写作的态度等。采访结束时，欣然题字：

人民可以忘记我，我永远不会忘记人民。

　　12月25日，农历腊月初三，在家中与家人度过了自己一百零九岁生日。在微信群中（微信名"笔走张狂"），向全国各地的亲朋好友道谢："今天是我生日，谢谢大家来祝贺我的生日，我一切都很好，我刚才吃了汤圆了，很好！"

　　当天，欣然作诗《生日自寿》《生日分寿糕口念》：

生日自寿

少年负笈出三峡，报国无门随地家。

风雨同舟历险夷，兴亡有责同见赊。

三灾五难余傲骨，九死一生剩白发。

谬得终身成就奖，几多遗憾思无涯。

生日分寿糕口念

不怕病毒多凶险，亲友分地庆寿辰。

壬寅腊月初三晚，分吃寿糕庆团圆。

当日，好友李致在微信群中发来魏明伦撰写的寿联《贺马老百零九岁华诞》祝寿。

贺马老百零九岁华诞

茶寿越期颐，远超百岁；

生辰逢圣诞，预兆千秋。

2023 年，109 岁

1月1日，新年开笔书写"福"字。

2月11日下午，与王火、李致一起获得"川观文学奖（2021年度）终身成就奖"。主办方特别制作微型纪录片《文学人永远是年轻》向他们致以最崇高的敬意。马识途亲笔写下"祝愿四川日报川观文学奖越办越好，促进四川文学创作勇攀艺术高峰"的获奖感言；王火和李致特别录制视频，以线上的方式与大家见面。

6月10日，因身体不适住院。

6月，《马识途西南联大甲骨文笔记》由四川人民出版社再版。

9月7日，捐资45150元，帮助家乡重庆忠县五名困难优秀学子圆梦大学。当得知家乡仍有家庭经济困难的优秀高中毕业生，马识途表示要尽绵薄之力，资助一定资金帮助他们圆好大学梦，并委托中共重庆市忠县县委宣传部及时将助学资金捐赠给五名家庭经济困难、品学兼优的大学生。

10月13日，在家中接待好友李致、朱丹枫等人。此次聚会因身体原因，一推再推。终于与好友们再见，马识途十分高兴，在与朋友的交谈中，他表示这次是"再见"，明年还要再见的。

10月15日上午九点半，在家中接待中国现代文学馆征集编目部主任、《马识途：跋涉百年依旧少年》的作者慕津锋，该书出版方中国言实出版社社长冯文礼、编辑宫媛媛，成都诗婢家美术馆馆长赵文溱和封面新闻记者张杰。对于已经五年没见的小友慕津锋，马识途说："你是很久没来了。你写了我很多本书。"他接过慕津锋送来的新书《马识途：跋涉百年依旧少年》，拿起放大镜，认真看起来，边看边说："很好，感谢你又为我写一本书。我现在视力不太行，但我会用放大镜仔细看的。"马识途随后还在新书上签上自己的名字。其字迹洒脱清秀，笔力稳健。在交谈中，大家看到马识途身体依然硬朗，对他的长寿之道很敬佩。马识途高兴地和大家分享自己的长寿秘诀"五得"：吃得、睡得、走得、写得、受得。他说这"五得"非常重要，是他的长寿之道，还有一个秘诀就是要保持乐观的心态。

封面新闻记者张杰与马识途谈到，《华西都市报》《封面新闻》2023年初策划的"寻路东坡"系列报道最近已经结集出版《寻路东坡》。听到这里，马识途很感兴趣，并给予点赞。他兴致勃勃地说："我今年也写了一些关于东坡的东西，格式是仿照五言古诗。"说着就在身边的资料袋里拿出自己的手稿本给记者看。只见手稿上显示标题《东坡长路

2023 年 10 月 15 日上午，成都马识途家中，作者慕津锋（左）向
马识途（右）介绍自己的新书《马识途：跋涉百年依旧少年》

行》，开篇是："行行重行行，道路长且阻。士人喜求官，奔兢在仕途。
李白行路难，自叹多歧路。杜甫生乱世，终身流亡苦。苏轼亦有言，一
生在旅途。何故出此言，试为君详述。"整篇文章写了有五页。马识途
边翻边感慨："东坡几乎一生都在路上。"在交谈的最后，马识途表示，
希望自己身体能保持好："明年我就一百一十岁了。希望能有机会再去
北京，看看我的老朋友。"

11 月 25 日，《马识途西南联大甲骨文笔记》获得四川省第二十次
社会科学优秀成果奖荣誉奖。

12 月，获四川省作协颁发的"四川省杰出作家奖"。

2024 年，110 岁

1 月 10 日，收到中国作协发来的庆祝其一百一十岁华诞贺信。

尊敬的马识途先生：

今逢您一百一十岁华诞，冬寒已去，春风将临。先生风华依旧，令人欣慰。在此，谨向您致以崇高的敬意和热烈的祝贺，向家属致以亲切的问候！

先生幼年习文，文思卓绝。求学期间就开始了文学创作，让文学的种子在人生的道路上慢慢发芽。在求学路上，山河破碎、国家板荡，先生以傲人之姿投身革命。敌后，先生的身影是向前的指引；办刊，先生的文字是光明的方向；写作，更是先生一生不绝的成就。

先生爱国、进步，将对真理的追求融入自身文学创作中，先为革命前辈，再成文坛大家。先生文采华章，为人刚正厚重，做事沉稳有节，创作成果丰厚。《清江壮歌》中鄂西风情的秀美壮丽和地下党员的不屈精神让读者无法释怀；《夜谭十记》所展示的社会百态、奇人异事、荒诞传奇令读者爱不释手。

时光流云，先生没有停止创作的脚步，我们欣喜地看到先生作品一部部面世。期颐之寿，先生的作品，令人倾慕；先生的精神，如清风拂过，恩泽后学。

我们把最亲切美好的祝愿献给先生，愿您永远洋溢着幸福的光彩，愿您每一天的生活安宁丰盈、溢彩流光！

中国作家协会

2024 年 1 月 10 日

1 月 13 日，马识途迎来自己第一百一十岁生日。

1 月，自拟文稿《十龄记》。

一、年龄：

1915年—2024年，110岁（虚岁）。

甲寅年腊月初三出生于四川忠县，名马千木。

二、党龄：

1938年—2024年，86年。

入党以后誓志终身革命，更名为马识途。

三、学龄：

30年。

五岁启蒙，十六岁完成初中学业后，1931年到北平考入北平大学附高，1933年离开北平到上海，考入上海浦东中学继续高中学业。1936年考入中央大学化学工程系，一年后因抗战爆发离开南京，1941年先考入四川大学，一月后收到西南联合大学录取通知书后退学，同年进入西南联大外文系后转中文系语言专业，1945年毕业，获语言学士学位。1937年在黄安七里坪党训班学习半年。1980年在中央党校高研班半年。

四、工龄：

1936年—2009年，51+22年。

1936年参加革命（加入共产党的外围组织南京秘密学联小组），至1987年从省人大正式离休后，仍继续在四川省作家协会主席岗位上工作到2009年。

期间，曾在党内担任过不同的领导职务，并历任中国作家协会理事、顾问、荣誉委员，四川省文联主席、名誉主席，四川省作家协会主席、名誉主席，中华诗词学会副会长，中国郭沫若研究会副会长，四川省国际文化交流中心理事长，中国国际笔会中心理事等。

五、艺龄：

1935 年—2022 年，87 年。

自 1933 年以"马质夫"笔名在《中学生》杂志上发表文章起至 2022 年，在大大小小各类杂志报纸上发表文章不计其数，正式出版的书籍有二十九本，其主要的文学作品收录在由四川文艺出版社 2018 年出版的《马识途文集》(十八卷) 中。

六、会龄：

1961 年—2024 年，63 年。

1961 年加入中国作家协会，曾任中国作家协会理事、顾问、荣誉委员。四川省作家协会主席(五届二十八年)、名誉主席。

七、书龄：

1920 年—2024 年，104 年。

自幼习隶，从 20 世纪 90 年代起，多次应邀参加全国各地举办的各类书法展，并在北京、成都、重庆及重庆忠县举办过个人书法展，其中，北京三次，成都四次，重庆一次，重庆忠县一次。

八、社交龄：

1978 年 10 月，参加中国科学家代表团出访欧洲；1993 年，带领中国作家代表团出访意大利；曾被定为世界笔会中国联络人；1999 年，四川国际文化交流中心成立，担任理事长四十年，进行国际文化交流。

九、奖龄：

从 20 世纪 90 年代至今，曾多次获文化部门各类奖项。最近的 2023 年 12 月获四川省作家协会颁发的"四川省杰出作家奖"，其所著的《马识途西南联大甲骨文笔记》一书获四川省

第二十次社会科学优秀成果荣誉奖。另有两项终身成就奖:(1)
2012 年 9 月,全美中国作家协会联谊会颁发的"美国首届东方
文豪终身成就奖";(2) 2012 年 12 月,四川省文联颁发的"四
川文艺终身成就奖"。

十、病龄:

1934 年伤寒(上海);1943 年恶性痢疾(昆明);2001 年肾
癌;2017 年肺癌。

2 月 4 日,接待成都诗婢家美术馆馆长赵文溱。

3 月 16 日,因身体不适入住华西医院。在住院前,他用颤抖的笔
在家中的两个信封上各写下了一段话:

中华民族每个人都要努力奋斗!前进!

新时代,励精图治!团结奋斗!积极稳妥!循序渐进!

3 月 28 日,在成都去世。

附录一

马识途文学作品年表

文 / 慕津锋

1931 年，17 岁

7 月，遵照父亲"本家子弟十六岁必须出峡"教诲，出川前往北平报考高中。过夔门时，有感而发作诗《出峡》。

1935 年，21 岁

1 月，在叶圣陶主编的《中学生》杂志第 51 期"地方印象记"栏目第一次发表文章《万县》，署名"马质夫"。

1937 年，23 岁

6 月底，创作《军训集中营记》。

1938 年，24 岁

1 月 10 日，评论《到农村去的初步工作》在《战时青年》创刊号发表，署名"马识途"。

2 月 20 日，报告文学《武汉第一次空战》在武汉《新华日报》发表，署名"马识途"。

1939 年，25 岁

秋，作诗《小南海僧舍题壁》。

10 月，作诗《我们结婚了》。

当年，创作诗歌《清江谣》。

1940 年，26 岁

当年，创作诗歌《七律·清江壮歌》。

1941 年，27 岁

1 月，作诗《祭》。

3 月，作诗《归故园》。

1942 年，28 岁

2 月，作诗《啊，古老的中国呀，我的母亲》《难道春天已经永离人间》《在这里》。

3 月，作诗《路灯》《我希望》。

4 月，作诗《邮筒前写照》《投递不到的信》《偶题》。

6 月—8 月，创作长诗《路》。

11 月，悼念何功伟、刘蕙馨，作诗《遥祭拜》。

当年，在西南联大创作《夜谭十记》第一篇《视察委员来了》。

1943 年，29 岁

1 月，作诗《除夕》。

2 月，作诗《我有所爱，在远方》。

3 月，作诗《给走路的人》《春天的报信者》《我歌颂，那颗智慧的星》。

6 月，作诗《悼小莺》《找到了自己》。

8 月，作诗《乌鸦》。

10 月，作诗《原形》《狱中寄伙伴们》。

1944 年，30 岁

2 月，作诗《幽灵的悔恨》。

5 月，作诗《我们要笑》。

当年，在西南联大创作小说《赎》。

1945 年，31 岁

8 月，作诗《这是为什么？》。

9 月，作诗《最高的荣誉》。

10 月，作诗《将军立马太行山上》。

12 月，作诗《我向往北方》。

1946 年，32 岁

年底，再次开始创作《夜谭十记》。

1947 年，33 岁

3 月，作诗《永远不能忘记》。

8 月，作诗《什么时候……》。

1948 年，34 岁

8 月，作诗《我们结婚了》。

12 月，作诗《孤岛的沉没》《我的最后留言》。

1949 年，35 岁

4 月，作诗《到解放区的第一天》。

4月，作诗《最后的打击》。

1957年，43岁

7月3日，评论《在四川省基本建设工作中的几点体会》在《建设月刊》第7期发表。

1959年，45岁

10月1日，报告文学《会师》在《成都日报》发表，署名"任远"。

1960年，46岁

7月1日，小说《老三姐》在《四川文学》第7期发表。

8月，《鸡鸣集》（诗五首《遥寄——祭刘一清烈士》《狱中遥寄》《我向往北方》《什么时候……》《投递不到的信》）在《星星》（诗刊）第8期发表。

1961年，47岁

3月12日，小说《找红军》在《人民文学》第3期发表。

5月21日—12月14日，小说《清江壮歌》在《成都日报》连载，共160期。

8月，小说《接关系》在《解放军文艺》第8—9期发表。

9月12日，小说《最有办法的人》在《人民文学》第9期发表。

1962年，48岁

2月12日，小说《两个第一》在《人民文学》第2期发表。

3月，散文《革命的战士和勇敢的母亲》在《中国妇女》第3期发表。

6月1日，散文《且说〈红岩〉》在《中国青年》第11期发表。

6月30日，评论《致读者》在《中国青年报》发表。

8月12日，小说《小交通员》在《人民文学》第8期发表。

9月10日，小说《挑女婿》在《四川文学》第9期发表。

1963年，49岁

5月12日，小说《回来了》在《人民文学》第5期发表。

8月27日、8月31日、9月3日、9月7日，散文《花溪揽胜——走马行之一》《从大石桥到大竹——走马行之二》《不靠天！——走马行之三》《哲学的解放——走马行之四》在《光明日报》发表。

11月1日，小说《新来的工地主任》在《四川文学》第11期发表。

1964年，50岁

作诗《祝我国第一颗原子弹爆炸》《赠巴山深处某研究院同仁》。

1965年，51岁

1月，作诗《七律·五十自寿》《寄远人》《寄北京》。

9月，作《清江壮歌·后记》。

1966年，52岁

3月，小说《清江壮歌》由人民文学出版社出版。

1967年，53岁

作诗《赠何世珍》。

1968年，54岁

作诗《荒唐》《七律·凝眸》。

1971 年，57 岁

2 月，作诗《出狱盼金沙女儿归——兼示北京大女儿》。

3 月，作诗《七律·金沙女儿归，怀北京大女儿》。

1972 年，58 岁

作诗《七律·晚风》《七律·秋日眺远》《寄友，春日草堂遣愁》。

1973 年，59 岁

作诗《七绝·煮酒邀友》《顺口溜·高奇才，奇才》。

1974 年，60 岁

作诗《七律·寒流》《七律·重登华严寺，步原作登华严寺诗韵》《七律·峨山茶园戏拟题壁》。

1975 年，61 岁

1 月，作诗《六十自寿》。

1976 年，62 岁

1 月，《忆秦娥·悼念周总理》。

4 月，作诗《念奴娇·悼周公》。

1977 年，63 岁

1 月 8 日，散文《难忘的关怀》在《四川日报》发表，署名"华驰"。

10 月，评论《信念》在《人民文学》第 10 期发表。

11 月 10 日，评论《红岩挺立在人间——祝小说〈红岩〉再版》在《北京文艺》第 11 期发表。

1978 年，64 岁

1 月 5 日，评论《〈红岩〉——革命英雄的丰碑》在《红旗》第 1 期发表。

3 月 26 日，杂文《向二〇〇〇年进军！——发自科学大会的信》在《人民日报》发表。

5 月 1 日，诗歌《七律二首·赠攀登者》在《光明日报》发表。

6 月，小说《算盘的故事》在《四川文学》第 6 期发表。

8 月，小说集《找红军》由四川人民出版社出版。

9 月 18 日，报告文学《杨柳河边看天府》在《人民日报》发表。

1979 年，65 岁

1 月 7 日，散文《关怀》在《人民日报》发表。

1 月 14 日，杂文《改革不相适应的生产关系和上层建筑》在《光明日报》发表。

3 月，小说《清江壮歌》由人民文学出版社再版。

3 月，小说《我的第一个老师》在《人民文学》第 3 期发表。

5 月 15 日，散文《坚强的革命女战士钱瑛》在《中国妇女》第 5 期发表。

5 月，评论《祝科学与文艺的结合——代发刊词》在《科学文艺》第 1 期发表。

5 月，散文《出路在哪里——我的生活道路》在《人民中国》第 5 期发表。

7 月，小说《夜谭十记之一——破城记》在《当代》创刊号发表。

12 月，散文《伟大的战士和母亲》在《红岩》第 2 期发表。

1980 年，66 岁

1月5日，散文《关于〈凯旋〉》在《边疆文艺》第1期发表。

1月，评论《我追求中国作风和中国气派》在四川省文学艺术家联合会《文艺通讯》发表。

3月，评论《说情节——复章林义同志的信》在《四川文学》第3期发表。

3月，评论《解放思想，繁荣科学文艺创作》在《科学文艺》第1期发表。

4月9日，散文《我想你们，恩施的人们》在《恩施报》发表。

4月12日，杂文《门外电影杂谈》在《电影作品》第1期发表。

5月1日，评论《〈情报学刊〉创刊祝辞》在《情报学刊》第1期发表。

5月，散文《马识途同志的两封信》在《海燕》第3期发表。

6月25日，评论《解放思想，加强团结，争取我省社会主义文艺的更大繁荣》在《四川日报》发表。

8月14日—9月14日，散文《西游散记》在《成都日报》连载。

8月，散文集《景行集》由四川人民出版社出版。

9月，小说《盗官记》在《红岩》第3期发表。

10月，杂文《文艺十愿》在《四川画报》第5期发表。

12月2日，散文《难忘的战斗岁月——纪念"一二·一"运动三十五周年》在《中国青年报》发表。

12月5日，散文《贺龙在成都》在（四川）《支部生活》第12期连载。

当年，评论《学习创作的体会》在《文艺通讯》第7期发表。

1981 年，67 岁

1月5日—5月5日，散文《贺龙在成都》在（四川）《支部生活》第1—5期连载。

2月，散文集《西游散记》由四川人民出版社出版。

4月5日、6日、10日、15日、20日，散文《巴黎揽胜》在《重庆日报》连载。

4月，评论《谈谈西南联大的学生运动》在《云南现代史研究资料》第四辑发表。

5月3日，评论《读者·作者·编者》在《重庆日报》发表。

5月15日，评论《开展文明礼貌活动》在《红领巾》第5期发表。

5月，散文《亚公——蜀中奇人》在《四川文学》第5期发表。

6月15日，《在〈红领巾〉创刊三十周年茶话会上的讲话》在《红领巾》第6期发表。

6月28日，散文《XNCR在成都》在《四川日报》发表。

7月1日，杂文《好好宣传革命传统教育片》在《银幕内外》第7期发表。

7月11日，散文《万州寄情》在《万县日报》发表。

7月，小说《三战华园》在《四川文学》第7期发表。

11月7日，报告文学《报告：我们打了一个大胜仗——四川抗洪救灾记事》在《人民日报》发表。

11月17日，评论《到生活中去捕捉美——读反映四川抗洪救灾文艺作品有感》在《四川日报》发表。

11月25日，评论《对文艺界资产阶级自由化倾向的一些看法》在中央党校《理论动态》315期发表。

11月28日，散文《追根》在《长江日报》发表。

12月1日，评论《马识途倡议作家同青年作者交心谈心》在《成都日报》发表。

1982 年，68 岁

1 月 1 日，评论《需要更多的关怀——一个倡议》在《青年作家》第 1 期发表。

1 月 15 日，评论《克服资产阶级自由化倾向，促进社会主义文化繁荣》在《社会科学研究》第 1 期发表。

3 月 5 日，评论《祝四川青年自修大学开学》在《四川青年》第 3 期发表。

4 月 1 日，杂文《寄〈青年作家〉》在《青年作家》第 4 期发表。

5 月 1 日，评论《青年作家需要学习马克思主义》在《青年作家》第 5 期发表。

5 月，小说《丹心》在《红岩》杂志第 2 期发表。

5 月，评论《科学文艺创作一议》在《科学文艺》第 3 期发表。

6 月 25 日，《在四川省毛泽东文艺思想讨论会闭幕会上的讲话》在《南充师院学报》（哲学社会科学版）第 2 期发表。

6 月，小说《学习会纪实》在《四川文学》第 6 期发表。

8 月 21 日，评论《让我们行动起来》在《四川日报》发表。

8 月，评论《答观众问——关于电视剧〈三战华园〉》在《戏剧与电影》第 8 期发表。

9 月 1 日，评论《我是怎样写起小说来的》在《青年作家》第 9 期发表。

9 月 30 日，评论《宣传共产主义思想是作家的神圣职责》在《光明日报》发表。

10 月 20 日，小说《讽刺小说二题　好事》《五粮液奇遇记——大人的童话之一》在《人民文学》第 10 期发表。

11 月 1 日，散文《我到熊猫故乡》在《散文》第 11 期发表。

12 月，小说《大事和小事》在《解放军文艺》第 12 期发表。

当年，杂文《我也说振兴川剧》在《川剧艺术》（季刊）第 4 期发表。

1983 年，69 岁

1月3日，杂文《〈成都晚报〉，你好！》在《成都晚报》发表。

1月30日，评论《对违法的行为必须进行斗争》在《四川日报》发表。

1月—9月，小说《夜谭十记》之《前记　报销记》《婆娑记》《禁烟记》《沉河记》《观花记》《买牛记》《亲仇记》《军训记》在《四川文学》第1—9期发表。

2月中旬，评论《写郭老的剧要学郭老写剧——与乐山地区文工团部分同志谈话剧〈戎马书生〉的修改问题》在《文谭》第2期发表。

2月，评论《我也谈抗战文艺》在《抗战文艺研究》第1期发表。

3月14日，散文《他的英名和事业永垂不朽——瞻仰马克思墓追忆》在《四川日报》发表。

3月20日，评论《关于一篇语文教材的通信》在《四川师院学报》（社会科学版）第1期发表。

4月21日，评论《大有进步，还要努力——祝〈青年作家〉创刊两周年》在《成都晚报》发表。

7月，杂文《外行说川剧改革》在《戏剧与电影》第7期发表。

11月，小说《夜谭十记》（收录《破城记》《报销记》《盗官记》《婆娑记》《禁烟记》《沉河记》《亲仇记》《观花记》《买牛记》《军训记》）由人民文学出版社出版。

12月25日，评论《坚持实事求是，深入展开郭沫若研究——在四川省郭沫若研究学术讨论会上的讲话》在《南充师院学报》（哲学社会科学版）第4期发表。

当年，诗歌《永远不能忘记——寄给建民中学的伙伴们》在《飞霞》第4期发表。

1984 年，70 岁

1 月 1 日，评论《作家要不要改造世界观》在《青年作家》第 1 期发表。

1 月 1 日，评论《且说存在主义小说》在《现代作家》第 1 期发表。

1 月 31 日，评论《高举社会主义文艺旗帜》在《当代文坛》第 1 期发表。

2 月 18 日，评论《马识途同志关于〈我们打了一个打胜仗〉的复信》在《中学语文教学》第 2 期发表。

2 月，小说集《马识途短篇小说选》由四川少年儿童出版社出版。

3 月，文学剧本《这样的人》在《戏剧与电影》第 3 期发表。

3 月，评论《向科学文艺作者提一点希望》在《科学文艺》第 3 期发表。

4 月 13 日，杂文《别开生面的农民版画》在《重庆日报》发表。

5 月 5 日—9 月 5 日，杂文《整党见闻杂记（一）》:《说到做到　立刻见效》,《整党见闻杂记（续一）》:《蠢事不可再干》《这个问题也该对照检查》《8 分邮票带来的烦恼》《官太太搬家记》,《整党见闻杂记（续二）》:《不要作"烧红苕"干部》《调查与反调查》,《整党见闻杂记（续三）》:《"红老板"》,《整党见闻杂记（续四）》:《要干改革　不要看改革》,《整党见闻杂记（续五）》:《"阶下囚"？"座上客"》,《整党见闻杂记（续六）》:《没有 XX 的 XX 体制》,《整党见闻杂记（续七）》:《从农民请"财神"想到的》《组织起来、集体发挥余热》在（四川）《支部生活》第 5—12 期发表，署名"陶文　竞克"。

8 月 7 日，评论《她在大海拾贝——关于包川的小说》在《文艺报》第 8 期发表。

9 月 15 日，杂文《〈武汉晚报〉，久违了！》在《武汉晚报》发表。

10 月 6 日，《诗五首》（《登故里石宝寨远眺》《夔府远望》《忠县山城漫步》《谒张飞庙》《游太白岩》)在《万县日报》发表。

1985 年，71 岁

1 月 5 日，评论《且说我追求的风格》在《当代文坛》第 1 期发表。

1 月 1 日、3 日、4 日、6 日、7 日、9 日、10 日、11 日、13 日、14 日、16 日、17 日、18 日，散文《成都解放断忆》在《成都晚报》连载。

1 月，评论《讽刺是永远需要的》在《青年作家》第 1 期发表。

2 月 14 日，杂文《希望在于将来——看四川自学者中国画研究会首届国画随想》在《成都晚报》发表。

2 月，《"抗战时期的郭沫若学术讨论会"开幕词》在《抗战文艺研究》第 1 期发表。

2 月，杂文《我们的希望——文学第三梯队》在《作家通讯》发表。

4 月，杂文《文山会海何时了？》在(四川)《领导艺术》第 2 期发表。

5 月 20 日、6 月 20 日、7 月 20 日、8 月 20 日、10 月 20 日、12 月 20 日，杂文《观风杂记(一)》:《请勿自毁长城，思想上要赶上趟》，《观风杂记(续一)》:《反对做表面文章 "官大表准"一议》，《观风杂记(续二)》:《需要雪里送炭》《千里马常有　伯乐不常有》《听老演员、老模范的话有感》，《观风杂记(续三)》:《政治思想工作怎么做？不正之风何时正》，《观风杂记(续四)》:《惊人的浪费》《对专业户要加强思想工作》，《观风杂记(续五)》:《精神文明建设二题》在(四川)《党的建设》第 5—12 期发表，署名"陶文　竞克"。

5 月，杂文《创作需要真诚》在《电影作品》第 3 期发表。

6 月，杂文《"坐排排"的习惯还要改》在(四川)《领导艺术》第 3 期发表。

9 月，散文《我的老师》在《四川教育》第 9 期发表。

10 月 1 日，小说《接力》在《小说导报》第 10 期发表。

10 月，杂文《我再说，创作需要真诚》在《银幕内外》第 10 期发表。

11 月 1 日，诗歌《满引金杯寿张老》在《四川晚霞报》发表。

12 月 2 日，杂文《一个老战士的话》在《四川日报》发表。

1986 年，72 岁

1 月 1 日，评论《理想·纪律·社会主义》在（四川）《党的建设》第 1 期发表。

1 月 7 日，评论《文艺家的神圣职责》在《四川精神文明报》发表。

1 月 15 日，评论《〈清江壮歌〉的历史背景》在《文史杂志》第 1 期发表。

1 月，散文《东岳朝山记》在《旅游天府》第 1 期发表。

2 月 1 日，杂文《祖国的将来就在我们的肩上》在《四川教育》第 2 期发表。

2 月，杂文《先考法律知识　再走马上任好》在（四川）《领导艺术》第 1 期发表。

3 月 31 日，杂文《前进，前进，进！——代表手记之一》在《人民日报》发表。

3 月，诗歌《四川省党史座谈会上赠人》在《岷峨诗稿》第一辑发表。

3 月，评论《学习写作寄语》在《写作学习》总第 6 辑发表。

4 月 1 日，杂文《挽起袖子改革——代表手记之二》在《人民日报》发表。

4 月 1 日，评论《我说〈青年作家〉——庆祝〈青年作家〉创刊五周年》在《青年作家》第 4 期发表，并题词"千淘万漉虽辛苦，吹尽狂沙始到金"。

4 月，小说《巴蜀女杰》由中国青年出版社出版。

4 月，小说《她，一颗闪光的流星》由四川少年儿童出版社出版。

5月1日，杂文《法制教育二题》在（四川）《党的建设》第5期发表。

6月1日，杂文《信息的春雷》在（四川）《党的建设》第6期发表。

9月5日，散文《竹海笔会拾言》在《当代文坛》第5期发表。

秋，诗歌《峨城怀陈俊卿烈士》在《岷峨诗稿》第三辑发表。

1987 年，73 岁

1月1日，小说《五猪能人》在《现代作家》第1期发表。

2月1日，小说《不入党申请书》在《现代作家》第2期发表。

2月7日，杂文《社会主义精神文明建设与现代化》在《群言》第2期发表。

2月，评论《写作，作为一种事业》在《写作》第2期发表。

2月，《在地下——白区地下党工作经验初步总结》由四川大学出版社出版。

3月1日，小说《钱迷的奇遇》在《现代作家》第3期发表。

3月5日，《振奋精神，开拓前进，迎接四川文学事业的更大繁荣！——在作协四川分会第三次会员代表大会上的报告》在《当代文坛》第2期发表。

4月1日，小说《钟懒王的酸甜苦辣》在《现代作家》第4期发表。

4月22日，杂文《真大观也——为四川美院工艺美展鸣锣》在《人民日报》发表。

5月1日，小说《风声》在《现代作家》第5期发表。

5月，《深入一步开展郭沫若研究——在"郭沫若传记文学"学术讨论会上的讲话》在《郭沫若学刊》第1期发表。

5月，小说《京华夜谭》由四川文艺出版社出版。

6月1日，小说《我错在哪里》在《现代作家》第6期发表。

7月1日，小说《臭烈士》在《现代作家》第7期发表。

夏，诗歌《游万县太白岩兼怀诗人何其芳》在《岷峨诗稿》第六辑发表。

8 月 1 日，小说《典型迷》在《现代作家》第 8 期发表。

9 月 1 日，小说《挑战》在《现代作家》第 9 期发表。

9 月 5 日，评论《谈谈雅文学与俗文学——在〈华子良〉作品讨论会上的讲话》在《当代文坛》第 5 期发表。

秋，诗歌《均台旧咏》(《书愤》《狱中怀战友》《狱中祭亡人》)在《岷峨诗稿》第七辑发表。

10 月 1 日，评论《祝贺和希望》在《银幕内外》第 10 期(总第 100 期)发表。

10 月 1 日，小说《但愿明年不再见》在《现代作家》第 10 期发表。

10 月 20 日，《努力创作雅俗共赏的文学作品——在中国俗文学学会四川分会成立上的讲话》在《处女地》第 10 期发表。

11 月 1 日，小说《笑死人的故事》在《现代作家》第 11 期发表。

12 月 1 日，小说《在欢送会上》在《现代作家》第 12 期发表。

当年，散文《峥嵘岁月：怀念齐亮(续一)》在《南方局党史资料》第 4 期发表。

1988 年，74 岁

1 月 7 日，杂文《毛驴不能当马骑》在《群言》第 1 期发表。

1 月，评论《书法应该从小学抓起》在《中国书法》第 1 期发表。

1 月，杂文《从"夕阳艺术""棺材艺术"说起》在《戏剧与电影》第 1 期发表。

2 月 7 日，杂文《反思过去，锐意革新——波兰政治体制改革拾零》在《群言》第 2 期发表。

3 月 25 日，《在〈巴金〉首映式上的讲话》在《四川文化报》发表。

3月26日，散文《读文随记》在《人民日报》发表。

春，诗歌《呈三老诗三首》（《呈巴金老》《呈阳翰笙老》《呈艾芜老》）在《岷峨诗稿》第九辑发表。

4月2日，杂文《我正在想……》在《人民日报》发表。

4月25日，《〈郭沫若学术佚文集〉序》在《郭沫若学刊》第1期发表。

4月，散文《卢老师》在《方志通讯》第4期发表。

5月7日，杂文《〈糊涂大观〉添新章》在《群言》第5期发表。

5月30日，杂文《时代需要杂文》在《杂文界》第3期发表。

6月20日，散文《巴金回家记》在《当代》第3期发表。

8月4日，杂文《防盗盖为什么防不了盗？》在《经济文汇报》发表。

9月14日，杂文《小题反做》在《人民日报》发表。

9月，评论《文学的一点思考》在《红岩》第5期发表。

10月18日，评论《要重视通俗文学》在《写作》第10期发表。

10月20日、12月20日，小说《魔窟十年》在《处女地》连载。

10月25日，评论《在文化撞击中深化郭沫若研究》在《郭沫若学刊》第3期发表。

10月28日、11月2日、11月4日、11月7日、11月14日，杂文《"庆父不死，鲁难未已"——官倒五议之一》《子系中山狼，得志便猖狂——官倒五议之二》《老虎上街，人人变色——官倒五议之三》《一叶之落，青萍之末——官倒五议之四》《治"倒"有方，我复何言——官倒五议之五》在《成都晚报》发表。

11月7日，评论《航道已经开通》在《群言》第11期发表。

11月，评论《西南联大　中国教育史上一颗灿烂之星》在《中国建设》第11期发表。

12月，散文《那样的时代，那样的人》在《中华英烈》第2期发表。

当年，杂文《外行说教育》在《教育导报》第 3 期发表。

当年，散文《峥嵘岁月：怀念齐亮（续二）》在《南方局党史资料》第 3 期发表。

1989 年，75 岁

1 月 3 日，杂文《时代还需要杂文》在《人民日报》发表。

1 月，诗歌《纪游二首》（《游万岭　竹海》《寻忘忧谷》）在《岷峨诗稿》第十一辑发表。

2 月 1 日，杂文《为政清廉与反对腐败现象平议——题外赘言》在《成都晚报》发表。

2 月 3 日，杂文《注意那"一个指头"》在《成都晚报》发表。

2 月 10 日，杂文《就怕我做不到》在《成都晚报》发表。

2 月 10 日，杂文《谨防新八股》在《写作》第 2 期发表。

2 月 13 日，杂文《民主党派的名和实》在《成都晚报》发表。

2 月 17 日，杂文《不怕简报，就怕上报》在《成都晚报》发表。

3 月，诗歌《满江红·入狱之夜口号》在《岷峨诗稿》第十二辑发表。

4 月，报告《我在滇南的工作情况》在《红河州党史资料通讯》第 4 期发表。

5 月，《诗三首》（《春》《狱中春》《华发》）在《岷峨诗稿》第十三辑发表。

6 月 1 日，评论《深入郭沫若研究的浅议》在《郭沫若研究》第 7 辑发表。

7 月，诗歌《新建黄鹤楼》在《岷峨诗稿》第十四辑发表。

9 月，诗歌《嘉州诗组》在《岷峨诗稿》第十五辑发表。

9 月，《安息吧，不屈的灵魂》收入《碧血千秋——刘蕙馨烈士生平简介》。

11 月，《诗词三首》在《岷峨诗稿》第十六辑发表。

1990 年，76 岁

2 月 7 日，杂文《新年的祝愿》在《群言》第 2 期发表。

3 月 4 日，杂文《四川的茶馆》在《光明日报》发表。

春，《诗三首》（《重访李劼人菱窠　一九八六》《重读邓拓〈燕山夜话〉　一九八〇》《悼川剧名丑周全何　一九八八》）在《岷峨诗稿》第十七辑发表。

4 月，小说《魔窟十年》由重庆出版社出版。

夏，《诗五首》在《岷峨诗稿》第十八辑发表。

11 月 5 日，散文《悼周克芹同志》在《当代文坛》第 6 期发表。

1991 年，77 岁

1 月 1 日—12 月 1 日，小说《雷神传奇》在《四川文学》第 1—12 期连载。

1 月 25 日，《"郭沫若与传统文化"学术研讨会开幕词》在《郭沫若学刊》第 4 期发表。

2 月 1 日，评论《走自己的路——祝〈青年作家〉创刊十周年》在《青年作家》第 2 期发表。

3 月 5 日，评论《为现实主义一辩——崔桦小说集〈生活拒绝叹息〉序言》在《当代文坛》第 2 期发表。

春，《情诗七律三首》在《岷峨诗稿》第十九辑发表。

4 月 15 日，诗歌《龙门阵创刊十周年贺七律二首》在《龙门阵》第 4 期发表。

5 月，《在四川文艺创作座谈会上的讲话》在《四川文艺报》发表。

夏，诗歌《大江东去·建党七十周年》在《岷峨诗稿》第二十辑发表。

9月5日，评论《团结一致，扎实工作，争取我省文学事业的更大繁荣——在中国作家协会四川分会第四次代表大会上的工作报告》在《当代文坛》第5期发表。

9月21日，评论《也说现实主义》在《文艺报》发表。

10月7日，散文《丹心昭日月——悼念彭迪先同志》在《群言》第10期发表。

冬，《词两首》（《西南联大建校五十周年，老友昆明小聚即席赠诗》《游庐山会议旧址十韵》）在《岷峨诗稿》第二十二辑发表。

1992年，78岁

1月1日—4月1日，小说《雷神传奇》在《四川文学》第1—4期继续连载。

2月，评论《关于读书》在《语文学习》第2期发表。

春，诗歌《壬申人日杜甫草堂诗会上急就七律》在《岷峨诗稿》第二十三辑发表。

5月22日，评论《应该研究李劼人》在《新文学史料》第2期发表。

5月—8月，小说《秋香外传》在《四川文学》第5—8期连载。

5月—9月，散文《忆齐亮》在《红岩春秋》第3—5期连载。

夏，《诗三首》（《柳州谒柳侯祠》《登射洪九华观子昂读书台》《访灵渠有感》）在《岷峨诗稿》第二十四辑发表。

7月5日，评论《为繁荣中国特色的社会主义文艺而努力》《祝贺〈当代文坛〉创刊十周年》在《当代文坛》第4期发表。

8月28日，杂文《用电脑写作更觉胜任愉快》在《人民政协报》发表。

秋，诗歌《赠友人七律三首》（《赠王朝闻》《初见李锐于中华诗词学会成立大会上》《赠谢韬》）在《岷峨诗稿》第二十五辑发表。

10月，文学剧本《报春花的故事》在《四川文学》第10期发表。

11月1日，评论《纪念郭沫若，学习郭沫若》在《郭沫若百年诞辰纪念文集》发表。

11月5日，评论《〈俏皮话大全〉序》在《当代文坛》第6期发表。

11月，小说《雷神传奇》由人民文学出版社出版。

当年，诗歌《为石宝寨补壁》在《巴乡村》第3期发表。

1993年，79岁

1月7日，评论《坚持基本路线，必须注意防"左"》在《群言》第1期发表。

1月，散文《大海阻不断的友谊》在《红岩春秋》第1期发表。

3月，诗歌《问天赤胆终无悔》《悼念沙汀同志：〈忆秦娥〉〈念奴娇〉》在《四川文学》第3期发表。

春，诗歌《大观楼》《旧友新逢》《赠左迁六诏友人》在《岷峨诗稿》第二十七辑发表。

5月22日，散文《青峰点点到天涯——悼念艾芜老作家》《一个问心无愧的人——悼念沙汀同志》在《新文学史料》第2期发表。

夏，诗歌《自度曲（二首）》在《岷峨诗稿》第二十八辑发表。

9月20日，杂文《且说"民告官"》在《上海法制报》发表。

9月25日，杂文《孔子曰："必也正名乎"》在《光明日报》发表。

9月25日，散文《青松挺且直——悼念阳翰老》在《郭沫若学刊》第3期发表。

10月7日，评论《万里云天一片情——祝贺四川省作家协会文学院成立十周年》在《四川日报》发表。

10月19日，杂文《旧把戏的新表演》在《羊城晚报》发表。

10月，散文《我只得站出来说话了》在《四川文学》第10期发表。

11月20日，散文《德高北斗　望重南山——为张秀熟老人祝百岁大寿》在《文史杂志》第 6 期发表。

12 月 25 日，评论《从中华民族文化研究说到儒学研究》在《郭沫若学刊》第 4 期发表。

冬，诗歌《祝寿诗三首》(《满引金杯寿张老》《为巴金老九十大寿祝寿（二首）》) 在《岷峨诗稿》第三十辑发表。

1994 年，80 岁

1 月 20 日，杂文《"东坡"之名从何而来——〈白居易与忠州〉序》在《文史杂志》第 1 期发表。

2 月 15 日，散文《毛泽东主席和三个美国兵》在《今日四川》第 1 期发表。

2 月 28 日，杂文《建筑与文学》在《四川建筑》第 1 期发表。

2 月，杂文《荒唐的建议》在《作品》第 2 期发表。

3 月 19 日，杂文《识途的辩证及品茶之道》在《光明日报》发表。

春，诗歌《戎州行词三首》在《岷峨诗稿》第三十一辑发表。

4 月 5 日，评论《建设社会主义新文化》在《中华文化论坛》第 2 期发表。

5 月 27 日，杂文《饕餮在中国肆虐》在《四川政协报》发表。

6 月 4 日，杂文《名著改编和地方特色——从四川台的川味电视剧谈起》在《人民日报》发表。

6 月 25 日，评论《应该重新阅读〈甲申三百年祭〉》在《郭沫若学刊》第 2 期发表。

夏，诗歌《挽张秀老联》在《岷峨诗稿》第三十二辑发表。

8 月 5 日，杂文《普及电脑还要做很多工作》在《电脑报》发表。

秋，诗歌《故乡行（五首）》在《岷峨诗稿》第三十三辑发表。

10 月，杂文集《盛世微言》由成都出版社出版。

11 月 24 日，杂文《狗咬人不是新闻，人咬狗才是新闻》在《文汇报》发表。

12 月 24 日，散文《未悔斋记》在《光明日报》发表。

冬，诗歌《三峡行（五首）》在《岷峨诗稿》第三十四辑发表。

1995 年，81 岁

1 月 11 日，杂文《本末倒置》在《光明日报》发表。

1 月 15 日，散文《于危难处见真情》在《龙门阵》第 1 期发表。

1 月 20 日，散文《革命的友情唤回了青春》在《四川党史》第 1 期发表。

1 月，长诗《路》在《峨眉》第 1 期发表。

2 月 15 日，散文《一张地下报纸——XNCR》在《新闻界》第 1 期发表。

3 月 1 日，杂文《从王蒙没有两个面孔说起》在《广州文艺》第 3 期发表。

3 月 7 日，杂文《我不赞成文化完全商品化》在《群言》第 3 期发表。

春，诗歌《寿星明·八十自寿》在《岷峨诗稿》第三十五辑发表。

4 月 4 日，评论《从一家人看一个时代》在《人民日报》发表。

5 月 15 日，杂文《是非功罪凭谁论》在《龙门阵》第 3 期发表。

6 月 20 日，小说《专车轶闻》在《当代》第 3 期发表。

夏，诗歌《词二首》在《岷峨诗稿》第三十六辑发表。

8 月 20 日，小说《坏蛋就是我》在《当代》第 4 期发表。

9 月 15 日，杂文《强女人和弱女人》在《龙门阵》第 5 期发表。

9 月 20 日，评论《建立有中国特色的社会主义新文化》在《文史杂志》第 5 期发表。

秋，诗歌《诗词二首》在《岷峨诗稿》第三十七辑发表。

12 月 25 日，《继往开来，深入开展郭研工作——在"郭沫若与抗战文化"学术研讨会上的总结讲话（摘要）》在《郭沫若研究学刊》第 4 期发表。

冬，诗歌《云南行（四首）》在《岷峨诗稿》第三十八辑发表。

1996 年，82 岁

1 月，散文《重返红岩村随笔》在《红岩春秋》第 1 期发表。

1 月，《作家的神圣职责就是创作：在重庆作家代表大会上的发言》在《红岩》第 1 期发表。

3 月 15 日，散文《家破人亡》在《龙门阵》第 2 期发表。

5 月 15 日，散文《斗争升级》在《龙门阵》第 3 期发表。

5 月 20 日，评论《从强国之梦到强国之路——〈强国之梦〉系列丛书读后》在《文史杂志》第 3 期发表。

夏，诗歌《文革遗韵　苗溪劳改农场偶遇胡风三首》在《岷峨诗稿》第四十辑发表。

7 月 15 日，散文《你这哪里是检讨的问题哟》在《龙门阵》第 4 期发表。

9 月 15 日，散文《"国际间谍"和"叛徒"》在《龙门阵》第 5 期发表。

10 月，小说集《马识途讽刺小说集》由人民文学出版社出版。

秋，诗歌《文革遗韵》在《岷峨诗稿》第四十一辑发表。

11 月 15 日，散文《种棉花事件》在《龙门阵》第 6 期发表。

12 月 18 日，评论《我观风雅文化》在《光明日报》发表。

1997 年，83 岁

1 月 15 日，散文《水利方针争论》在《龙门阵》第 1 期发表。

3月，散文《邓小平二三事》在《四川文学》第3期发表。

7月15日—11月15日，散文《周恩来二三事》在《龙门阵》第4—6期连载。

8月，长诗《路》由四川人民出版社出版。

9月7日，评论《人生是什么》在《人生与伴侣》第9期发表。

12月7日，杂文《最大的喜和最大的忧》在《群言》第12期发表。

1998年，84岁

1月20日，散文《访邓小平故居》在《西南旅游》第1期发表。

5月15日、8月15日，散文《我和统一战线》在《龙门阵》第3、4期连载。

5月，散文《风雨如磐港岛行》在《红岩春秋》第3期发表。

6月12日，杂文《多读点课外好书》在《中学生阅读》（初中版）第6期发表。

1999年，85岁

1月20日，《长篇历史纪实文学〈川西黎明〉序》在《四川党史》第1期发表。

1月，回忆录《沧桑十年》由中共中央党校出版社出版。

2月5日，评论《我对诗歌的一点看法》在《星星》（诗刊）第2期发表。

2月，诗集《焚余残稿》由重庆出版社出版。

3月5日，诗歌《我的诗：我的没字的诗集的有字的序诗》在《星星》（诗刊）第3期发表。

7月，杂文《快哉痛哉本为邻：我的不亦快哉》在《四川文学》第7期发表。

9月7日，散文《风雨沧桑50年》在《群言》第9期发表。

9月21日，杂文《耄耋之年　喜庆辉煌》在《人民日报》发表。

10月，杂文《早请示，晚汇报》在《书摘》第10期发表。

10月，散文《永远的遗憾》在《四川文学》第10期发表。

12月9日，散文《一份埋藏了46年的〈狱中意见〉》在《光明日报》发表。

2000年，86岁

2月28日，评论《认真总结教训　迎接新世纪的建设高潮——在四川省土木建筑学会第24届年会上的讲话》在《四川建筑》第1期发表。

5月20日，散文《万县赶考奇观》在《红岩春秋》第3期发表。

7月5日，评论《评价历史人物必须"知人论世"——谈正确评价郭沫若》在《文史杂志》第4期发表。

7月20日，散文《当年彭总在四川》在《四川日报》发表。

10月，诗集《马识途诗词钞》由天地出版社出版。

11月，杂文《把新龙门阵摆好》在《龙门阵》第11期发表。

11月，杂文《边沿的话语》在《中国政协》第11期发表。

12月27日，杂文《世纪回眸》在《光明日报》发表。

2001年时，87岁

2月7日，杂文《人类是有希望的》在《群言》第2期发表。

4月19日，评论《话说阿来与魏明伦》在《文学报》发表。

4月20日，杂文《无冕之王》在《新闻界》第2期发表。

5月22日，杂文《〈清江壮歌〉出版的前前后后——我和人民文学出版社的文字缘》在《新文学史料》第2期发表。

5月25日，评论《新竹高于旧竹枝》在《四川戏剧》第3期发表。

2002 年，88 岁

1 月 4 日，散文《我因不敢为她说句公道话而遗憾终生——悼念贺惠君同志》在《炎黄春秋》第 1 期发表。

1 月 5 日，杂文《也说"不醉乌龟小酒家"的事》在《文史杂志》第 1 期发表。

6 月 4 日，《〈沧桑十年〉前言》在《炎黄春秋》第 6 期发表。

6 月 30 日，评论《郭沫若研究也要与时俱进》在《郭沫若与百年中国学术文化回望》发表。

7 月 20 日，散文《留得丹心一点红》在《四川党史》第 4 期发表。

12 月，《中国先进文化前进方向的伟大代表——在郭沫若诞辰 110 周年纪念会上的讲话》在《郭沫若学刊》第 4 期发表。

2003 年，89 岁

8 月 28 日，杂文《钢筋混凝土树林可以休矣》在《四川建筑》第 23 卷增刊发表。

12 月 12 日，散文《故乡行》在《忠州日报》发表。

2004 年，90 岁

1 月 1 日，杂文《傻瓜万岁——〈风雨人生〉序》在《忠州通讯》发表。

5 月 20 日，散文《初受考验》在《红岩春秋》第 3 期发表。

5 月 26 日，杂文《叫锦江，不叫府南河》在《华西都市报》发表。

6 月 30 日，散文《追思黎智》在《闻一多研究集刊（纪念闻一多 100 周年诞辰）》发表。

7 月 20 日，散文《平林店遇险》在《红岩春秋》第 4 期发表。

8 月 7 日，散文《我记忆中的邓小平》在《纵横》第 8 期发表。

9 月 20 日，散文《夜上红岩》在《红岩春秋》第 5 期发表。

11 月 20 日，散文《一个人的地下"报馆"》在《红岩春秋》第 6 期发表。

2005 年，91 岁

1 月 1 日，诗歌《祭李白文》在《美文》（上月刊）第 1 期发表。

1 月 20 日、3 月 20 日，散文《九死一生脱虎口》在《红岩春秋》第 1—2 期连载。

2 月 7 日，散文《常青的六十年异国友谊》在《纵横》第 2 期发表。

5 月，《马识途文集》（十二卷）由四川文艺出版社出版。

9 月 7 日，散文《抗战拾忆》在《纵横》第 9 期发表。

9 月 17 日，评论《文学三问》在《作品与争鸣》在第 9 期发表。

9 月，回忆录《在地下》由人民文学出版社出版。

9 月，杂文《我的上海情结》在《上海采风》第 9 期发表。

11 月，杂文《白首寄语》在《清华校友通讯》第 52 期发表。

12 月 8 日，杂文《作家，社会责任感到底如何》在《人民日报》（海外版）发表。

2006 年，92 岁

春，诗歌《登故园碉楼怀亡妻刘蕙馨烈士》在《岷峨诗稿》第七十九期发表。

6 月 24 日，杂文《党的生日有感》在《文艺报》发表。

6 月，回忆录《沧桑十年 1966—1976》由中共中央党校出版社出版。

7 月 5 日，评论《文学创作要追求真善美》在《当代文坛》第 4 期发表。

2007 年，93 岁

3 月 7 日，诗歌《重庆颂·寄调沁园春》在《红岩》第 2 期发表。

5 月 4 日，评论《文坛低俗化，"三头主义"大行其道》在《炎黄春秋》第 5 期发表。

夏，诗歌《挽杨超同志》在《岷峨诗稿》第八十四期发表。

9 月 30 日，散文《我认识的杨超同志》在《当代史资料》第 3 期发表。

2008 年，94 岁

5 月 31 日，诗歌《七言古风·凤凰曲——记汶川大地震》在《文艺报》发表。

2009 年，95 岁

2 月 5 日，诗歌《长寿之道三字诀》在《晚霞》第 3 期发表。

3 月 27 日，《四川省文学艺术界联合会第六次代表大会、四川省作家协会第七次代表大会开幕词》在《中国艺术报》发表。

4 月 5 日，散文《致公素描》在《晚霞》第 7 期发表。

8 月 11 日，杂文《杂文不要害怕"对号入座"》在《杂文选刊》（中旬版）第 8 期发表。

10 月 7 日，散文《国庆之际忆贺龙》在《纵横》第 10 期发表。

2010 年，96 岁

春，诗歌《建国六十周年感赋》在《岷峨诗稿》第九十五期发表。

5 月 20 日，诗歌《古风·观上海世博会》在《新民晚报》发表。

5 月 5 日—12 月 5 日，散文《西窗闲文》在《四川文学》第 5—12 期连载。

7 月 27 日，散文《绿涨池塘访季翁》在（上海）《文汇报》发表。

9月17日，杂文《你的信仰安在？》在《光明日报》发表。

12月30日，《党校笔记》在《当代史资料》第4期发表。

当年，散文《双星同陨忆往事》在《清华校友通讯》第61期发表。

2011年，97岁

1月1日，杂文《难得的欢会》在《散文》（海外版）第1期发表。

1月25日，评论《魏明伦赞》在《四川戏剧》第1期发表。

1月，小说《夜谭十记》（第二版）（收录《破城记》《报销记》《盗官记》《娶妾记》《禁烟记》《沉河记》《亲仇记》《观花记》《买牛记》《踢踏记》，"第十记"由《踢踏记》取代旧版中的《军训记》）由四川文艺出版社出版。

2月5日、6月5日，10月5日—12月5日，散文《西窗闲文》在《四川文学》第2期、第6期、第10—12期连载。

3月5日，散文《刻骨铭心的往事》在《四川文学》第3期发表。

7月1日，诗歌《纪念建党九十周年（词二首）》在《文艺报》发表。

7月，《党校笔记》由中共中央党校出版社出版。

9月，小说《夜谭十记》由群言出版社出版。

10月，电视文学剧本《没有硝烟的战线》由四川文艺出版社出版。

冬，诗歌《忆秦娥（三首）》在《岷峨诗稿》第一〇二期发表。

2012年，98岁

1月5日，诗歌《出峡》《迎巴金老归》《游荒寺》《九十自寿》《初遇彭大将军于南充》《赠友人》《砚耕》《西南联大老同学京门聚饮》等在《中华诗词》第1期发表。

1月5日、12月5日，散文《西窗闲话》在《四川文学》第1期、第12期连载。

3月30日，评论《我看当下的谍战剧》在《光明日报》发表。

12月，《在杜甫学术研讨会暨四川省杜甫学会第十六届年会开幕式上的发言》在《杜甫研究学刊》第4期发表。

12月，《郭沫若是有争议的人物吗？——在郭沫若诞辰120周年纪念会上的发言》《七律》在《郭沫若学刊》第4期发表。

冬，诗歌《沁园春·祝中共十八大开幕》在《岷峨诗稿》第一○六期发表。

2013年，99岁

1月5日，杂文《我当名誉主编了》在《四川文学》第1期发表。

3月5日，杂文《获奖感言》在《四川文学》第3期发表。

4月1日，诗歌《七律·长夜不寐，起坐吟诗一首，以就教于郭沫若乐山学术讨论会诸公》在《青年作家》第4期发表。

12月5日，杂文《饕餮在中国肆虐》《话说"狗咬人不是新闻，人咬狗才是新闻"》《时代还需要杂文》《编者的杂文手法》在《四川文学》第12期发表。

冬，诗歌《祝贺第五个三中全会召开（外一首）》在《岷峨诗稿》第一一○期发表。

2014年，100岁

3月1日，散文《百岁拾忆——"文革"十年沧桑》在《美文》（上半月）第3期发表。

3月5日，诗歌《七律·百岁自寿》《寄调寿星明·百岁述怀》在《中华诗词》第3期发表。

5月16日，杂文《我也有一个梦——一个百岁老人的呼吁》在《光明日报》发表。

6月10日，评论《要善于引导，也要宽容一点——网络文学一议》在《人民日报》发表。

8月，回忆录《百岁拾忆》由生活书店出版有限公司出版。

9月，《自拟小传》《我怎样写起小说来的？》《我追求中国作风和中国气派》《我也有一个梦——一个百岁老人的呼吁》《〈马识途文集〉自序》《未敢以书法家自命——百岁书法展答谢词》《马识途百岁书法集：〈寿星明·百岁述怀〉〈七律·百岁自寿〉》在《郭沫若学刊》第3期发表。

10月，为《人民文学》六十五周年题字：接人民地气，守文学天真。

12月1日，杂文《我的文坛往事》在《书摘》第12期发表。

冬，诗歌《忆秦娥·峨秀湖畔（外一首）》在《岷峨诗稿》第一一四期发表。

当年，文学剧本《报春花》在《中国作家》（影视版）第8期发表。

2015年，101岁

1月5日，杂文《百岁感言》在《四川文学》第1期发表。

2月4日，散文《陪邓小平和胡耀邦打桥牌》在《百年潮》第2期发表。

3月5日，诗歌《成都文化四老自寿酿会诗四首》在《晚霞》第5期发表。

5月，散文集《西窗札记》由文汇出版社出版。

夏，诗歌《感怀（外三首）》在《岷峨诗稿》第一一六期发表。

7月1日，诗歌《榴花开得火样鲜明》在《诗刊》第13期发表。

秋，诗歌《纪念抗战胜利七十周年（外二首）》在《岷峨诗稿》第一一七期发表。

10月5日，杂文《大学之道 修身为本》在《晚霞》第19期发表。

11月5日，诗歌《成都文化四老自寿酿会诗四首》《新年感怀》

《赠王火》《李致同志八五寿》《贺章玉钧同志八十寿》在《中华诗词》第
11 期发表。

冬，诗歌《迎岁二首》在《岷峨诗稿》第一一八期发表。

2016 年，102 岁

2 月，诗集《岷峨诗侣·马识途卷》由巴蜀书社出版。

春，诗歌《又见王蒙（外二首）》在《岷峨诗稿》第一一九期发表。

12 月，《五老游桂湖》在《郭沫若学刊》第 4 期发表。

2017 年，103 岁

春，诗歌《浣溪沙·新居即景（外一首）》在《岷峨诗稿》第一二三期
发表。

5 月 8 日，诗歌《寄调满江红·人民解放军建军九十周年》在《人民
日报》发表。

12 月 5 日，杂文《我有的是终身遗憾》在《青年作家》第 12 期发表。

2018 年，104 岁

4 月，评论《文学应该是一种有方向感的写作》在《红旗文摘》第 4
期发表。

5 月 25 日，杂文《彰显社会主义文艺的中国特色——一位百岁作
家的心声》在《人民日报》发表。

5 月，《马识途文集》（十八卷）由四川文艺出版社出版。

7 月 13 日，杂文《半路与文学结缘》在《中国新闻出版广电报》
发表。

冬，诗歌《参观某国防大厂作（二首）》在《岷峨诗稿》第一三〇期
发表。

2019 年，105 岁

1 月 4 日，杂文《我的人生观：乐观和战斗》在《百年潮》第 1 期发表。

春，诗歌《寿登百五自题二首》在《岷峨诗稿》第一三一期发表。

7 月，散文集《西窗琐言》由江苏凤凰文艺出版社出版。

夏，诗歌《满江红·建党九十七周年纪念（外二首）》在《岷峨诗稿》第一三二期发表。

9 月 18 日，散文《我爱我的祖国》在《人民日报》发表。

冬，诗歌《峨眉峨秀湖即景》（排律八韵）在《岷峨诗稿》第一三四期发表。

2020 年，106 岁

春，诗歌《借秦娥·庚子元夕二首》在《岷峨诗稿》第一三五期发表。

2 月 21 日，诗歌《借调忆秦娥·元宵》在《光明日报》发表。

3 月 20 日，诗歌《满江红·战疫》在《光明日报》发表。

6 月，小说《夜谭续记》由人民文学出版社出版。

7 月 5 日，在封面新闻发布"封笔告白"，并附赠五首传统诗《自述》《自况》《自得》《自珍》《自惭》。

10 月 27 日，评论《写出反映时代生活、时代精神的作品》在《人民日报》发表。

2021 年，107 岁

1 月 22 日，散文《怀念周有光老人》在《光明日报·文荟》发表。

3 月 23 日，杂文《我和甲骨文》在《封面新闻》刊登。

3 月，《马识途文集》（精编版）七卷（《夜谭十记》《沧桑十年》《没有硝烟的战线》《风雨人生》《中短篇小说》《百岁拾忆》《清江壮歌》）

由四川文艺出版社出版。

6月3日，评论《讲述革命故事　弘扬红岩精神》在《人民日报》发表。

10月，学术著作《马识途西南联大甲骨文笔记》由四川人民出版社出版。

2022年，108岁

1月，散文集《那样的时代，那样的人》由人民出版社出版。

2月，散文《告慰亡妻刘蕙馨》在《炎黄春秋》第2期发表。

2023年，109岁

6月，学术著作《马识途西南联大甲骨文笔记》（第二版）由四川人民出版社出版。

2024年，110岁

1月，创作《十龄记》。

附录二

他与成都同在——悼米建书同志

文／马识途

米建书同志去世了。我怀着悲痛的心情，在这夜静更深之际，孤灯荧对，握笔来履行我很不愿意承担的诺言，给建书同志写一篇悼念文章。三十几年来我们多次打赌，看谁给谁写祭文，哪知"昔日戏言身后事，如今都到眼前来"。轮到我给他写祭文了，岂不哀哉！

提起笔来，真要写了，却一时茫然，建书同志五十七年的革命生涯，我们三十七年的战斗友谊，不知从何说起？建书同志他离开我们了，总要盖棺论定，该用什么话来给他盖棺呢？我以为可以用"人民的老黄牛"这一个词来给他盖棺，他几十年如一日，为革命事业，为成都人民，真正做到了兢兢业业、任劳任怨，鞠躬尽瘁、死而后已。事实俱在，"人民的老黄牛"这个论定，他是当之无愧的。

建书同志和我相交几十年，从来没有听他谈过他过去干过什么事，有些什么功绩。只是我们谈到"一二·九"运动时，他才透露他也曾经参加过这个运动，参加过"反帝大同盟"，并因此被捕过，其后他参加山西牺盟会，在老根据地工作，南下时在十八兵团任过民运部长，仅此而已，至于他到底干得怎样，却是绝口不谈。

现在经过我的了解，才知道他在他参加革命后的每一个阶段，都曾经做出过出色的贡献，或者有过非凡的经历。

他在北平中国大学读书时，于一九三〇年参加了党所领导的外围革命组织"反帝大同盟"，并参加了"八一暴动"。这次暴动虽然是在盲动路线下所发动的错误行动，但是他是英勇地参加斗争的，建书同志因涉嫌被捕了，他虽然申言他是过路被错捕的，敌人也的确找不到他的任何证据，他还是受了残酷的刑罚，灌辣椒水使他的气管和肺部受到了严重的损伤，以致他从此闻不到香臭，而且留下了一生的疾病——肺气肿，以致最后还是因为这病而失去了生命。他被保释出狱后，找到了组织，继续参加革命，曾在清洁工人中活动。他还参加过李大钊护灵游行，鲁迅来北平讲演时，他担任过保卫工作。后来"一二·九"运动爆发了，他更是全力投入抗日救亡运动。一九三六年大学毕业后，他被组织派往山西参加牺盟会的工作。

他于一九三七年一月在山西牺盟会特派员训练班受训后，就参加各地牺盟会的组织工作和领导工作，他做过县抗日战地动员委员会主任、自卫大队政委，晋绥边区八分区抗联主任和武委主任，后来又担任过县长、专员和解放太原的支前总指挥。在这个阶段中，他主要从事地方的抗日战争和解放战争的支前工作，辛苦备尝，任劳任怨。在战地工作过的同志都知道，粮秣、被服、枪支弹药、救护伤员、民工运输、修桥补路、维护地方秩序等等事情，在敌人实行分割扫荡的严重局势下，又在那么困难的物质条件下，要件件做好，实在不容易。建书同志却总是把最困难的工作担起来，努力保证战需供应。从他当时的警卫员写的材料看，建书同志不避艰险，日夜辛劳，各处奔走，吃得坏，睡得少，有时忽然就昏倒了。有一次他们睡死了，日机轰炸，把他们隔壁的房子炸塌了，才把他们惊醒。在敌我犬牙交错的地方活动，常常难免和敌人遭遇。建书同志只凭带领的少数人就敢于进行战斗。据他的警卫员说，有一次途遇三十几个敌人，抢了老百姓的东西正要逃跑，被建书同志碰上。虽然他们只有两个人，他却毅然冲上去，命令他们缴械。敌人不知底细，以为后面有大部队，便乖乖地缴械，丢下抢来的东西跑了。建书同志立刻把粮食、布匹和衣物就地分发给贫苦的老百姓。现在那里的老百姓还念念不忘，请县党史办的同志来调查，才知道了这件事情。

建书同志一九四八年调到十八兵团任民运部长，随大军南下解放四川。虽然是胜利进军，但行军匆忙，各种供给十分困难，粮草却必须先行。冬天了，没有棉衣，建书同志受命亲去宝鸡申新纱厂，动员老板和工人，努力恢复生产，日夜赶制棉衣，接着他随主力部队前进，组织临时县政府，筹办粮秣，修桥补路，组织民工执勤，还要维护治安。一路下来，到了成都。我当时随大军南下，也处于先头部队中，我亲眼看见道路破坏严重，老百姓虽极热情，却除劳力外，几乎无援可支，因为国民党军队退却时都囊刮以尽了。要组织那么多民工，要筹集那么多粮秣，谈何容易，工作之艰巨是可以想见的，然而建书同志都尽力去完成。无怪乎十八兵团司令员周士第同志入成都做军管会副主任和成都市市长时，点名要建书同志随他到成都市工作，任副市长。在战乱中要收拾好成都这个烂摊子，并且保证军民供应，的确不是小事。建书同志是知道的，然而他却不迟疑地答应下来，转到地方工作。

建书同志到成都后，随即和宋应、曾振之、叶石和我以及别的一些同志，一同在川西区党委和军管会的领导下，筹组成都市委、市政府、市人民代表大会。从此以后，我和建书同志就结成亲密战友，一同工作。过从甚密，以后他的情况我就比较熟悉了。但是我现在提起笔来想要具体地加以描述，却似乎又无从说起。建书同志的确没有做过什么惊天动地的事业，也没有在什么地方发表过一鸣惊人的讲话，他就是那么几十年如一日地站在党分配给他的战斗岗位上，默默无闻地为人民工作着，尽一个共产党员在我国惊天动地的革命事业中应该尽的一份责任。有时他难免要受到别人的误解，甚至受到领导的批评，以至申斥。有时也难免要跟着错误路线，辛辛苦苦地犯着这样那样的错误。有时也难免对一些看不惯的事、受到的委屈，关起门来对我发一发牢骚。业余的时候，也喜欢打打网球，看看闲书，写字画画，自称"假充斯文"，以排遣胸中的郁闷，如此等等。他就是那么一个勤勤恳恳、兢兢业业、任劳任怨、鞠躬尽瘁，无愧于成都人民的勤务员。

我想起在成都刚解放不久，他虽是副市长，却实际上主持着成都市政府的全面工作。他所面临的困难是多么巨大呀。那时解放不久，百业凋零，失业成群。物价暴涨，以致米贵如金。而我们既没有掌握大量的物资和金银，也因成都周围土匪暴乱，没有可靠的大米、燃料、副食品的来源。而成都市几十万市民、数万军政人员的军食民需，都是要市长拿话来说的。至于治安不稳，特务土匪捣乱，必须采取肃特清匪的断然措施。还有国民党留下来的大量公务人员要安顿。学校要开学。还有民主建政也刻不容缓，要筹备开人民代表会议，要组织起各级人民政权。干部不足，要吸收各方人士参政。连市民们骂的"马路不平，电话不灵，电灯不明，公路难行"，还有自来水不自来，下水道不下水，臭水满街，金河御河污泥横溢等等原来十分腐败的市政建设，人民的政府也不能熟视无睹，必须量力解决。最头痛的是恢复生产。当时国营企业很少，大半是私营工商业，都原料不足，产品不对路（过去多为官僚地主们服务），就连电力也主要仰仗灌县的一个二千瓦的电厂。要恢复生产谈何容易！当时黄包车工人、搬运工人上万，织锦等手工业工人数上千，都要求干活吃饭。然而消费格局变了，他们的确无事可做。他们在把头的蛊惑下，常常和政府闹对立，以至集体请愿。成都这么一个纯消费的城市，要转上生产城市的轨道，真是千头万绪，多么困难呀。这些问题虽然在市委常常通宵达旦地研究，然而具体执行都落到以建书同志为首的市政府身上。建书同志的日子不好过是可以想象的了，然而他仍然是那么沉着地一件一件地办理这些麻烦琐碎的事情。他把大家的积极性调动起来，一个问题一个问题地解决。不能说尽如人意，却总算是在人民代表会议上赢得人民代表们的称赞。甚至他还得闲便和我们一块喝喝茶，吹吹牛，打打网球，侍弄一下他那小院的花卉和盆景呢。

　　我又想起来，当时成都的财政是很困难的。因为当时国营企业很少，除开从工商业资本家征税外，别无可靠来源。但是每一个月政府这么多人要吃饭，要开支，没有钱怎么办呢？于是收税便成为一个重要的工作。当时中央提出，要组织部长去收税，于是我和建书同志便成为工商联的座上客。向资本家要钱成为我们最伤脑筋的事。每次总是要讨价还价，说得舌敝唇焦，非要他们多做点贡献不可，却又不可竭泽而渔，使他们无利可图，停业倒闭。建书同志总是那么冷静地坚持地有理有据地说服大家体念时艰，共同渡过困难。那时的资本家至今还健在的人不少，恐怕没有人说建书同志不讲道理、不近人情、横征暴敛吧。

　　我又想起来，后来"三反""五反"运动开展了，市政府各单位自然是"三反"的重点，资本家当然是"五反"的对象。我和建书同志承担了这两件棘手的工作。我分管"五反"。现在回忆起来，当时已经出现搞运动不实事求是的苗头。在"三反"中，上面分配下来打"老虎"的指标，很难完成，建书同志对此颇有看法，却又无可奈何。他一直不赞成捉假"老虎"，私下里和我发牢骚："上面只顾下指标，不知道具体执行的困难，将来拉下屎，擦屁股的还是我们。"他要我注意"五反"的政策，他担心把资本家的资本挤光了，对于城市的经济生活将带来严重的困难。所以即使有的资本家只求过关，胡乱说多一些，我们也不肯听，力求实事求是，减少震动。我以为建书同志从自己切身体会，提出这些看法是得体的。

　　成都市经过三年的恢复，到底走上了正常发展的轨道。

　　工、农、士、商各安其业。消费城市开始向生产城市转化，并且开始了一些新工业和交通的建设以及城交建设。我不能把这些账都记到建书同志的头上去，但是在中央的正确方针指引下，在党委的领导下。建书同志带领市政府的确做了艰苦的工作，在成都市政府前进的巨大脚步声中，的确能听到建书同志的脚步声响在前头。我想成都市民是不会忘记的。

以后我调到省里工作去了。建书同志仍然在市政府工作，他的作为我知道得虽然不多，但我们常常见面，吹吹牛，有时也听到他道出一些苦情，甚至牢骚。别的不说，因为我管城市建设工作，关于成都的城市建设，他有许多苦衷，常和我说，我却也无可奈何。他说"天子脚下，京官难当"。上级领导常常对成都市的市政建设进行具体干预，使他很不好办。甚至连一条马路该多宽，哪一个建筑放在哪里，也要做不可更改的指示，如果是目光远大，着眼将来城市发展，提出有见地的指教，倒也罢了。可是后来的事实证明，有一些的确不过是从小农经济的狭隘观点出发的，结果带来许多现在有目共睹的不良后果。建书同志对我发牢骚说："将来挨骂的是我，你也逃不了！"果然如此。

……

他的身体到底不行了，肺气肿加重了，每年冬天成为他过关的时刻。年年冬天，我去看他，他总算死里逃生。去年冬天我去看他时，他还蛮有信心的样子，甚至和我提起过去我们打赌谁给谁写祭文的事。然而看得出来，他是有些担心了。我要他努力奋斗。

我没有想到，今年的夏天，也竟然成为他的难关。他的老伴马俊之同志突然打电话通知我，叫我快去医院看他，我才大吃一惊。我立刻去了。医生只准从病房玻璃窗外望进去。我看他气息奄奄地躺在床上，闭着眼睛。医生说他已陷于半昏迷状态。马俊之同志特许我开门进去喊一喊他。我进去在他面前喊他，他竟然困难地睁开一只眼睛望着我。我说："老马看你来了。"他竟然点一点头，并且现出了笑容。随后他又陷入昏迷状态。马俊之同志说这真是难得，他也许真是在等着我去看他呢。然而这是多么令人痛心的时刻哟。我对他说了我过去老说的一句话："要努力奋斗。"退了出来。

他和病魔努力奋斗了五年，算是竭尽心力了，他并没有投降，他慷慨地到他的最后归宿地去了。可惜的是他在最后的时日里，曾要求买一个轮椅，想放在汽车里，开上大街去，让他看一看成都新面貌的愿望却没有实现。椅子买好了，并且在他的院子里试了一下，他很满意，然而还没有上街，他却被送进医院抢救了。

作为一个堂堂正正的共产党员，作为一个勤勤恳恳、兢兢业业、任劳任怨、鞠躬尽瘁的人民勤务员，建书同志离我们而去了，然而他的事业在成都长存着。

建书同志与成都同在！

参考文献

马识途：《在地下》，北京：人民文学出版社，2005 年。

马识途：《马识途文集·清江壮歌》，成都：四川文艺出版社，2005 年。

马识途：《党校笔记》，北京：中共中央党校出版社，2011 年。

马识途：《百岁拾忆》，北京：生活书店出版有限公司，2014 年。

马识途：《马识途文集·未悔斋诗钞》，成都：四川文艺出版社，2018 年。

马识途：《马识途文集·序跋　游记》，成都：四川文艺出版社，2018 年。

马识途：《马识途文集·盛世闲言》，成都：四川文艺出版社，2018 年。

马识途：《马识途西南联大甲骨文笔记》，成都：四川人民出版社，2021 年。

马识途：《要善于引导，也要宽容一点——网络文学再认识》，《人民日报》，2014 年 6 月 10 日。

马识途：《彰显社会主义文艺的中国特色——一位百岁作家的心声》，《人民日报》，2018 年 5 月 25 日。

马识途：《我爱我的祖国》，《人民日报》，2019 年 9 月 18 日。

马识途：《怀念周有光老人》，《光明日报》，2021 年 1 月 22 日。

马识途：《我和甲骨文》，《封面新闻》，2021 年 3 月 23 日。

马识途：《答谢词》，四川在线，《〈马识途西南联大甲骨文笔记〉发布　马老致答谢词》，2022 年 1 月 22 日。

马识途：《马识途的来信》，《光明日报》，2024 年 9 月 17 日。

后　记

《马识途年谱》就要出版了，我非常感谢读者出版社的信任与支持。

我撰写《马识途年谱》已有六年。2018 年，十八卷《马识途文集》由四川文艺出版社出版。翻看马老文集后，我突然萌生了想给马老编撰年谱的想法。当我跟马老说起这个想法时，马老笑着表示同意。从那时起，我便开始动手收集资料。我知道编撰年谱是一件非常困难并极耗时间与精力的事情，但我很愿意去做。我和马老相识多年，他在我心中就是一座万仞高山，让我心向往之。马老的一生太精彩了，如能将他的精彩人生以年谱的形式表现出来，一定十分有意义。

马老是中国作家中最年长的一位，他的生命跨越了两个世纪，这两个世纪恰好是中华民族历经磨难、跌宕起伏，从民族危亡的边缘逐渐走向站起来、富起来、强起来的激荡时代。在这个大时代，马老为了中国人民的自尊、自立、自强抛头颅洒热血，将自己的青春与生命全部献给了中国的革命事业。新中国之后，他更是用自己手中的笔为中国的文学花园浇灌出一朵朵美丽的花朵。

回顾自己所走过的百年人生，马老说自己第一个身份是"职业革命家"。自 1938 年 3 月在武汉入党后，他便全身心地投入中国革命事业，先后在武汉、鄂北、恩施地区、昆明和成都从事地下工作。他每一天都要面对流血和牺牲，斗争形势瞬息万变，容不得他有一丝一毫的松懈。在白区残酷的地下斗争中，他经历了爱妻、战友的牺牲，曾经志同道合同志的叛变。他虽经历"九死一生"，但从未后悔与胆怯。正如屈原在《离骚》中所说："亦余心之所善兮，虽九死其犹未悔。"新中国成立之后，他将自己的全部才华献给了新中国的建设事业。第二个身份是"业余作家"。1935年1月，马老在上海叶圣陶主编的《中学生》上发表了自己的第一篇文章《万县》。这篇文章的发表极大地激发了他文学创作的兴趣。后来，即使在从事紧张而繁重的地下工作时，他依旧喜欢写作，但因为要遵守严格的工作纪律，他的很多作品都被烧毁。新中国成立后，因繁忙的行政工作，马老没有再进行创作。直到1959年，为庆祝新中国成立十周年，马老在文学大师沙汀的"强迫下"，开始创作革命小说《老三姐》。自此之后，他为读者奉献出众多文学作品。截至2023年12月，马识途在其长达八十八年的文学生涯中，总共创作出七百多万字的文学作品。其作品体裁涵盖小说、杂文、剧本、报告文学、散文、诗歌、学术专著等。长篇小说《清江壮歌》是他的代表作，是"十七年文学"中的一部重要红色经典。2011年初，电影《让子弹飞》便是改编自马识途小说《夜谭十记——盗官记》。电影一上映，便在海内外引起极大关注。百岁之后，马老更是佳作不断。也正因如此，他被称为中国文学界的"常青树"。

马老将自己的一生都献给了伟大的祖国，献给了党和人民。在他的身上，我真切感受到一位中国共产党员的坚定信仰与使命担当。能为马老编撰年谱，我荣幸之至。

编撰《马识途年谱》的六年里，我到处查找资料。为能尽可能系统、全面、真实、准确、客观地反映马识途的道德、学问、事业及其人生经历，我尽量采用第一手资料，个别年份因资料的缺乏，故空缺。有时为了求证一个小小史料的真实性，我就如同在浩瀚星海中寻找一小颗星星。每每遇到不顺时，我总会告诉自己再坚持一下，此时心中涌动的不仅是对马老这位前辈的敬仰，还有传承中国文化、记录时代的使命感与紧迫感。

随着编撰的深入，我越发感觉到：马识途，是一个在中国现当代史上熠熠生辉的名字，他的生命轨迹与中国的革命、新中国的建设、中国当代文学创作紧密相连，他不仅见证、参与了时代的风云变幻，更书写下自己不朽的传奇。在撰写《马识途年谱》的过程中，我仿佛穿越时空，与这位老人并肩而行，一同经历了他的求学之路、革命生涯、文学创作以及晚年生活。每一年年谱的撰写，都是对马老人生经历的深刻挖掘与细腻呈现。

在整理马老文学资料的过程中，我深切感受到马老心中那份对中国文学的热爱与执着。他的笔触深邃而有力，无论是描绘战争年代的烽火连天，还是书写和平岁月的细腻情感，都能给人一种直击心灵的震撼。他不仅在文学创作上取得了卓越的成就，更在晚年积极投身于社会公益事业，用自己的行动诠释了"老骥伏枥，志在千里"的豪迈情怀。

年谱中所引用的马老原话、回忆、文章等，摘自《马识途全集》中相关文章、专著单行本和其家属保存的手稿。为行文的简洁，文中不再一一注明。为忠实原文，引文中马识途的遣词用字与现在用法不符的，不作更改。

《马识途年谱》的编撰工作，对我来说既是一次宝贵的学习经历，也是一次深刻的思想洗礼。在这个过程中，我不仅加深了对马老人生的了解，对中国现当代革命史、文学史的了解，更加深了对人生、文学的思考。我深知，这部年谱不仅是对马识途一生经历的记录与总结，更是对后人的激励与启迪。无论时代如何变迁，对国家与民族的热爱，对社会的责任与担当，对文学事业的追求，都是每一个文学工作者应该坚守的初心与使命。

最后，我要感谢所有为《马识途年谱》编撰工作提供帮助的同仁与朋友，是你们的支持与鼓励让我得以顺利完成这项任务。同时，我也要向马老致以最崇高的敬意，是您的生命之光照亮了我的前行之路。我要学着做一名永远坚定前行的文学人，为中国的文学贡献自己的微薄之力。本书难免存在错误疏漏之处，恳请读者指正批评。

愿这部年谱能够成为连接过去与未来的桥梁，让更多的人了解马老的光辉一生，感受他对国家、对民族、对社会、对文学的无限热爱与奉献。

2024 年 9 月